A Bridge to
Global
Competence

Intercultural Student Teaching

외국교육실습

Kenneth Cushner, Sharon Brennan

설양환, 권오성, 김윤옥, 김한제
우상도, 정용재, 조영미, 황윤한 옮김

아카데미프레스

Intercultural Student Teaching: A Bridge to Global Competence
Edited by Kenneth Cushner and Sharon Brennan

First published in the United States
By Rowmam & Littlefield Education, Lanham, Maryland U.S.A.
Reprinted by permission.

역자 머리말

이 책을 번역한 교수들은 모두 교육대학교에 재직하면서 미래의 교사들을 가르친다. 개인과 나라와 인류의 미래는 교육에 달려있고, 교육은 교사에게 달려있으므로 그들을 가르쳐 개인과 국가의 발전에 이바지한다는 큰 사명감을 갖고 있다. 그러므로 그들을 잘 가르치기 위한 방법을 항상 고민하게 된다. 이 책은 그러한 고민의 결과로 탄생하게 되었다.

우리나라 예비교사들은 지적 수준이 세계에서 매우 높은 편에 속한다. 그들에게 보다 차원 높은 경험을 제공할수록 그들이 가르치게 될 학생들에게 큰 혜택이 돌아가게 된다. 번역자들은 다음 세대의 교사들을 더욱 훌륭하게 가르치는 데에는 선진국에서의 체험을 마련해주는 방법도 있다는 데 동의하였다. 그래서 지난 40년 동안 미국에서 외국으로 교육실습을 보낸 이들의 경험을 수합한 도서를 번역하기로 하였다. 본 도서는 외국에서 교육실습을 시행하고 있거나 계획 중인 대학교에 도움이 될 것이다.

위인들의 생애는 우리를 깨우친다.
우리도 위대한 인생을 이룰 수 있나니
우리가 지나간 시간의 모래 위에 발자국을 남길 수 있다.
그 발자국은 훗날 인생의 장엄한 바다를 건너다가
조난당해 버려진 형제의 눈에 띄어 새로운 용기를 얻게 될 것이다.

미국 시인 롱펠로우의 시 '인생예찬' 의 일부이다. 번역자들은 4년 동안 교육대학교와 사범대학 학생들을 미국과 싱가포르에서 교육실습시켰다. 그리고 한 걸음 나아가 교사들을 선진국에 취업시키기 위하여 노력하고 있다. 외국교육실습에 관심이 있는 기관이나 개인들은, 걸어간 이들이 없는 길을 가면서 이미 여러 가지 시행착오를 겪었을 것이다. 이 책에서는 이 길을 먼저 걸어간 자들의 발자국을 볼 수 있다. 우리가 그랬던 것처럼 그 발자국을 보고 힘을 얻어서, 지혜와 사명감을 펼치기 바란다.

우리의 앞 세대는 가난한 나라를 짧은 기간 내에 경제력을 갖춘 국가로 발전시켰다. 우리는 그분들의 피와 땀의 혜택을 누리고 있으므로, 이제는 우리 스스로 세계를 이끌어갈 수 있는 '힘'을 기르자. 그리고 후배들이 그 열매를 맛볼 수 있도록 피와 땀을 바쳐보자. 조국 대한민국과 선배들이 여러분을 성원하고 있지 않은가.

2013년 3월

번역자를 대표하여, 설양환

대표저자가 한국 독자들에게 쓴 글

A Word to Korean Educators from the Author

It is a pleasure to be asked to write a message to educators in Korea interested in international educational exchange and overseas student teaching.

For more than 40 years, the Consortium for Overseas Student Teaching (COST) has been sending students teachers from the United States to complete their student teaching experience in settings outside their home country. This experience can be incredibly impactful for new teachers who then can bring this back to their classrooms and potentially impact thousands of young students throughout their career. I know this from my own personal experience, having completed my student teaching in Switzerland in 1973. Teaching outside my own country opened my eyes up to this wonderful world in which we live, and I wanted to continue traveling, teaching and learning about others in the world. But perhaps more importantly, I wanted to encourage others to have the same eye-opening experiences that I had. I have been encouraging others, from young children to practicing teachers, to travel and live outside their home country ever since. For teachers today, it is critically important to bring that experience back home, share it with other teachers and students, and encourage them to broaden their own horizons.

Having meaningful international experiences is increasingly important in the global age in which we live—both for ourselves as educators, but more so for the young students we teach. We live today in a world that faces a wide array of problems that will only be solved if people from many different cultures, speaking many different languages and holding many diverse beliefs learn how to communicate, understand one another, and collaborate—or they will not be solved. Teachers will play a critical role in helping the next generation of students gain knowledge about the diversity of people on the planet and to develop the intercultural skills that will enable them to collaborate with people different from themselves. This all begins with you, the teacher, who must reach beyond your own experience, begin to understand others, and then transfer this critical knowledge to your students.

I applaud you for your interest in considering the important role that firsthand international experience can play in helping us all learn to be better stewards of the planet and better neighbors with one another. An overseas student teaching experience is an important step in your own development as well as that of others.

Dr. Kenneth Cushner
Professor of Education
Kent State University
Kent, Ohio, USA
Director, COST

저자 머리말

이 책의 원고를 마지막으로 검토할 즈음에, 우리는 세계가 아직도 불안정한 상황에 처해있다는 점을 깨달았다. 중동지방의 갈등은 우리 모두에게 부담이 되며 서구인들이 무슬림 나라에서 생활하기는 아직도 낯설다. 세계적으로는 윤리적인 갈등이 국가 간보다 오히려 한 국가 내에서 무수히 일어나고 있다. 한 나라의 주요한 환경문제는 이웃나라와 연관된다. 인류는 에이즈로부터 잠재적인 조류독감 전염까지의 심각한 건강 재앙에 직면해 있다. 그래서 사람들이 자신의 머리를 모래 속에 처박은 듯이 일상적인 업무만 수행하고 싶어하는 것도 이상하지 않게 들린다.

그러나 이것은 특히 타인의 교육을 안내하고 지지하는 우리 같은 사람들에게는 숨길 수 없는 일상 업무다. 교육자들은 우리 모두의 제반 생활환경을 사람들이 더 깊이 이해하도록 하는 중요한 역할을 한다. 또한 개개인의 기술을 강화하여 그들이 서로 협력하여 전 세계적인 문제를 해결하도록 준비시키는 필수적인 역할도 한다.

이 책에서 위에서 말한 내용을 여러 측면에서 다루고 있다. 교사를 가르치는 사람뿐만 아니라 교사의 대다수가 그들과는 상당히 다른 사람들과 어울려 생활하고 일하는데 상대적으로 제한된 지식과 경험을 가지고 있다는 것을 인정한다.

이러한 사실을 염두에 두고, 우리는 예비교사에게 그들의 문화권 밖에서 생활하고 가르치는 확장된 집중훈련경험 기회를 제공하기 위하여 헌신해왔다. 우리는 이 책을 통해 교육기관, 행정부, 경험 그리고 유사한 업무에 종사하는 사람들의 결과를 공유하고자 한다. 당신과 소속기관이 다음

세대가 국제적이고 다문화적인 관점을 향상시킬 준비를 하고, 이 책에서 영감과 가치를 찾길 바란다.

국제적 교육계획을 발전시키는 방법에 관한 생각과 정보를 제공해준 각 장의 저자들에게 매우 감사한다. 또한 우리의 생각을 책으로 이끌어내는 데 도움을 준 많은 대학들에 감사한다. 지면의 제약으로 인해 그 이름을 일일이 밝히지 못함을 유감스럽게 생각한다. 이 책의 여정을 끝까지 함께 해준 두 학생에게 특히 감사를 표시하고 싶다. Kent State University의 학부생인 Heather Scarlett은 여러 장에서 사용되는 많은 연구논문을 수집하고 분석하였고, Kentucky 대학에서 프로그램 코디네이터이자 해외학생교육고문으로 활동하고 있는 Julie Cleary는 원고의 마지막까지 꼼꼼하게 편집해주었다.

이 책에 제안된 아이디어가 교사들이 국제적인 이해를 증진시키는 시야와 실천영역을 넓히는 데 도움이 되는 모든 것에 기여하기를 기원한다.

Kenneth Cushner, Sharon Brennan

저자 소개

Cristina Alfaro는 캘리포니아 주립대학교에서 국제 교사 교육 컨소시엄(ITEC)의 위원장이며 CSU 국제 교사 전문성 개발 프로그램의 책임자이다. 그녀는 현재 샌디에고 주립대학교에서 언어 및 다문화 교육 정책 연구 학과에서 조교수로 재직 중이다. 그녀의 관심 연구 분야는 집/학교의 다문화 언어와 문해(literacy)의 실천에 집중되어 있다. 교사 연구가로서, 그녀는 소수 언어 학생 그룹과 교사의 실천에 관한 교사의 이념과 정치 명확성의 역할을 조사하고 있다.

Neil Andersen은 뉴질랜드에서 직장생활 대부분을 교육 분야에서 종사하면서, 초등학교 교사, 교사 임용 관리자, 교사 교육자 및 트레이너, 대학 강사, NZ Polytechnic의 수업전문성 지도자, 일본에서의 방문교수(1995년 1월 고베 지진 당시)를 역임했다. 그리고 현재는 디지털 기술 관련 민간 직업교육기관의 캠퍼스 교장으로 재직 중이다. 20년 동안 그는 COST(Consortium for Overseas Student Teaching)의 교생 실습국가 코디네이터의 소임을 다했으며, 이 기간 동안 컨소시엄 기관으로부터 120명의 예비교사를 위탁받아 학교에 배치하는 임무를 수행했다. Neil은 스포츠광으로, 젊은 시절에는 왕성한 축구 선수였으며, 그후에는 수영, 소프트볼, 그리고 축구의 지역대표로 참가하고 있다.

Sharon Brennan은 현재 켄터키 대학교의 교육과정과 교육학부 부교수이자 현장실습과 교육대학의 실습학교 협력 책임자로 재직 중이다. Brennan 박사의 관심 분야는 세계적인 교육, 교사 멘토링, 교사교육 프로그램 개발이다. 그녀는 국제교육, 교사개발, 대학/학교 협력 사업에 오랫동안 전념하고 있다. 또한 1987년부터 1995년까지 유학생 교육을 위한 컨소시엄의 상임 이사로 재직했었다.

Julie Cleary는 프로그램 코디네이터 및 켄터키 대학교의 교육대학에서 외국교육실습 지도교수이며 대학을 위한 주내의 교사연수 프로그램과 관련된 활동을 조정한다. 그녀의 관심 분야는 문화 간 학습, 학생 발달, 교사 평가 등이다. 그녀는 거의 20년 동안 교사교육 활동에 참여하고 있다.

Kenneth Cushner는 오하이오 주 켄트에 있는 켄트 주립대학교의 국제교류처 처장이며, 대학원(교육, 건강 및 인적 자원)에서 교수로 재직 중이다. Cushner 박사는 교육에서의 문화교육 및 훈련에 관한 책과 논문을 여러 편 저술했다. 그의 저서로는 Human Diversity in Education: An Integrative Approach, 5th ed(2006), Human Diversity in Action: Developing Multicultural Competitencies in the Classroom, 3rd ed(2006), Beyond Tourism: A Practical Guide to meaningful Educational Travel(1998), International Perspectives on Intercultural Education(1998), Intercultural Interactions: A Practical Guide, 2nd ed(with Richard Brislin, 1996)이 있다. 그는 COST의 대표이사로 재직했었다. 여가 시간에는 음악(타악기와 기타), 사진 촬영 및 여행을 즐긴다. 그는 전 세계 모든 대륙에 상호문화 프로그램을 개발하고 이끌었다.

Gretchen L. Espinetti는 미국 국제대학에서 프랑스어 및 스페인어를 전공했으며, 초등교육으로 학사 학위를 받았고 조지 워싱턴 대학(George Washington University)에서 TESOL에 관한 연구로 교육행정 석사 학위를 받았다. 그녀는 일본, 필리핀, 한국뿐만 아니라 알링턴/페어팩스, 버지니아와 매사추세츠, 샌디에이고, 캘리포니아에 소재한 군대 내에 있는 미군학교의 이중 언어 헤드스타트 프로그램에서 가르쳤다. 현재는 켄트 주립대학교에서 임상실습 연구소의 전임 책임자이며, 문화 기초 분야를 연구하는 박사 학위 과정을 받으면서 COST의 코디네이터로 재직 중이다. 그녀의 연구 관심 분야는 제3문화 어린이(Third culture children) 및 미국 교육에서의 다문화 현상의 영향이다. 그녀는 유아 프로그램에서 가르치고 있으며 교육 기초 학과와 특수교육 학과에서 예비교사 및 현직교사들에게 다문화 실천 과정을 가르치고 있다.

Mary Anne Flournoy는 오하이오 주 애선스(Athens)에 있는 오하이오 대학 국제 연구 센터의 연구 부책임자이며 명예교수이다. 그녀는 오하이오 밸리 국제 협의회와 대학의 국제봉사 기관을 설립했다. 그녀는 메릴랜드, 텍사스, 뉴욕, 오하이오, 인도네시아에서 사회과 교사였을 뿐만 아니라, 현재 교육 연구에 관한 겸임교수, 유학생 교육을 위한 컨소시엄의 공동 코디네이터, 국가 경쟁력 연구소에서 석좌 교수로 재직 중이다.

Jennifer Mahon은 네바다 주 리노(Reno)의 네바다대학교에서 사회문화 교육을 가르치는 조교수이다. 그녀의 관심 연구 분야는 국제 교육, 비판적 교육학과 문화 간 감수성 분야이다. 현재는 문화 내 충돌의 영향을 받는 인간 생애에 걸친 문화 간 감수성의 발달을 연구하고 있다. Mohon 박사는 9년 동안 국외학생 교육 분야에서 일해 왔다. 귀국하는 교생들을 연구했으며, 파견국의 모집과 지원뿐만 아니라 프로그램의 시작, 교생 배치, 교생 상담을 포함하여, 교류를 촉진하는 여러 측면을 관리하고 있다. Mohon 박사는 문화 연구 국제 아카데미의 연구원이며, 북부 네바다 국제센터의 이사회 회원이다. Mahon 박사는 로타리 재단 장학생으로 호주의 뉴잉글랜드 대학에서 다문화 교육 학위를 받았다. 그녀는 켄트 주립대학교에서 교육과정과 수업 그리고 교육문화 기초의 복수전공으로 박사 학위를 받았다. 또한 문화 개발 인벤토리를 사용하는 자격증을 취득하였으며 Gremlin Taming Institute에서 1년 연수 프로그램을 수료했다. 경험이 풍부한 중등 영어와 ESL 교사로서 그녀는 호주, 영국, 코스타리카에서 일하며 살아왔다.

Laura L. Stachowski는 인디애나 주의 블루밍턴에 있는 인디애나대학교 교육대학의 문화 집중 프로젝트 책임자, 그리고 교육과정 및 수업 학과의 교수로 재직 중이다. 그녀는 호주, 중국, 코스타리카, 영국, 인도, 아일랜드, 케냐, 뉴질랜드, 러시아, 스코틀랜드, 스페인, 터키, 웨일스, 애리조나의 나바호 원주민 학교, 뉴멕시코, 유타의 여러 공립학교에서 교육실습을 시키기 위하여 교생들과 지역사회 참여자들을 준비시키고 홈스테이를 배치했다. Stachowski 박사는 또한 여름 방학 동안 현직 교육자들에게 해외학교 경험을 제공하는 국외연수를 실시한다. 그녀는 1994년에 인디애나대학교에서 박사학위를 취득하였다.

Rosalie M. Romano는 오하이오 대학교에서 교육 연구 조교수로 재직 중이다. 그녀의 연구는 수업과 학습에서 중요한 이론 및 교육학에 집중되어 있으며, 민주적 교육을 위한 CARE(Creative Active Reflective Educators) 프로그램을 이끌고 있다. 오하이오 대학교의 COST 코디네이터이며 『Forging an Educative Community』(2000)와 『Hungry Minds in Hard Times』(2003)를 저술했다.

Reyes Quezada는 University of San Diego에서 리더십과 교육과학, 학습 및 교수 프로그램 학부에서 조교수로 재직 중이다. 그는 University of Redlands와 California State University, Stanislaus의 교수로 근무했었다. 그는 다문화 교육과 이중 언어 교육, 가족-학교 및 지역사회 협력, 초등학교 교사를 위한 체육 교육, 야외 및 어드벤처 기반 리더십의 체육 교육, 학생 교육 세미나를 학부 및 대학원 학위 과정에서 강의한다. 그의 간행물 주제들은 유색인종 교직원 및 교사의 임용, 보유 및 승진과, 인종적으로 다양한 가족의 효율적인 부모 참여, 모험 기반 교육, 국제교사교육 프로그램을 망라한다. 그는 Northern Arizona University에서 교육학 박사 학위를 받았다.

Angene Wilson은 켄터키 대학교에서 29년 동안 중등 사회과 교육의 교수로 2004년까지 재직했고 1990년부터 1996년까지는 대학에서 국제 문제에 대한 부책임자로 근무했다. 그녀는 초기 평화봉사단 자원 봉사자로서 1962년에서 1964년까지 라이베리아에서 역사를 가르쳤으며 나중에는 시에라리온과 피지의 교사양성대학에서 가르쳤다. 1997년 가나에서 풀브라이트 교환교수를 지냈고 1980년에 나이지리아로 2004년에는 가나로 교사를 인솔하였다.

차례

| 제1장 | 타 문화에서 가르치기 위한 배움에 대한 가치

| 제2장 | 국제교육실습 프로그램의 설립과 유지

| 제3장 | 국제교육실습을 위한 예비 과정

| 제4장 | 외국교육실습이 개인 및 교사의 전문성 개발에 미치는 영향

| 제5장 | 미국 내에서의 다문화교육의 무한한 가능성: 의미 있는 국내 다문화교육 경험과 교사교육의 통합

| 제6장 | 이중 언어 교사의 양성: 교사교육에서 문화와 언어의 국제 경쟁력을 제고하는 방향으로

| 제7장 | 외국교육실습 경험에 대한 성찰: 한 대학의 이야기

| 제8장 | 미국 교생과의 경험: 뉴질랜드 홈스테이 가정

| 제9장 | 호기심의 힘과 그것으로부터 오는 두려움: 몇몇 학생들의 예

| 제10장 | 외국교육실습의 중요성과 가치에 대한 고찰

1

타 문화에서 가르치기 위한 배움에 대한 가치

Kenneth Cushner
Sharon Brennan

> 세계인으로서의 인성에 대한 핵심은 바로 교육자이며, 교사는 교육환경에서 가장 중요한 요소라는 개념을 바탕으로 하고 있다. 교사와 학습자 간의 상호작용으로 인생의 가장 깊은 관심 영역에 숨어 있는 거대한 잠재력이 충분히 개발될 수도 있다.
>
> — D. Ikeda(2005, xi)

세계화는 인간접촉의 영역 및 정도를 극대화하는 것을 의미하며, 그 결과로서 상호작용 및 상호의존성을 단계적으로 증대시킨다. Thomas Friedman(2006)의 최근 저서인 『The World Is Flat』에서 500여 년 전 콜럼버스가 지구를 횡단했을 때로 돌아가서 이 현상을 추적하고 있다. Friedman과 그의 동료들이 지적했듯이, 최근 의사소통 및 교통수단 기술의 발전으로 세계가 급속하게 단축되었으며, 세계가 다양한 문화를 가진 민족들 간의 접촉을 증가시키도록 때로는 압력을 넣고 있다.

Friedman이 묘사하는 "수평의" 세계에 산다는 것은 문화, 인종, 국경

등을 초월하는 많은 도전을 제기한다. 21세기의 삶은 세계를 대상으로 다양한 노력으로 함께 일하고자 애쓰는 사람들이 공공의 가치와 목적에 맞는 연대의식뿐만 아니라 다른 삶들의 견해에 대한 민감성을 위해 이해심을 개발하도록 요구하고 있다. 오늘날의 세계에서 세계시민은 자신과는 상당히 다른 태도, 가치관, 지식, 일하는 방식을 가진 사람들과 의사소통하고, 협동할 수 있어야 한다. 문화 국경을 연결하는 가교의 건설은 높은 정도의 융통성과 모호성에 대한 인내를 요구하며, 문화 역할에 대한 이해가 사고와 행동을 형성하는 역할을 한다.

이러한 소향은 타고나는 것이 아니기 때문에 개발될 필요가 있으며, 교육이 가교 건설과정을 촉진하는 주요 역할을 할 수 있고, 그렇게 하여야 한다.

문화 간 협동을 위한 기술 개발 원리

수십 년 동안 문화-횡단 심리학이나 교육학 분야의 학자들은 문화 간의 성공적인 협력과 관련된 요인들을 검증해왔다(Brislin, 1981; Cushner & Brislin, 1996; Landis, Bennett, & Bennett, 2004; Stephan & Vogt, 2004). 문화 간 또는 국제간 협력기술을 향상시키는 프로그램에서 상당한 원리들이 사용되었는데 다음과 같다.

1. 통찰력 자의식 개발하기, 또는 Hanvey(1982)가 진술한 것으로서, 타인이 자신의 의식과 상당히 다를 수 있는 깊은 통찰력을 가질 수 있다고 이해하기
2. 타인에 대한 민족 관련 방향성을 형성하기 위하여, 전통적인 민족우월주의 초월하기
3. 언어적으로나 비언어적으로 서로 다른 문화들 간에 효과적으로 의사소통하는 능력 개발하기
4. 서로 다른 문화 간에 효과적으로 일하는 대인기술 갖추기

5. 국제간의 교류에 따르는 “문화충격” 또는 적응 이해하기

이러한 원리에 기초를 둔 국제문화교육 프로그램들이 문화 간 및 국제적 영역에 효과성을 증가시킨다는 증거가 있지만, 문화 간 협력에 필요한 기술이 쉽게 획득되지 않을 수도 있다. 문화 간 민감성에 대한 모형을 제시함에 있어서, Milton Bennett는 다음과 같은 학습과 관련된 도전을 지적하였다.

> 문화 간 민감성은 자연적으로 발생하지 않는다. 이것은 영장류의 과거 역사에 없으며, 대부분의 인류역사에도 없다. 문화 간 만남에는 흔히 유혈사태, 탄압, 대량학살 등이 수반되어 왔다. 문화 간 의사소통의 교육 및 훈련은 우리의 타고난 행동을 바꾸자는 접근이다. 이 분야에서 개발된 개념 및 기술로서, 이 분야의 학습자에게 민족 우월주의를 초월하고 문화 국경 간의 새로운 관계를 탐색하기를 요청한다. 변화를 위한 이러한 시도는 가능한 최대의 보살핌으로 접근되어야 한다.(1993, 21)

경험과 문화적 학습

Bennett(1993)가 묘사한 난제와 타 문화 학습역할의 중요성에도 불구하고, 대부분의 교육 프로그램을 위한 지배적인 배송체제는 압도적으로 추상적이고도, 인지적으로 남아 있다. 대학교를 예를 들면, 주로 강의, 독서, 토론 등을 통하여 타 문화나 문화 접촉을 배우도록 하는 데에 의존하고 있다. 그리고 이러한 대학교 차원에서의 국제 프로그램들 모두가 자기-충족적 “섬”에 학생을 보내서 배우도록 하는데, 그 지역에 같이 살고 있으나 그 지역사회와는 분리되어 있다. 불행하게도 이런 방식의 지식 획득과 문화 간 이해증진 간의 상관관계는 거의 없다. 언어학습과 연루해서는 분명히 경험이 이해를 다지는 것 같다. 효과적인 문화학습은 학습자가 이상적으로 타 문화를 배울 수 있는 상황에 장기간에 걸쳐서 배치되었을 때에 유의미한 경

험 요소들로부터 일어나는 것이다. 이러한 유형의 학습을 성공적으로 촉진하는 국제 프로그램은 그 지역사회에 끌어넣어서 충분한 이점을 수확하도록 할 수 있다. 그 지역사회에 거주한다는 것은 그 사회의 횡단면과 동등한 맥락 속에서 유의미한 상호작용의 풍부한 기회를 제공받는 것이다. 이러한 유형의 경험이 학생들을 전인적인 방법으로 참여시키기 때문에, 그들의 인지적, 정의적, 행동적 영역 등에 영향을 줄 수 있는 잠재력을 가지고 있다. 그 지역사회에 담그는 경험은 특별히 교사교육 프로그램에 등록된 학생들에게 특별히 더 관련되어 있는데, 왜냐하면 경험이 그 교수방법의 핵심에 있기 때문이다.

문화적으로 유능한 교사 준비시키기

교사교육 프로그램의 사전 교육과정에 문화 간 경험이나 국제적인 상황 속의 현장경험을 포함시키지 않을 수 없게 하는 몇 가지 이유가 있다. 오늘날 교·사대는 훨씬 더 평평해진, 상호 연결된, 그리고 과거보다 더 복잡해진 세계에서 가르치는 전문가가 되도록 준비시키고 있으며, 이러한 전문가들이 엄청나게 다양한 학습자들을 다룰 수 있을 것이다. 그러므로 교육대학원들도 강의실에서 일정한 범위의 이러한 요구를 다루도록 준비되어야 하며, 필요한 마음가짐, 지식, 기술로서 세계사회에 잘 사는 학생들을 키우도록 할 수 있어야 한다.

다른 말로 하면, 교사들은 문화적으로 경쟁력이 있어야 한다. 그러나 현재 그러한가? 어떤 사람들은 교사들이 다양한 사람들과 일하도록 충분히 준비되지 않았다고 교사교육을 비판하고 있으며(Gay, 2002; Ladson-Billings, 1999), 또 다른 사람들은 교·사대가 세계적 이슈들을 적절히 다루고 있는가를 질문하고 있다(Jennings, 2006). 최근의 「AACTE 발췌문」에서 Jennings는 "미국인들은 특히 학교 운영연도에서 … 다른 세계의 사람들에 대해 공부하지 않고, 이 현상이 한 세대 전에 상상조차 못했던 그들의 삶에 직접적으로 영향을 줄 것이다"(2006, 2)라고 말했다. 이러한 훈계가 교육학적 능력을 개발하도록 돕는 교·사대의 노력으로서, 교육과정 패키지의 한 부분으로 문화적 능력을 고려해야 함을 상기시켜 주고 있다. 21세기의 교육은 학습자를 세계사회 속에서 살고, 기능하도록 도와야 하거나, Jennings가 제시했듯이 "지역사회 및 세계사회에 얽혀있는 이슈들"(2006, 2)을 다루어야 한다.

전문가 협회는 교수 및 학습의 세계적인 차원을 다룰 필요성을 인식하기 시작했다. 실제로 미국교사교육인준협회(NCATE)는 현재 진행되는 인준과정에 교사교육 프로그램들이 그러한 관점을 다루는 교육과정의 증거를 검토하도록 하고 있다.

기준 4(Standard 4)는 다양성을 다루는 것으로서, "대단히 다양한 지역에 살고 있는 것과 관계없이, 예비교사들은 미국과 세계 속의 다양성에 대한 지식을 개발하여야 하며, 상이성을 존중하고 가치 있게 보며, 다양한 상황에서 일할 수 있는 기술과 성향을 갖추어야 한다"(NCATE, 2006, 31). 그리고 계속 진술하기를 "이 기준의 목표들 중 하나는 모든 학생들이 배우도록 돕고, 다양한 문화적 배경으로부터 오는 학생들의 역사, 경험, 대표성을 묘사하는 세계적이고도, 다문화적인 관점으로부터 가르칠 수 있도록 교사를 함양시키는 것이다"(31).

세계적 분위기 변화뿐만 아니라 예비교사들의 문화능력에 초점을 맞출 필요성을 느끼는 교사교육사회의 인식에 대한 반응으로, 대학교들은 세계적으로 교사교육 프로그램에 세계적인 차원을 넣는 추세를 증가시키고 있다. 외국어를 공부시키든지, 국제적으로 초점을 맞춘 과목을 만든다든지, 국제경험을 포함시키는 특별활동을 제공한다든지 하는 등의 다양한 수단을 사용하고 있다. 그러나 앞에서 묘사했던 대학교의 프로그램들은 비교적 한정된 것이면서도 제한적이다. 이러한 프로그램들이 문화적 인식을 증가시키는 면에서 어떤 혜택을 주는 데는 의심할 필요가 없지만, 예비교사들에게 지속적인 방법으로 전문성을 발휘하는 삶에 충분하게 연결되어 있지는 않다.

교육실습을 통한 문화적 능력 함양시키기

세계적 시대에 살고 있는 아동들을 가르치는 것과 관련된 도전을 소개하는 한 가지 방법은 조심스럽게 설계되고 예비교사들을 다른 문화에 끌어넣는 국제문화적 현장 경험을 통한 것이다. 교생실습이 일정한 기간 동안 배운 이론을 실제에 적용해 볼 것을 요구하는 것이기 때문에, 이 초석을 세우는 사건은 실습생들의 문화 간 이해를 강화시키는 데에 이상적으로 적합하다. 다른 나라에 배치되는 것은 실습생에게 내부인의 관점으로부터 벗어나 세계적인 견해를 배우도록 하고, 이것이 그들의 사고와 행동을 더 세계화시키도록 한다. 교육에 대한 교육과정, 교재, 접근 등은 지역배치에서 그들이 배운 것으로부터 온다. 예를 들어, 미국대학교에서 배우고, 독일에서 교육실습을 하거나 영국에서 할 때 제2차 세계대전을 가르치거나, 아프리카에서 교육실습을 할 때 인종관계를 가르치라고 하는 것을 상상해 보라.

또한 다른 나라에서의 교육실습은 집, 학교, 친구 등의 지원망과 다른 그들이 가진 편안한 관습영역을 동시에 강화시키며, 초청국가 간의 관계를 개발시킨다. 여기에 덧붙여, 외국에 가서 자기나라 사람들과 대부분의 시간을 보내는 것과는 달리, 외국에서의 교육실습은 일반적으로 자기나라 사람들과 같이하기보다는 각자가 시간을 보내므로, 증가된 자기-효능감이 더 가능해진다. 마지막으로 교육실습생들이 문화적 지식을 더 넓히고, 세계적 관점을 개발하며, 다양한 문화적 배경을 가진 아동들, 타 전문가들, 성인들 등과의 상호작용을 통하여 다문화 교육적 가치를 증가시킬 기회가 있다.

교사교육에서의 성공적인 상호문화 시작

이 분야에서 장기적으로 계속된 세 가지 시작 프로그램은 교육실습생들을 위한 장기적인, 잘 구조화된, 문화 간 담금질 등의 이득을 보여주고 있다. 외국교육실습 컨소시엄(COST, Consortium for Overseas Student Teaching), 캘리포니아대학교의 국제교사교육 프로그램(ITEP, International Teacher Education Program), 인디애나대학교의 문화 몰입 프로젝트 등은 수년 동안 교육실습생을 위한 상호문화 현장 경험을 구조적으로 지속적으로 조정하고 있다. 국제교육실습을 촉진하는 가장 오래된 조직 중의 한 조직(Heyl & McCarthy, 2003)에 언급되었듯이, COST는 1973년에 인근 주에 있는 6개 대학교들이 연합팀으로서 중남미 나라들의 유치원에서 고등학교에 인준방문을 시작한 공식적인 조직으로 설립되었다. 같은 뜻을 가진 대학교수들이 같이 일하는 것은 아이디어를 공유하고, 양질의 실습지를 찾는 많은 기회를 주었다. COST 설립자들의 기록물은 당시의 실습생들이 문화 간 경험이 전혀 없었으며, 많은 학생들은 자신이 살았던 지역 밖으로 여행해 본 적도 없었다고 한다. COST 창시자들은 그러한 상황을 치료하는 방법을 찾았다. 그래서 그들은 문화적 장벽을 감소시켰으며, 이 프로그램의 대단히 중요한 목표로서 세계적인 이해를 증진시켰다(Anderson & Self, 1983).

그러한 시작으로 COST는 국제 현장에 수천 명의 교육실습생을 보냈다. 참가자들의 보고서는 그들의 경험이 개인적으로나 전문적으로 모두 변화시켰음을 제시했다(Cushner & Mahon, 2002).

인디애나대학교에서 제공된 문화 몰입 프로젝트와 외국교육실습 프로젝트 둘 다 교육실습생들에게 국제와 국내 실습지에서 문화 간 지평선을 넓히는 기회를 제공했다. 지난 30년간 실습생들은 미국 서남지역의 아메리칸인디언 보호지역뿐만 아니라, 다양한 국제 실습지에서 가르치는 기회를 받아왔다. "교육이 세계를 하나로 묶는다"는 좌우명을 가지고 해외 프로젝트는 세계적인 마음을 가진 교사를 만드는 것을 목적으로 하고 있다. 국제교육을 위한 위스콘신 재단에 부속된 이 프로젝트는 교·사대 협회, 골드만삭스 재단, 아시아학회 등에 의해 그 우수성이 인정되었다. 이 프로그램들의 효능성에 대해 수년간의 자료가 엄청나게 수집되어 있다(Stachowski & Visconti, 1997; Stachowski & Chleb, 1998).

캘리포니아주립대학교의 ITEP는 1994년에 설립되어서 멕시코 근처에서 이중 언어 교육실습 경험을 제공해 왔다. 오늘날 멕시코 주 교육국과 협력하여 이루어지며, 교사인증 캘리포니아위원회가 인증한 캘리포니아에서 유일한 국제인증 프로그램이다.

인디애나대학교의 문화 몰입 프로젝트와 COST, ITEP 간에는 많은 공통성이 있는데, 조심스런 구조 및 배치 중의 모니터링 체제, 실습 중의 밀접한 감독, 실습 직후의 구조화된 보고회 등이다. 이러한 프로그램들로부터 얻은 평가자료는 이 책의 다음 장들에 보고되어 있으며, 실습생들이 문화적 및 수업적 능력을 향상시키고 있음을 제시하고 있다.

이 책의 구성

이 책의 목적은 다른 문화에 일정 기간 동안의 담금질로 이루어지는 국제 및 국내의 문화 간 현장경험과 특히 교육실습 기회 등의 유의미한 세계적인 관심을 다루는 교사교육 프로그램을 다듬고 새롭게 할 수 있음을 보여주고자 하는 것이다. 이 공동저서에 참여한 모든 저자들은 상호문화 프로그램, 교육실습생들의 향상을 관리하고 모니터링하는 모든 활동에 참여하고 있다. 각 저자들은 문화 간 교생실습 경험의 특별한 측면들을 다루고 있다. 문화 간 따라서 이 책은 특별하게 짜여 있다. 1장부터 4장은 이러한 일의 기초적인 측면을 다루고 있다. 5장부터 9장은 사례연구적인 접근으로서 프로그램 경험의 특별한 차원을 제공하고 있다. 10장은 비판 교육학적인 관점에서 이 일을 분석하는 방법을 제공하고 있다.

2장에서는 Jennifer Mahon과 Gretchen Espinetti가 국제교육실습 프로그램을 시작하고 관리하는 데에 대한 그들의 전문성을 보여주고 있다. 이들은 다른 두 대학교 캠퍼스에서 COST 프로그램을 지도관리하는 10년 이상의 경험을 가지고 있다. 그리고 Mahon은 신생 대학교의 상황에서 이러한 프로그램을 설립하는 경험을 공유하고자 한다.

어떠한 문화 간 경험이라도 그 목적을 달성하는 데의 기본은 효과적인 계획과 준비이다. 3장에서는 문화 간 교육자 경험을 한 Mary Anne Flournoy와 Angene Wilson은 국제 체류 전에 교생들이 갖춰야 할 것을 다루는 과목 수강을 통하여 이루어지는 방향제시 및 준비에 가이드라인을 제공하면서, 모든 해외 참여자들의 입장에서 강도 높은 그리고 종합적인 준비에 대해 논의하고 있다.

오랫동안 교육자들은 개인적 개발뿐만 아니라 전문적 개발 양 측면에 있어서 국제경험이 주는 영향에 대해 궁금해했다.

4장에서는 Jennifer Mahon과 Kenneth Cushner가 국제경험의 일반적인 영향을 다룬 연구물을 비롯하여, 특별히 그러한 경험이 교사의 개인적 및 전문적 발달에 어떻게 영향을 미치는가를 다루고 있는 연구물을 소개하고 있다.

Laura Stachowski는 여러 해 동안 인디애나대학교의 문화 몰입 프로젝트의 추동력으로 일해 왔으며, 미국의 나바호 인디언 보호구역과 외국현장 교육실습에 학생들을 참여시켰다. 5장에서는 인디애나대학교가 미국 남서지역의 나바호 인디언 보호구역에서 실시한 교생실습 프로그램을 소개하고, 교사능력 및 문화 간 효과가 강력한 국내 경험으로부터 파생될 수 있음을 보여주고 있다.

6장에서는 Reyes Quezada와 Cristina Alfaro가 ITEP 프로그램, 즉 멕시코에서 영어와 스페인어 등 이중 언어 교사자격을 모색하는 실습생들을 실습시키는 프로그램을 묘사하고 있다. 저자들은 이론적 구성과 연구결과 측면에서 프로그램의 주요 측면을 논의하고 있다. 또한 세계교사교육 프로그램의 계획에 있어서 고려해야 할 것들을 위해 프로그램 개발자들에게 일련의 문제를 제시하고 있다.

7장에서는 Sharon Brennan과 Julie Cleary가 30여 년 이전부터 켄터키

대학교에서 실시해 온 외국교육실습 프로그램의 진화를 추적했다. 실습생들의 성장을 안내하고, 모니터링하면서, 반성적 사고를 향상시키는 최근의 방법을 설명하며, 초기 적용으로부터 배운 결과들을 논의하고 최근의 방법을 설명하며, 초기적용으로부터 배운 결과들을 논의하고 이 방법을 사용한 프로그램 개발과 연구를 위한 아이디어를 제공하고 있다.

8장에는 Neil Andersen이 선봉자로서 주최자 경험을 제시하고 있다. 여러 해 동안 뉴질랜드에서 COST 학생들을 유치하면서 교생들의 홈스테이 가족, 교사, 교육행정가들의 이야기와 진술을 제시하고 있다. 교생이 현장 지역사회에 끼칠 수 있는 영향에 대한 그의 통찰은 교생을 보다 잘 준비하도록 하는 데에 고려해야 될 많은 것들을 제공하고 있다.

9장에서는 Rosalie Romano가 신규교사들의 초기 호기심을 개발하는 여정을 독자에게 안내하며, 해외로 떠나는 일생일대의 꿈에 불을 지피고, 또한 그에 따르는 공포를 탐구하도록 하고 있다. 그녀는 외국에서 가르치는 행동의 적용, 최종 출발, 해외경험에 대한 종국적인 학생들의 경험 간의 영역을 검증하고 있다. Romano는 공포 또는 극도의 불안이 호기심의 물결과 교차하며, 이것이 개인을 놀랄 만한 교사로 성장시키는 것과 조합하여 일어남을 연달아 설명하고 있다.

마지막 장에서는 Rosalie Romano와 Kenneth Cushner가 Paulo Freire의 작업진수와 국제경험을 연결시키고, 현상을 수용할 뿐만 아니라 삶의 가능성을 깨닫는 의문과 도전 속으로 교육실습을 인도하고 있다.

그들은 국제경험이 학생들을 그들의 학생과 함께 하나가 되게 하는 역할을 하며, 그들의 패러다임을 바꾸게 하고, 상호문화 교생실습 경험이 신임교사가 창의적인 반성가가 되게 하며, 새로운 문화를 만남으로써 교실 내의 주관성을 가정하게 되고, 그 문화의 일부로서 항해하도록 함을 논하고 있다. 개인적 및 전문적 성장이 이러한 교류를 통하여 일어나는 것이다.

이 책은 교사교육 프로그램이 교육학적으로 유능한 교생뿐만 아니라 문화적으로도 유능한 교생이 되도록 준비시킬 필요가 있다는 전제하에 저술되었다. 공저자들이 각 장에서 논의했듯이 우리가 믿고 있는 세계적 차원 즉, 문화 유능성이 효과적인 교사가 되는 수단 중의 주요한 부분임을 주장하고 있다. 문화적으로 유능한 교사들은 미국 국경지역 너머의 문화적 전통을 이해하며, 세계사회에서 살고 일하는 학습자들을 준비시키는 전문성을 갖게 된다. 이 책은 교사교육 프로그램이 교사들을 어떻게 문화적으로 유능하게 준비시킬 수 있는가와, 누가 학생들을 21세기의 "편평한" 세계 속에서 성공하도록 도울 수 있는가에 대한 아이디어와 예를 제공하고 있다. 그 다음의 장들에서는 어느 정도의 장기간으로 지속된 담금질이 문화적 유사지역 밖에서 이루어지는 것이 문화적 능력을 향상시키도록 도울 수 있는지, 그들이 교실에 가져가는 내용에 영향을 미칠 뿐만 아니라 학습자에게 세계적 사고를 촉진시킬 수 있는 방식으로서의 세계적 마음가짐을 향상시킬 수 있는가를 보여주고 있다. 우리는 이 여행에 온 여러분을 환영하는 바이다.

참고문헌

Anderson, C., and J. Self. 1983. Consortium for Overseas Student Teaching: History, development, and operations. Unpublished document, University of Alabama, Tuscaloosa, AL.

Bennett, M. J. 1993. Towards ethnorelativism: A developmental model of intercultural sensitivity. In *Education for the intercultural experience*, ed. R. M. Paige, 21-71. Yarmouth, ME: Intercultural Press.

Brislin, R. 1981. *Cross-cultural encounters: Face-to-face interaction*. NeedhamHeights, MA: Allyn & Bacon.

Cushner, K., and R. Brislin. 1996. *Intercultural interactions: A practical guide*. Thousand Oaks, CA: Sage.

Cushner, K., and J. Mahon. 2002. Overseas student teaching: Affecting personal, professional and global competencies in an age of globalization. *Journal of Studies in International Education* 6, no. 1:44-59.

Freidman, T. L. 2006. *The world is flat: A brief history of the twenty-first century*. New York: Farrar, Straus & Giroux.

Gay, G. 2002. Preparing for culturally responsive teaching. *Journal of Teacher Education* 53, no. 2:106-16.

Hanvey, R. G. 1982. An attainable global perspective. *Theory into Practice* 21, no. 1:162-67.

Heyl, J., and J. McCarthy. 2003. International education and teacher preparation in the U.S. Presentation at the national conference entitled Global Challenges and U.S. Higher Education: National Needs and Policy Implications, Durham, NC, Duke University, January.

Ikeda, D. 2005. In *Educating citizens for global awareness*, ed. N. Noddings, xi. New York: Teachers College Press.

Jennings, C. 2006. Teacher education: Building a foundation for the global workforce. *AACTE Briefs* (April 24).

Ladson-Billings, G. 1999. Preparing teachers for diverse student populations. *Review of Research in Education* 24:211-48.

Landis, D., M. Bennett, and J. Bennett. 2004. *Handbook of intercultural training*. Vol. 3. Thousand Oaks, CA: Sage.

NCATE. 2006. *NGATE: Professional standards for the accreditation of schools, colleges and departments of education.* Washington, DC: National Council for Accreditation of Teacher Education.

Stachowski, L., and J. Chleb. 1998. Foreign educators provide feedback for the improvement of international student teaching experiences. *Action in Teacher Education* 19, no. 4:119-30.

Stachowski, L., and V. Visconti. 1997. Adaptations for success: U.S. student teachers living and teaching abroad. *International Education* 26:5-20.

Stephan, W. G., and W. P. Vogt. 2004. *Education programs for improving intergroup relations: Theory, research, and practice.* New York: Teachers College Press.

2

국제교육실습 프로그램의 설립과 유지

Jennifer Mahon
Gretchen L. Espinetti

종합대학교나 단과대학에서 시행하는 외국교육실습(OST, Overseas Student Teaching) 프로그램은 많은 양의 에너지, 자원, 그리고 개인이나 기관의 책임, 조화, 존경, 지속적인 대화, 유대관계를 필요로 한다. 그래서 이 프로그램은 이익뿐 아니라 갈등도 지속적으로 평가해야 한다. 효과가 있는 것은 무엇이고 효과가 없는 것은 무엇인가? 어떻게 하면 프로그램 평가를 통해서 개인적·기관적 수준에서 필요한 변화를 보여줄 수 있을까? 어떻게 하면 우리가 지속적으로 21세기의 예비교사들에게 이러한 귀중한 경험을 제공할 수 있을까? 예비교사들의 외국교육실습 경험은 그들이 미국으로 돌아와서 취업하는 데 어떤 영향이 있을까? 그것이 중요할까? 만약 그렇다면, 어떠한 점에서 중요할까?

우리는 교원대학(College of Education)이라는 고등교육 체제 안에서 국제 교사-교육 사업을 진행하고 있으며, 중심 사명은 국제화 교육과 다문화 교육 철학이다. 국외에서의 교육실습은 예비교사들에게 새로운 문화를 발견하고, 가르치고 알아가는 새로운 방법을 탐구하고, 새로운 언어나 사투리를 사용하고, 세계화 문제를 경험하고 연구하는 기회를 제공한다. 예비교사들은 학교 교육(schooling)의 역할과 다른 나라의 교육 시스템 및 교육 정책에 대한 다양한 관점을 지니며, 직업적이고 개인적인 발전을 위한 특별한 기회를 얻는다. 이 책과 논문(예를 들어, Mahan and Stachowski, 1990; Mahon and Cushner, 2002; Stachowski and Visconti, 1998)을 통해 알려진 연구들은 문화 학습, 개인 능력의 향상, 교실 내에서의 문화적 다양성에 대한 준비 등과 같은 외국교육실습의 가치 있는 성과들을 열거하고 있다.

그러나 예비교사들이 그러한 성과를 거두도록 하기 위해서는 먼저 우리의 고유한 현실 내에서 즉 현재 교육기관의 운영체제에 알맞은 프로그램을 만들어야 한다. 이 장은 이미 존재하는 프로그램을 변화시키고자 하는 사람들뿐만 아니라, 그들의 기관에서 OST 프로그램을 시작하는 것을 고려하는 사람들에게 필요한 조언을 제공한다.

이 책의 다른 장들은 외국교육실습의 가치를 지지하는 연구 결과를 보여준다. 그 연구 결과를 바탕으로 우리의 논의를 위한 이론적 근거를 제공하고, 잠재적인 프로그램 책임자에게 이용 가능한 자료를 추가로 제공하기 위한 노력의 차원에서, 국외 유학과 연관된 프로그램의 쟁점들을 다룬 기존 논문을 간략하게 언급한다. 캠퍼스의 국제화 혹은 대규모의 국제 프로그램 행정에 관한 자료가 많지만(예를 들어 NAFSA를 통한 Association of International Educators 또는 Council for International Educational Exchange[CIEE]), 이 책에서는 그 내용들에 관해서는 일반적인 참고로서 몇 개만 언급하였다. Sevigny(2001)는 교환 학생에서부터 외국 학생들의 입학에 이르기까지 외국교육실습 프로그램들의 모든 양상에 대한 매우 포괄적인 규준을 저술하였다. 그의 저서의 몇몇 장은 외국교육실습 프로그램을 설립하는 데 필요한 내용의 범주를 넘어서고 있지만, 국외 유학의 발전과 법적인 쟁점들에 관한 장은 훌륭한 자료로서 역할을 한다. Fung과 Filippo(2002) 또한 교직원의 참여를 고려하고, 대학 내 존재하는 프로그램과 연계하거나 새로운 자체 프로그램을 세울 수 있는 방법을 기술한 유용한 제안을 제공한다. Briscoe(1991)는 캠퍼스를 국제화하기 위한 미드웨스턴 대학의 시도에 대한 사례 연구를 제공한다. Hatton(1995)과 Campion과 Bostic(1993)은 지역 대학들에 특별히 적용되는 프로그램 이슈들을 논의한다. 마지막으로 Beach(1995)는 캠퍼스 내의 국제적, 다문화적 노력에 초점을 맞추는 학과, 단체들을 연결하는 행정상의 전략들을 여러 방법으로 논의한다.

국제교사교육에 관련된 점들을 언급한 책도 있다. Merryfield, Jarchow, Pickert(1997)는 교사들을 위한 국외연수의 다양한 양상들을 다룬 연구를 수행하였다. Pike(2000)는 캐나다의 상황에서, 외국교육실습 경험을 포함하여 국제교육에 대한 연구의 주요한 과정의 수립을 설명한다. Landerholm, Gehrie, Hao(2004)는 외국유학을 포함하는 초등교육 국제화 프로그램에 속한 포괄적인 양상을 다룬다. Baker와 Giacchino-Baker(2000)는 미국과 멕시코의 협력을 다룰 뿐만 아니라, 협력 중인 미국의 세 대학들에 의해 진행되고 있는 일에 대해서도 논의하고 있다. 현장경험을 체계화하고 프로그램의 효과를 문서화하기 위해 특별한 지침이 포함되었다. 이러한 연구들을 종합해 보면 외국교육실습 프로그램의 설립과 유지에 많은 요소들을 고려할 필요가 있다는 것을 증명하고 있다. 이 장에서는 프로그램의 개발, 외부적인 제약과 긴장, 내부의 우려, 지원자 배치의 유형, 주최 기관의 결정, 프로그램 마케팅 및 학생의 관심처리, 신청 과정 및 지원자 선정, 프로그램 감독에게 환송될 정보, 교육실습생의 배정업무, 지원자 오리엔테이션 및 재입국에 관련된 다양한 쟁점들을 다룰 것이다.

프로그램의 개발

외국교육실습 프로그램을 개발하고 사업화할 수 있는 몇 가지 구조가 존재한다. 고려해야 할 조건으로는 (1) 자원을 공동으로 이용하는 여러 대학들의 컨소시엄 (2) 중심부서 그리고/혹은 잘 설립된 국제 교류 부서를 통한 대학/캠퍼스 주도하의 노력 (3) 단과대학 혹은 교원대학 내의 프로그램 등이 있다.

컨소시엄은 일반적으로 한 대학이 단독으로는 제공할 수 없는 현장 기회를 제공한다. 그러나 프로그램이 성장해 가면, 기관의 책임, 지원자 마케팅, 구성원들의 활동 규칙 그리고 자원 등이 우려할 만한 사항이 될 수 있다. 예를 들어, 비교적 작은 규모의 기관이, 만약 큰 컨소시엄의 구성원으로 도약할 수 있는 국제적인 협력을 가진다면, 학생들에게 수많은 기회를 제공할 수는 있지만, 한편으로는 프로그램 호환성에 있어서 불필요한 장애물을 더할 수 있을 것이다. 본부의 영향역이 큰 대학의 프로그램은 국외 유학 프로그램의 성격에 맞는 정확한 절차와 필요조건을 갖추고 있을 수 있다. 이것은 체계와 지원을 제공하기 때문에 도움이 될 수 있지만 감독권, 경제적 지불 그리고 실습 장소 등을 제안할 수 있다. 종합대학교나 단과대학 내의 프로그램은 일반적으로 유연성과 자율성을 가장 많이 제공한다. 그러나 모든 책임이 프로그램을 책임지고 있는 한두 사람에게만 쏠릴 수 있기 때문에, 자원 및 직원배치 역시 중요한 문제가 될 수 있다.

어떤 체계가 가장 좋은가를 결정할 때, 기관 내의 다른 구성원들의 우려를 일으킬 수 있는 국제 프로그램의 측면들을 예상해 보는 것은 그들의 협조를 확실히 하기 위해서 중요하다. 이에 대한 예를 바로 제시한다.

외부의 제약과 긴장

어떤 체계를 적용하든지 간에 고려해야 할 합리적인 우려가 분명히 있지만, 변화를 촉진하기 위해서는 장애물들이 나타났을 때 비판적인 질문들을 하는 것이 종종 필요하다. 외국교육실습 프로그램을 시작하는 데 있어서 가장 큰 도전 과제는 국제적인 환경이 프로그램의 온전함, 부서의 임무, 교사교육의 특정한 철학, 그리고 주 자격증, 입법부의 지시, 승인 등의 외부의 압력과 연관된 문제들을 어떻게 손상시키지 않을 것인가를 증명해 내는 일이다.

어쩌면 프로그램 개발을 논의하는 첫 단계는 주(state)의 요구사항들을 검토하는 것일지 모른다. 어떤 주들은 교육실습을 반드시 주 안에서 수행해야만 한다고 지시하여, 표면상으로 국외 프로그램의 어떠한 가능성도 배제시킨다. 이러한 경우, 프로그램의 국제화에 대한 논의는 국내 경험이 국제적인 기회로 확대되지 않는다면 입법부 수준에서 이루어져야 한다. 다른 주들에서는 요구사항의 내용이 관철되는 데 몇 주의 기간이 소요되거나 현장과 연락하는 데에 수시간, 수일이 걸릴 수 있다. 만약(예를 들어 남반구와 같이) 실습할 국가(host site)가 상당히 다른 학사 일정으로 운영된다면, 이러한 곳에서는 프로그램을 운영할 수 없다는 것을 의미한다. 또한, 초등학교 고학년에서 8주간의 실습을 마치고 저학년에서 또 다른 8주간의 실습을 진행하는 것처럼, 다른 연령/학년이나 과목 영역(content areas)에서 보내는 기간 등에 대한 추가적인 요구사항이 발생할 수 있다. 중등교육 전공자의 다양한 전공과목(주제 분야)은 만약 특정 실습 국가가 그 과목에 대한 필요성을 수용하지 못한다면 문제가 될 수 있다. 그리고 특수교육 현장 배치는 그 성격상 주(state)의 요구사항과 실습 학교 프로그램에 있어서의 상당한 다양성으로 인해 실시하기가 어렵다. 몇몇 국가들의 경우, 대규모 비자 신청이나 연방 신원 조사는 또 다른 복잡함과 보안, 혼잡한 신청서 준비 기간 및 준비상의 문제 등을 추가하게 된다.

내부의 우려

국제교육실습을 수행하는 대학교에서 종종 일어나는 일반적인 이의(반대 의견)는, 미국의 잘 준비된 공립학교 교사가 되려면 미국의 공립학교에서 교육실습을 해야 된다는 믿음이다. 국외의 학교에서 실습한 교육학적 기술들이 미국의 학교 교육에서의 문제와 한계에 대처하는 데 활용될 수 있다는 가능성을 상상하는 것이 일부 학부 구성원들에게는 어려울 수 있다. 더 나아가, 이 예비교사들이 직업을 찾으러 미국에 돌아올 것이고, 미국 내에서 교육실습을 하지 않으면 그들의 고용 잠재력에 해가 될 것이라는 비판적인 논의가 지배적이다. 이러한 이의는 사범대나 교대가 책무성을 평가하는 과정에서 졸업생들이 취업했다는 것을 증명하는 데이터를 제공해야 한다는 압력을 받으면서 생겨난 것이다.

Merryfield(2000)는 미국 대학 내의 대부분 부서에서 제한된 국제적 지식 및 문화 교류 경험의 부족만큼이나, 교직원이 다양성에 대하여 상대적으로 부족하다면 이 역시 학생들을 국제적으로 배치할 때 두드러진 장애물이라고 주장한다. 교직원의 국제적인 경험이 부족한 곳에서 그러한 국제적인 환경의 적합성에 대한 이의들이 가끔은 민족 중심적인 믿음(즉, 미국은 교사 연수를 받기에 가장 좋은 혹은 유일한 장소이다.)의 증거로 해석될 수 있다는 것을 인정해야 한다. 교사 준비 프로그램 제작에 많은 시간을 투자하는 개인들은 국제적인 상황이 국내에서와 동일한 품질의 교수 혹은 교수철학을 제공하는 것이 아니라고 믿을 것이다. 따라서 상황에 대한 질문은 종종 질적인 문제를 이끌어 낸다.

실습 기관을 평가하는 것과, 질적인 차이가 존재할 것이라고 가정하는 것은 명백하게 현명하다. 그러나 기관의 변화에 관한 문헌들은 저항의 분석을 설명함으로써 이 결정에 또 다른 관점을 더한다. Clark(1980)에 따르면, 저항은 한 시스템 안에서 규율상의 소속 혹은 역할을 기반으로 하여 하위문화에 의해 만들어지고, 이것은 변화의 노력과는 양립할 수 없는 일련의 신념이나 관례를 제시한다. Kashner(1990)는 하위문화는 "소유권의 기원"이라고 덧붙이는데, 이는 변화가 그들의 소유권에 대한 위협으로 인식되기 때문에 특히 해결되기 어렵다. 질적인 문제가 발생하는 곳에서는 어떤 질적인 요소들이 국외 기관들에 의해 입증되어야 하는지 그리고 어떻게 평가될 것인지를 고려할 필요가 있다.

감독

교수진이나 관리자들 사이에서 제기되는 모든 우려들 중에, 감독과 협력교사의 선택에 관한 질문이 가장 많이 나타나는 경향이 있다. 초기에는 감독관(supervisor)과 교사의 자격에 대한 질문들이 생긴다. 국외 감독관과 협력교사는 어떤 배경을 가지고 있을까? 평가 빈도와 종류는 무엇이며, 교육실습평가 가치의 의미에는 어떠한 차이점들이 있는가? 감독관이 국내용(home-country) 평가 형식을 사용할 것인가, 아니면 대학들이 실습 국가(host)의 형식을 받아들일 것인가? 만약 주나 대학의 규정이 교수진들에게 지원자를 직접 평가하도록 요구한다면 어찌해야 할까? 다른 경우에서 개인들은 감독관과 교사들을 위한 기관차원의 연수의 본질을 고려해볼 때, 개인은 그 과정이 매우 특별해서 다른 사람들에 의해서는 똑같이 실행(복제) 될 수 없다고 믿을지도 모른다.

또 다른 쟁점은 문서자료와 실천연구이다. 실습생들이 그들의 모교에서와 같은 프로그램 요구사항을 완수할 것을 보장하기 위해, 교수진들은 외국교육실습생들에게 국외에 있는 동안 교육실습 세미나 과정을 완수하거나, 프로그램에서 요구되는 역량을 확인하기 위한 다수의 쓰기 과제를 요구할지도 모른다. 교육실습 경험은 지역사회를 알아가는 것보다 수업 준비를 하거나 답안지를 채점하고, 프로그램 관련 포트폴리오 요구사항 등을 준비하는 저녁과 주말 시간들로 인해 바쁘고 스트레스가 많은 것이 현실이다. 이것은 학습자의 성공적인 결과물을 보장하기 위해 지역사회를 알고 이용하는 것의 필요성을 강조하는 문화 관련 교육(culturally relevant pedagogy)(Ladson-Billings, 1994)에 위배된다. 더욱이 국외 경험은 문화에 대해 적응하고 배우기를 요구한다. 문화 적응이란 문화 관련 수업(culturally relevant teaching, Hollins and Guzman, 2005)에 관한 연구에서 찾아볼 수 있는 기능이다. 실습생에게 많은 양의 과제를 이메일로 국내 기관에 보내게 하는 것은, 실습생을 돕기 위해 노력할 때 그러한 과제에 친숙하지 않은 것을 우려하거나 실습생의 관심이 실습과 문화 경험으로부터 멀어진다는 사실에 대해 걱정하는 협력교사와 감독관들에게도 상당히 힘겨운 일이 될 것이라는 사실을 교수진들은 알고 있어야 한다.

실습생 배치에 대한 결정을 마무리 짓기 위해, 활용 가능하며 바람직한 감독의 유형이 고려되어야 한다. 모든 경우에서 대학의 직원 한 명이 정규 담당자가 되며, 협력교사의 감독이 다음에 제시되는 사람들 중 하나 혹은 그 이상을 실행한다고 가정할 수 있다: (1) 국내 대학의 교육학 교수진; (2) American International이나 Department of Defense Education Activity(DoDEA) 학교들과 같이, 대학과 공식적인 협력이 존재하지 않는 곳에 있는 학교 행정가; (3) 안식년, 조사 연구, 기타의 자금으로 실습 국가를 여행하거나 체류할 수 있는 국내 평가자. 미국 내에서 책무성과 인증제도의 압박이 계속 증가함에 따라, 대학이 실습생들에게 수업의 계획, 실행, 평가, 개별화 수업에 대한 능력을 입증하며 실제 수업이 학업에 끼치는 영향을 측정하는 자료중심의 과제물을 완수하도록 요구하는 일은 보편화된 일이다. 이러한 자료들은 실습 국가에 알려지지 않을 수 있으며, 불가능하지는 않지만, 미국 내의 강의자나 관리자와 더 많은 의사소통을 요구하고, 학생의 작품을 취합하는 것과 관련된 실습국가의 법률을 고려하게 만든다.

실습생 지원

실습생에 대한 지원이 중요하다. 실습생들이 미국 내에서 실습을 마쳤다면, 그들은 실습기간 동안 필요사항을 말할 수 있는 든든한 지원체계를 가지고 있었을 것이다. 그들에게는 학교 내의 협력교사, 대학교 감독관, 건물 내의 동료 및 관리자, 때때로 학기 동안 어렵고 힘든 일들을 함께하는 실습 동료들이 있다. 국제교육실습이 미국에서의 국내교육실습과 비슷한 구조를 가지고 있다 할지라도, 실습생들에게 성공적인 실습 생활을 위해 필요한 지원을 유지해야 하는 어려움을 악화시키는 미묘한 차이점들이 몇 가지 존재한다. 소속대학과 국외실습지역과의 물리적 거리로 실습생들에게는 동료실습생, 전직교수, 가족, 친구들, 대학 지도교수 방문 등의 친숙함이 사라진다는 것이 분명하다. 기술의 발전으로 팩스, 이메일, 화상회의가 이러한 거리를 줄여주었지만, 아무리 자주 이메일을 주고받는다 하더라도 실습생들에게 그 거리는 여전히 남아있다.

아마도 외국교육실습 경험의 가장 특이한 점은 낯선 것들의 반전일 것이다. 예를 들어 미국에서 교생들은 새로운 학교환경에 적응하는 데 많은 불안을 느끼고, 집에 갔을 때에는 편안함을 느낄 것이다. 이와는 반대로, 외국교육실습생들은 학교가 가장 편안함을 주는 장소로 변하는 것에 놀랄 것이다. 하루 일과를 마치고 학교를 떠날 때, 그들은 또 다른 낯선 세계로 들어가게 된다. 실습생들은 전혀 모르는 곳이나, 처음으로 대중교통에 의존해야만 하는 생활에 적응하는 법을 배우면서 그러한 거주 환경이 어려운 과제로 다가옴을 깨닫게 된다. 이와 비슷하게, 그들은 같은 언어와 문화를 공유하지 않는 가족들과 사는 것에도 적응해야 한다.

이러한 모든 일은 학생이 실습 국가 내에서 지원 체계를 형성하기에는 시간이 걸리기 때문에, 특히 실습 처음 몇 주 동안에는 국내에서의 지원이 요구된다는 사실의 필요성을 증가시킨다. 여러 가지 선택사항 중 다음 두 가지는 이러한 형태의 지원을 제공한다. 국내 대학 감독관, 국외 감독관, 실습생으로 구성되는 의사소통의 삼각형, 또는 지역과는 관계없이 실습생들이 자신들을 위해 스스로 만든 지원 체계가 추가된 의사소통 사각형이 그것이다. 이러한 친밀감과 대인관계는 출국 전 오리엔테이션 기간에 시작되어야 하고, 이 지원은 교생들이 국외에 있을 때 이메일, 전화, 스카이프와 VoIP 같은 인터넷 기반의 통신 프로그램을 통해 계속되어야 한다.

강화된 국제 관계의 기회는 우리에게 몇 가지 필요성의 문제로 돌아온다. 미국 내 교생 프로그램의 필요성이 (이러한) 특정 요구사항을 충족시키도록 요구한다는 사실에는 의심의 여지가 없다. 그러나 이로 인해 국내교육실습 프로그램을 국외에서도 똑같이 실시한다거나, 아예 외국교육실습을 시행할 수 없다고 주장하는 것은 합리적이지 못하다. 오히려 실습생들의 이익을 위한 공통점에 도달하기 위해서는 여러 수준에서의 의사소통, 헌신, 상호존중이 요구된다. 국제적 파트너들과의 관계를 발전시키고 유지하기 위해서는 오랜 시간 동안 쌓여진 상호 존중과 신뢰가 필요하고, 이는 모든 외국교육실습 프로그램을 유지하는 데 필수적이다.

지원자 배치 유형

실습생의 학교배치가 다양한 방법으로 이루어지긴 하지만, 대개 국외 협력대학과 함께 이루어지거나 국외 학교를 통해 직접적으로 이루어진다. 또한 실습학교에서의 수업 형태(instructional delivery)는 다음 3가지 항목들 중 하나에 해당된다: (1) 미국 커리큘럼을 영어로 교육; (2) 미국 커리큘럼이 아닌 것을 영어로 교육; (3) 비영어교육.

외국에 있는 미국 학교에서는 (1)번 항목을 실시하는 것이 가장 보편화되었다. 이러한 학교들은 종종 국외거주 미국인들을 대상으로 하며, 미국의 공립학교들과 비슷한 기준과 요구사항을 갖는다. 국외에 거주하는 미군관계자들과 그 가족들을 위한 국방부 소속 학교가 대표적인 예이다.

(2)번은 미국 교육과정을 따르지 않지만 영어로 수업한다. 이 경우, 실습생들은 영어를 쓰는 국가들의 공립 또는 사립학교에 배치된다. 영어를 사용하지 않는 나라에서는 주로 외국인 학생들을 가르치며, 캐나다, 영국, 남아프리카, 호주의 학교들과 같은 환경이 포함될 수 있다.

마지막으로 비영어교육이 있다. 실습생이 제2외국어가 유창하거나, 기타 다른 유럽어 관련 자격증을 얻기 위해 공부하는 경우, 영어를 쓰지 않는 나라의 공립학교에 배치되거나 외국인 학교에 있는 외국어 수업 또는 2개국어 프로그램에 배치되는 두 가지 선택사항이 가능하다. 이러한 학교들은 대개 높은 외국어 유창성을 요구한다.

실습기관의 결정

외국교육실습을 실시할 기관을 선정하는 일은 보통 교직원 혹은 대학이 외국에서 형성한 개인적이거나 학문적인 관계를 조사하는 것에서 시작된다. 이는 실습을 제공할 기관의 관심을 조사하고, 협력을 형성하기 위해 필요한 친밀감의 양을 줄일 수 있는 가장 좋은 방법이다. 또 다른 방법으로는 외국을 여행하는 중에 국제 학교나 교육대학을 방문하는 것, 혹은 국제회의에서 프레젠테이션을 하는 것이다. 마지막으로는 대학교의 국제교류처가 외국의 고등학교와 좋은 관계를 형성하는 것이다. 현재 대학교의 예산 감축 추세로 미루어 보아, 각 개인은 그들의 프로그램이 다른 부서나 교내의 다른 프로그램을 그대로 본딴 것이 아니라는 것을 증명해 보이라는 요구를 받게 될 수도 있다. 일반적으로, 교생들이 자신의 학위에 관련된 전문화된 업무를 수행할 것이라는 사실이 위 물음에 대한 답변이 될 수 있다. 그러나 몇몇 대학교들은 다른 프로그램이 같은 장소에서 실시될 수 없다는 그들의 정책을 고수하고자 할지도 모른다. 이것은 기존 국제 협력의 합의 조건과 관련된 문제일 수도 있다.

프로그램 마케팅 및 학생의 관심처리

추친해 나갈 실습형태를 결정하고 나면, 교내에 외국교육실습 기회를 홍보하는 것이 중요한 문제이다. 한 개인이 총체적 책임을 지고 선두에 서서 일을 성공시키는 것은 감당하기 힘든 일일 수도 있다. 그러나 홍보과정을 거치지 않고서는(세상에 알리지 않고서는) 프로그램의 설립은 물론 지속적인 성장은 불가능할 것이다. 학생들에게 실습기회에 대해 알리는 성공적인 방법들의 몇몇 예들로는 (1) 교내의 건물들에 전단지를 붙인다; (2) 국제교류처를 통해서 정보를 제공한다; (3) 지원자들이 갖게 될 만한 질문과 관심을 다루는 시간을 갖는다; (4) 특정 프로그램에 대한 프레젠테이션을 한다;

(5) 신입생 오리엔테이션에서 프레젠테이션을 한다 등이 있다. 예비 지원자들에게 대학에 입학할 때부터 그들의 교육실습 기간에 걸쳐서 지속적으로 정보를 제공하는 일의 중요성이나, 학생들에게 이러한 기회를 가지도록 권장하는 교직원 역할의 중요성은 아무리 강조해도 지나치지 않다.

실행가능성 있는 프로그램이라면 국제적 기회에 대한 마케팅 이외에도, 오늘날의 학생들이 겪고 있는 문제점들을 고려해야 한다. 예비 지원자들은 금전 문제를 고려해야 하는데, 그들이 교육실습을 끝내기 위해 필요한 전체 비용을 고려하지 않고서는 외국교육실습 프로그램에 대한 논의가 끝날 수 없다. 국외에서 보내는 학기 동안 지원자들이 지불하는 비용에는 어떤 것들이 있을까? 국내에서 보내는 학기와 마찬가지로 수업료와 숙박 비용이 드는 게 분명하다. 이외에도 지원자들은 여권이 필요할 것이고, 비자를 받는 데 필요한 비용(만일 실습 국가에서 요구한다면), 의료보험과 책임보험, FBI를 통한 신원조회 과정에 소요되는 비용, 오리엔테이션에 필요한 자료, 발생 가능한 다른 교육 비용을 부담해야 할 것이다. 국외 경험에서 가장 크게 발생하는 비용은 왕복 항공료와 숙식비 두 가지이다. 그 외의 비용으로는 실습 국가 내의 지역 여행을 위한 경비와 생활비를 포함한 잡다한 지출이 있을 것이다. 조사에 따르면, 외국교육실습 비용은 수업료를 제외하고 한 학생당 4,000~6,000달러 정도이다.

지원자들에게는 금전적인 문제와 더불어, 안전의 문제, (미국으로 돌아왔을 때) 받게 될 지위나 전망에 관한 가능성, 교직원들의 외국교육실습에 대한 인식 문제가 지원자뿐 아니라 지원자들의 부모에게도 부담이 된다. 따라서 외국교육실습에 관한 대화에 학부모를 포함시키는 것은 반드시 이루어져야 할 사항이다. Marjorie Savage(2003)와 여러 저자들(Mitchell 2006; Daniel and Ross 2001)은 (미국의) 고등교육에 있는 많은 사람들이 경험하는 것, 특히 대학생의 생활에 대한 부모의 과도한 관여가 외국교육실습 프로그램에 끼치는 영향에 대해 설명하고 있다.

일반적으로, 프로그램 담당자들은 특정 실습 국가들에서 발생할지도 모르는 안전과 건강 문제들에 대해 신중히 생각해야 한다. 이 문제들을 항상 지켜보기 위해서, 프로그램 담당자는 캐나다 국무부에서뿐 아니라 미국 국무부에서 발행한 보고 자료를 검토하여야 한다. 또한 미국 질병통제 및 예방센터(US Centers for Disease Control)와 세계보건기구(WHO)는 프로그램 담당자들에게 가장 심각한 보건 문제들을 경고할지도 모른다. 이러한 공개문서와 목록들은 대학들이 현재 지원자들의 안전에 확실히 위협이 될 만한 나라를 제외시키도록 할 수도 있다. 때때로 (안전문제에 대해) 걱정하는 몇몇의 개인들은 경고 목록에는 없지만 언론에서 다루어진 국가들의 안전 문제에 대해 언급할 수 있다. 이러한 경우, 사람들에게 (예를 들어) 누구나 미국 신문을 펼칠 때마다 살인, 폭력, 강간, 자연 재해, 불량배들의 불법 행위, 정부기관의 부패, 그리고 불행하게도 9/11 테러 이후 테러리스트들의 활동과 정보에 관한 기사를 볼 수 있다는 점에 대해서 적절하게 상기시키는 것이 필요할 것이다. 안전 문제는 어느 나라이건 상관없이 적용될 수 있다. 만약 다양한 위험 요인들에 주의를 집중할 수 있다면, 그리고 적절한 사전 오리엔테이션이 수행된다면, 이러한 위험들은 최소화될 수 있다. 이러한 문제들에 대해서는 대학의 국제 교류처와 긴밀하게 협조하는 것이 바람직하다. 대부분의 경우에 그들이 많은 도움을 제공할 수 있기 때문이다.

또한, 비상 연락 체계는 확실히 이루어져야 하며, 만약 실습생이 거주 국가에서 의료 지원을 받을 수 없거나 사망하는 드문 경우에 있어서는 반드시 대학교와 연락을 취해야 한다. 각 대학들은 이러한 상황에 대처하기 위한 특정 협약을 맺게 될 것이다.

신청과정 및 지원자 선정

국내 교육실습의 신청과정은 일반적인 관행대로 진행되고 있지만, 국제교육실습의 경우에는 그 선정과정의 중요성이 더 큰 중요성을 가지게 되는데, 이것은 지원자들이 소속 대학과 미국의 외교관으로서 역할을 하기 때문이다. 지원자의 선정을 실습 학기의 7개월~1년 정도 미리 마무리하고 필요한 서류를 취합할 것을 권장한다. 이처럼 긴 준비기간이 필요한 데에는 여러 이유가 있다. 지원자들은 실습에 참가하기 위한 비용을 벌거나, 추가적인 수업을 마치거나, 때로는 특정한 어학 수업을 받기 위한 준비기간이 필요할 것이다. 때로는 프로그램에 대한 추가적인 확인 및 균형을 위한 준비기간이 필요할 것이다. 외국으로 가기를 망설이는 개인들은 어쩌면 국내에 남아있기로 결정하여, 외국에서 일어날 수 있는 문제들을 피할지도 모른다. 준비기간과 세부사항들은 앞서 언급한 외국교육실습 프로그램의 구조에 따라서 선택적으로 적용될 수 있지만, 여기서 서술한 권고사항은 모든 경우에 적용된다.

프로그램 감독에게 환송될 정보

프로그램 담당자는 신청을 받기 이전에, 최소한의 자격 조건을 정할 필요가 있다. 예를 들어, 외국교육실습컨소시엄(COST)에 참여하기 위해서 지원자들은 평점이 4.0점 만점에 GPA 3.0점 이상이 되어야 할 것이다. 다른 고려사항으로는 지원자의 전공 평점(GPA), 비행 행위 기록, 특정 과목들에서의 최소 성적 등이 있다.

우리는 지원자들이 다음과 같은 정보를 제공할 것을 권한다. 지원서의 첫 부분은 (지원기간 내 학생들의 이전 가능성 때문에) 본적과 현거주지 주소를 모두 포함한 신상정보를 포함하여야 한다. 지원자들은 원하는 거주형태—아파트, 기숙사, 또는 홈스테이—를 반드시 명시하도록 한다. 특히 홈스테이 거주 희망자는 식단 요구사항을 명시하여야 한다. 알레르기와 같은 건강상태에 관한 추가적인 정보 역시 포함되어야 한다. 미국의 사생활보호권(U.S. Right to Privacy Act)은 단체나 기관이 건강 정보에 대해 직접적으로 묻는 것을 금하고 있지만, 지원자들의 자발적인 동의에 의한 조항들은 최적의 경험—특히 홈스테이의 경우에—을 제공할 수 있도록 한다.

COST 프로그램에서는 지원자가 아이들과 함께 일한 경험과 학문적 능력, 인성을 증명하기 위한 협력교사, 프로그램 지역에서의 교수진 구성원, 이전 및 현재 고용주에 의해 작성된 세 개의 추천서를 요구한다. 의료 보험 및 직업 책임 보험에 대한 증명서와 함께, 지원자의 여권과 FBI 신원조회서 사본도 반드시 제출하여야 한다. 의료 보험 및 책임 보험의 경우 몇몇 대학들은 모든 학생들의 보험을 일괄처리할 것이다. 따라서 프로그램 담당자는 추후의 지원과정을 위해 복사본을 확보할 수 있는지의 여부를 대학 법률 사무소에 알아보아야 한다. 다음으로, 지원자는 성적증명서, 에세이, 현장 실습 기간 동안 수료한 교육과정의 목록도 제출하여야 한다. 한 지원자는 서로 다른 형태의 교육실습 프로그램을 갖는 다른 여러 국가의 대학들에 지원할 수도 있기 때문에, 실습 국가 담당관이 교실 내에서의 지원자의 경험에 대해 분명하게 알 수 있도록 현장 실습 기간 동안 이수한 교육과정을 자세하게 명시하여야 한다.

또한, 프로그램 지원자들은 왜 그들이 외국교육실습을 하고 싶은지에 대한 에세이를 자세하게 작성하여야 한다. 대다수의 경우 지원자들은 다른 문화에 대한 호기심과 여행 또는 그들의 교육에 대한 헌신 등을 설명하는 에세이를 쓴다. 이런 에세이를 통하여 국외교생을 맞이하는 실습학교 측은 프로그램 기간 동안 자신의 학급에서 학생들과 함께 일하게 될 사람들에 대하여 이해할 수 있다. 그들은 지원자들이 무엇을 배우고 싶어하는지, 또한 왜 외국교육실습이라는 도전을 하는지, 지원자들이 그들의 사회에 어떤 영향을 줄 것인지에 대해 분명하게 알기를 원한다. 우리는 지원자에게 실습 배치가 한 곳으로 확정되기 전에는 에세이가 여러 나라로 보내질 수 있기 때문에, 지원자들이 특정 지역(나라)에 대한 내용을 쓰는 것은 삼가기를 권한다.

우리는 프로그램 담당자에게 지원서 양식이 전달되기 이전에, 대학 법률 사무소에서 그 양식을 검토하여, 지원서 내용에서 모든 법적 문제가 다루어지고 있는지, 그에 적절한 위험 요소 및 공개 형식(release form)이 지원서에 포함되어 있는지 확인할 것을 권고한다. 이 지원서에 서명함으로써 지원자들은 그들이 학교에 있을 때처럼 실습 국가 대학교의 규정과 실습 국가의 법을 따를 것임을 입증하는 것이다. 따라서 지원자들에게 만약 그들이 국외에서 이러한 규정을 지키지 못한다면 (실습 기간 중) 미국으로 다시 돌아와야 하며 (그로 인해) 물질적 또는 법적 문제를 야기할 수 있을 뿐 아니라, 미국에서 교육실습을 다시 하거나 최악의 경우에 국내의 모든 프로그램에서 제외될 수 있다는 점을 이해하도록 다시 한 번 강조하여야 할 것이다.

대학 법률 사무소는 프로그램이 시작하기 이전에, 이 업무와 관련하여 대학 정책에 대한 어떠한 오해의 여지도 남아있지 않도록 확실하게 해야 할 것이다.

마지막으로, 일단 지원서를 검토한 다음에는, 프로그램 담당자와 선발 위원회가 기관의 규모와 요구사항들을 고려하여 지원자와 일대일 인터뷰를 시행할 것을 권유한다. 이는 지원자들이 그들이 가져야 할 의무를 진정으로 이해하고 있는지를 측정하고, 지원과정이 완료되었는지 확인할 수 있는 가장 좋은 방법 중 하나이다. 인터뷰는 국제교육실습에 대한 진지함의 정도를 결정하고, 지원자들의 문화적 민감성을 확인하는 데 도움이 된다. 지원자들은 외국교육실습 기간 동안 '수업(teaching)' 이 그들의 첫 번째 우선순위이며, 이 경험을 "여행 휴가" 의 확장된 기회로 여겨서는 안 된다는 점을 깨달아야 한다.

지원자들을 위한 정보

지원서를 작성하는 방법에 대한 상세한 설명, FAQ나 질문에 대한 답이 게시될 웹사이트 링크, 그리고 지원서 제출 이후의 과정에 대한 정보 등과 같이 지원자들을 위한 정보를 갖추기를 권한다. 기다리는 기간은 지원자들이 유연성과 가치 체계에 대해 생각하는 데 많은 노력을 기울이는 시간이다.

실습 국가 배치는 지원자들이 지원서 제출일로부터 출국 60일 이전 사이의 기간 내에 이루어진다.

규모가 작은 프로그램에서는 이 기간이 출국 30일 전으로 단축될 수 있지만, 이는 비행기 예약과 비자를 위해 준비되어야 하는 서류 문제를 다루기에는 매우 짧은 기간이 될 것이다. 프로그램 담당자는 공고 기간이 유동적이란 걸 알고 있음에도 불구하고 지원과정에 대해 지속적으로 문의하는 학생들을 어떻게 다루어야 할지 결정하고 싶어할 것이다. 몇몇의 경우, 이는 그 학생이 프로그램에 대해 다른 생각을 가지고 있을 수도 있다는 것을 나타낼 수도 있으므로 프로그램 담당자 및 지원자들의 걱정을 덜기 위해 면담이 필요할지도 모른다. 지원자가 그들이 배치될 국가에 대해 아는 경우(혹은 만약 하나나 두 개의 국가들 중 선택의 문제라면), 오리엔테이션을 하는 동안 문화에 대해 구체적인 자료를 포함시킬 수 있다. 추가적으로, 예방접종을 맞는 데 시간이 걸리는 질병이 있는 특별한 국가에 대해서는 면역과 건강 정보를 추가하여야 한다. 마지막으로, 프로그램 담당자는 배치장소가 결정되기 이전과 이후에, 지원자의 부모에게 편지를 보낼 수 있다. 이 편지는 학부모들에게 질문사항이나 걱정이 생길 때 이를 얘기할 사람이 있다는 것을 알도록 도와준다.

교육실습생의 배정업무

외국교육실습 프로그램이 지원자들에게 공고되어 최종적으로 한 명 이상의 학생들이 지원했을 때, 두 명 이상의 지원자를 같은 실습 기관에 함께 배치하는 것을 허락할 것인지 선택해야 한다. 학생들을 같은 곳에 배정하는 것에는 그만의 장점이 있다. 이는 현지에서의 의사전달, 업무, 그리고 오리엔테이션을 더욱 용이하게 하므로 아마도 발달 단계에 있는 작은 규모의 프로그램에는 가장 적합할 것이다. 하지만 단점 또한 크므로 신중히 고려하여야 한다. (지원자들을 함께 배치하는 것은) 다른 국가에서 본질적으로는 미국에서의 삶을 유지시켜 준다는 점에서 지원자들을 편협하게 만들 수 있다. 이러한 일이 일어났을 때 국외경험의 근본적인 목적인 다문화적 소통의 증진이 결여될 수 있다.

만약 한 지원자가 불만을 가지고 공공연히 비판하거나 계속적으로 그 나라에 대해 불평한다면, 이는 다른 사람들의 태도에도 영향을 줄 수 있다. (이는 '추악한 미국인' 집단의 살아있는 화신을 만들 가능성이 있다.) 둘째, 지원자는 심각한 개인적인 갈등을 겪을 수도 있으며, 이는 외국에서의 삶에 대한 감정적, 인지적 혼란으로 심화된다. 지원자들에게 룸메이트 문제를 더하지 않더라도, 외국에서 수업을 하는 것만으로도 그들에게는 충분히 어려운 일일 것이다. 지원자들은 "우리는 함께 있다. 우리는 같은 미국인이니깐 함께 다녀야 한다."는 식의 교우관계에 대한 기대감을 가지고 집단행동을 할 수 있다. 혹자는 이러한 일은 지원자들이 실습 국가의 기숙사에(다른 국적의 학생들과 함께) 배치될 경우에 생길 수 있다고 주장하지만 말이다.

마지막으로, 미국 실습생들이 함께 있는 경우에는 아파트를 옮긴다거나 주말 동안 여행을 가는 등의 문제에 있어서 그들의 실습 국가 책임자나 자국 감독관에게 물어보거나 알리지 않고 그들 스스로 중요한 결정을 내리는 일이 빈번히 발생한다. 이는 부모들이 지원자들에게 연락할 방법을 모를 경우가 생기면 법적인 문제를 일으킬 만한 심각한 상황을 야기할 수 있다.

지원자 오리엔테이션 및 귀국

학생들이 이용 가능한 오리엔테이션 경험으로는 여러 가지가 있다. (1) 학점의 유연성이 존재하는 대학에서 만들어진 학점(Credit) 이수 과정 (2) 출발 이전 몇몇의 과정을 이수하여야 하는 책임(의무사항)이 있는, 학점과는 무관한 과정 (3) 이미 학생들을 위해 조직된 프로그램 · 과정으로 설립된 국제적인 외국유학 오리엔테이션. 그렇지만 이러한 오리엔테이션은 교육실습 지원자들에게 적합한 주요 사항들을 제외할 수도 있다.

3장에는 COST 프로그램 내의 두 대학이 캠퍼스 내의 오리엔테이션 과정을 어떻게 성공적으로 발전시켜 왔는가에 대해 훨씬 자세하게 기술되어 있다. 우리는 오리엔테이션 과정에서 더할 수 있는 추가적인 관점에 대한 간략한 설명을 제공하고 있다. 출발 전의 오리엔테이션은 모든 외국교육실습 지원자에게 필수적이다. 구조화된 오리엔테이션 과정은 지원자들이 외국에서의 생활과 수업 그리고 여행 등의 도전과 기회를 준비하고 대처할 수 있도록 도와주기 때문이다. 이러한 프로그램은 오로지 실습 국가와 그들의 문화, 주요한 문화적 차이, 타 문화에의 적응과 국외 경험에서 고려해야 할 다른 사항들, 예를 들면 홈스테이나 언어 문제(심지어 영어권 국가의 경우에도)에 초점이 맞춰질 수도 있다. 오리엔테이션에 포함되어야 할 추가적인 주제들은 다음과 같다.

1. 세계의 실습 국가들과 관련된 미국의 오리엔테이션

   오리엔테이션에서는 현재의 상황에 비추어 미국 정부가 실습 국가에 대해 지니는 공식적인 관점뿐 아니라, 실습 국가가 바라보는 미국에 대한 관점을 포함하여야 한다.

   외국교육실습 경험은 지원자들로 하여금 실습 국가와의 상호 작용을 통해, 다른 관점으로 미국을 바라볼 수 있도록 한다. 또한 다른 국가와의 관계에서 미국이 지니는 성향에 대한 지원자가 지니는 기존의 이해와는 다른 관점을 가지도록 할 수 있다.

2. 교육과 교수/학습의 철학에 대한 오리엔테이션

   학부과정의 마무리 단계에 이르면, 지원자들은 교육적인 '최상의 실행' 에 대한 구체적인 생각을 지니고 국외로 떠난다. 지원자들이 유치원에 있을 때부터 사회화되기까지의 시간을 거치면서 교육에 대한 생각은 상당히 굳어진다. 국외 경험은 지원자들에게 주제에 접근하는 다른 방법과 교육의 목적에 대한 다른 철학, 학생과 학습에 대한 다른 시각을 제공한다. 지원자들은 아마 (미국) 현지 교실 수업과는 완전히 다른 방법을 가지고 미국으로 돌아올 것이며, 처음에는 자신들이 아는 방식을 완전히 반영하지 않는 미국 내의 미국식의 가르치는 방법으로 수업하게 될 것이다.

3. 개인적 가치 구조 오리엔테이션
오리엔테이션의 상당 부분은 실습 국가의 가치 구조와 관련하여 지원자들의 가치 구조를 이해하는 것을 돕는 데 집중할 필요가 있다. 국외 경험은 지원자들에게 거대한 도전을 제공할 것이다. 지원자들이 당연하게 받아들이는 것들, 이를테면 운송수단, 공학기술에의 준비된 접근과 언어와 같은 일상생활의 요소들부터 미국인이 된다는 것이 무엇을 의미하는지, 또는 교실이 움직이는 방법들에 대한 이해까지, 이러한 모든 것들이 긴장과 잠재적 분쟁의 가능성을 갖고 있다.

이러한 오리엔테이션 기간 동안 지원자들이 읽고 토론할 만한 유용한 책이나 논문이 많이 있다. 예를 들어, 우리는 여러 문화들의 교수/학습에 대한 많은 예시들을 포함하고 있는 Cushner(2004)의 『Beyond Tourism: A Practical Guide to Meaningful Educational Travel』을 사용해 왔다. Kappler의 Nokken(1999)의 『Making the Most of Your Time Abroad』와 『Maximizing Study Abroad』(Paige et al., 2002)는 영어가 모국어가 아닌 국가들을 여행하는 지원자들에게 특히 유용하다.

자국 문화로 돌아옴

출발 전의 오리엔테이션만큼 중요한 것은 지원자의 재입국 후에 있을 보고회 또는 마무리 인터뷰이다. 즉, 학생들이 국외에서 수업을 마친 후에 그에 대한 경험적인 이익을 반영하고 오리엔테이션에 대한 피드백을 제공하는 것은 문화 학습의 필수적인 요소이다. 몇몇 지원자들은 돌아와서 즉시 졸업하고, 교사로서의 일자리를 찾기 시작한다. 어떤 이들은 잠시 휴식을 취한 후에 다른 주에서 교사 자리를 찾으며, 일부는 교육뿐만 아니라 다른 분야의 국외 일자리를 구한다. 우리는 지원자들이 외국에서 돌아왔을 때, 대학에서 그들에게 마무리 인터뷰와 보고회 참석을 요청할 것을 강력히 권하는 바이다. 이러한 보고회는 지원자들이 귀국 후 쉽게 적응할 수 있게 할 뿐 아니라, 프로그램 담당자가 참가에 대한 실질적인 자료를 모으는 데 도움이 될 수 있다.

결론

연구에서 밝혀진 내용(예를 들어, Cushner and Mahon, 2002; Mahon and Cushner, 2002; Baker, 2000)은 외국에서의 경험이 지원자들에게 그들 스스로 사는 방법을 길러준다는 사실을 지속적으로 보여주고 있다. 즉, 그들은 개인적인 능력과 전문적인 능력에 대해 더 많은 자신감을 갖기 시작한다. 또한, 지원자들은 국제화 의식이 성숙하였다. 실습 국가에서 삶의 또 다른 방식에의 연결을 배우는 것이나, 새로운 친구 및 동료들과 함께 현재의 사건에 대해 대화하는 것 그 무엇이든 간에, 외국교육실습은 외국 여행에 대한 열망을 처음으로 일깨운, 국제화 의식의 성장을 가능하게 하였다.

우리는 외국교육실습 프로그램들을 탄탄하게 만들고 유지하기 위한 바람을 갖는 사람들이 반드시 다루어야 할 여러 가지 질문들로 이 장을 시작하였다. 우리가 이 장을 통해 제공한 것은 프로그램에 대한 우리의 경험과 현존하는 문헌들을 바탕으로 이러한 질문들을 어떻게 해결할 것인가에 대한 최근 견해이다. 우리가 교육실습 프로그램을 만들고 유지하는 최상의 방법을 발견했다고 이야기하는 것은 아니다. 최종적으로 분석할 때, 지속가능한 국외 프로그램을 만드는 것은 그 대학의 매우 특별한 노력이다. 변화하고 성장하는 프로그램들을 만들고 발전시키기 위해서는 우리 대학이 하는 것처럼 지속적으로 질문을 해야 한다고 믿는다. 이렇게 함으로써, 예비교사들이 그들의 현재뿐만 아니라 미래로, 그리고 그들이 가르치게 될 많은 학생들의 미래로 확장될 수 있는 배움의 경험에 참여할 수 있기를 희망한다.

참고문헌

Baker, B. R. 2000. Moving beyond our education community: Student teaching abroad. Paper presented at the annual meeting of the Association for Childhood Education International, Baltimore, MD, April 17-20.

Baker, F. J., and R. Giacchino-Baker. 2000. *Building an international student teaching program: A California/Mexico experience*. ERDS ERIC Document No. ED449143.

Beach, R. 1995. *Multicultural learning at home and abroad*. EDRS ERIC Doeurnent No. ED415791.

Briscoe, K. 1991. Broadening horizons: Institutionalizing an international perspective. *Educational Record* 72:62-64.

Campion, W. J., and D. Bostic. 1993. *Manual for building an international education program in the community college*. EDRS ERIC Document No. ED361013.

Clark, B. R. 1980. *Academic culture*. New Haven, CT: Higher Education Research Group, Yale University Institute for Social and Policy Studies.

Council on International Educational Exchange (CIEE). n.d. Publications Center. At www.ciee.org/publications center.aspx (accessed May 24, 2006).

Cushner, K. 2004. *Beyond tourism: A practical guide to meaningful educational travel*. Lanham, MD: Scarecrow Education.

Cushner, K., and J. Mahon. 2002. Overseas student teaching: Affecting personal, professional and global competencies in an age of globalization. *Journal of International Studies in Education* 6, no. 2:44-58.

Daniel, B. V., and S. B. Ross, eds. 2001. *Consumers, adversaries, and partners: Working with the families of undergraduates*. New Directions for Student Services 94. San Francisco: Jossey-Bass.

Fung, S., and J. Filippo. 2002. What kinds of professional international opportunities may be secured for faculty? *New Directions for Higher Education* 117:57-62.

Hatton, M. J. 1995. Internationalizing the community college. *Community College Journal of Research and Practice* 19, no. 5:453-70.

Hollins, E., and M. T. Guzman. 2005. Research on preparing teachers for diverse populations. In *Studying teacher education: The report of the AEPIA panel on research in teacher education*, ed. M. Cochran-Smith and K. M. Zeichner, 477-548. Mahwah, NJ: Lawrence Erlbaum.

Kappler, B., and K. Nokken. 1999. *Making the most of your time abroad*. Minneapolis: International Student and Scholar Services, University of Minnesota.

Kashner, J. B. 1990. Changing the corporate culture. In *Managing change in higher education*, ed. D. W Steeples, 19-28. New Directions for Higher Education 71. San Francisco: Jossey-Bass.

Landerholm, E., C. Gehrie, and Y. Hao. 2004. Educating early childhood teachers for the global world. *Early Child Development and Care* 174, nos. 7-8:593-606.

Ladson-Billings, G. 1994. *Dreamkeepers: Successful teachers of African-American children*. San Francisco: Jossey-Bass.

Mahan, J. M., and L. L. Stachowski. 1990. New horizons: Student teaching abroad to enrich understanding of diversity. *Action in Teacher Education* 12, no. 3:13-21.

Mahon, J., and K. Cushner. 2002. The overseas student teaching experience: Creating optimal culture learning. *Multicultural Perspectives* 4, no. 3:3-8.

Merryfield, M. M. 2000. Why aren' t teachers being prepared to teach for diversity, equity, and global interconnectedness? A study of lived experiences in the making of multicultural and global educators. *Teaching and Teacher Education* l6:429-43.

Merryfield, M. M., E. Jarchow, and S. Pickert, eds. 1997. *Preparing teachers to teach global perspectives: A handbook for teacher educators*. Thousand Oaks, CA: Corwin Press.

Mitchell, B. A. 2006. *The boomerang age: Transitions to adulthood in families*. New Brunswick, NJ: Aldine Transaction.

National Association of Foreign Service Advisors (NAFSA). n.d. Publications. At www.nafsa.org/publication.sec/education abroad_students (accessed May 24, 2006).

Paige, R. M., A. D. Cohen, B. Kappler, J. C. Chi, and J. P. Lassegard. 2002. *Maximizing study abroad: A student's guide to strategies for language and culture learning and use*. Minneapolis: Center for Advanced Research on Language Acquisition, University of Minnesota.

Pike, G. 2000. Preparing teachers for global citizenship: The impact of the specialization in international education. *Exceptionality Education Canada* 10, nos. 1-2:95-106.

Savage, M. 2003. *You're on your own (but I'm here if you need me): Mentoring your child through the college years*. New York: Simon & Schuster.

Sevigny, J. 2001. *The AACRAO International Guide: A resource for international education professionals*. AACRAO Professional Development and Education Series. Washington, DC: American Association of Collegiate Registrars and Admissions Officers.

Stachowski, L. L., and V. A. Visconti. 1998. Service learning in overseas nations: U.S. student teachers give, grow, and gain outside the classroom. *Journal of Teacher Education* 49, no. 3:212-19.

3

국제교육실습을 위한 예비 과정

Angene Wilson
Mary Anne Flournoy

교육 제도에 대한 연구 보고서를 쓰는 것은 나에게 좋은 토대가 되었다. 나는 유용한 질문을 할 수 있었고, 무슨 일이 벌어지고 있는지를 빠르게 이해할 수 있었다.

— 오하이오대학교 예비교사

대화 파트너를 가지는 것은 실사례를 통해, 우리가 교실 안에서 나눈 이야기들에 활기를 불어넣었다. 위험을 무릅쓰고 낯선 지역에 온 사람을 만나고 그녀의 경험을 듣는 것은 좋은 일이었다.

— 켄터키대학교 예비교사

미국의 교사교육 프로그램은 예비교사들이 미국 환경에서 학문적으로나 실제적으로 교생실습을 잘 수행하도록 준비시킨다. 동시에, 우리는 교사교육 프로그램이 다른 나라와 문화에서 가르치게 될 예비교사들을 위한 준비도 고려해야 한다고 생각한다. 오랫동안 오하이오대학교(Ohio University)와 켄터키대학교(University of Kentucky)에서는 외국교육실습(OST)에 참여하는 학생들에게 예비 과정을 듣도록 해왔다. 이러한 과정을 계획하고 오랫동안 강의해 오면서 우리는 예비교사들이 해외에서 실습을 시작하기 전에 어떤 것들이 필요한지에 대해 많은 것을 알게 되었다. 이 장의 목적은 유사한 프로그램을 계획하고 보완하고자 하는 사람들과 함께 우리가 알게 된 것을 공유하는 것이다. 우선 두 대학교의 예비 과정의 공통점을 설명할 것이다. 그러고 나서 각각의 독특한 특징을 강조하고 구체적 사항을 기술할 것이다. 마지막으로, 앞으로의 프로그램 개발을 위한 노력을 위해, 이 장을 쓰면서 우리가 갖게 된 몇 가지 질문을 던지고자 한다. 또한 Merryfield, Jarchow, Picker(1997)의 "Tree of Life"와 "Wher I' m From" 같은 수업에서 활용할 수 있는 자료를 포함하는 여러 참고 문헌을 유형별로 제시하였다.

공통점

차차 설명하겠지만, 두 대학교의 예비 과정은 주제에 대한 강조점은 다르지만 유사한 목표들을 가지고 있다. 그리고 동일한 목적을 달성하기 위해서 다양한 전략을 사용한다. 예를 들어, 비교문화(문화 간) 시뮬레이션이나 인터뷰와 같이 다양한 활동을 하기도 하고, 평화유지군 참가자의 글이나 세계 각국의 신문기사와 같은 다양한 자원을 활용하기도 한다.

두 학교의 예비 과정은 학생들이 자신들의 문화에 친근해지기를 기대하며, 문화 차이를 이해하고, 다른 문화에 대해 배우며, 어떻게 다른 문화에 적응하고 효율적으로 살아가는지에 대해 생각할 수 있도록 문화의 개념에 직접적인 초점을 맞추고 있다.

두 학교의 예비 과정 모두는 학생들이 그들이 누구인지에 대해 생각할 수 있도록 돕고 있다. 예를 들어, 미국의 가치들과 관련된 활동을 하게 하거나, 외국인이 미국에 대해 쓴 책의 논평을 쓰게 함으로써 "미국인은 누구인가?"라는 질문에 대해 고민해 보도록 한다.

또한, 학생들에게 실습을 희망하는 특정한 국가에 대해 학습하도록 요구하고 있다. 한 학교에서는 그 나라의 교육 제도에 대한 보고서를 작성하게 하고, 다른 학교에서는 그 나라에 대한 포트폴리오를 작성하도록 한다. 그리고 두 학교 모두 그 나라의 온라인 뉴스를 읽도록 하고 있다.

두 학교의 예비 과정에서 가장 핵심적인 것은 문화 간의 만남이다. 켄터키대학교에서는 이러한 만남이 한 학기 동안 특별한 친구(amigo)나 대화상대를 통해 이루어진다. 오하이오대학교에서는 국제 학생문화 상담원과의 상호작용이나 알바트로스(Albatross) 시뮬레이션의 참여를 통해 이루어진다.

이 장에서는 이러한 공통점에 기반하여 "문화", "미국인은 누구인가?", "다른 국가에 대해 배우기", "'타인'과 만나기" 등을 중심으로 각 예비 과정들의 특징을 서술할 것이다. 이에 앞서, 예비 과정의 발달 과정에 관한 간략한 배경을 언급하도록 하겠다.

켄터키대학교

배경과 역사

켄터키대학교는 약 30년 동안 외국교육실습 컨소시엄(COST) 프로그램과 연계하여 외국교육실습을 위한 과정을 이수하도록 학생들에게 요구해 왔다. 이 과정은 처음에 비교 교육학 교수에 의해 1~3시간의 선택수업으로 진행되었는데, 수업에는 스페인어를 모르는 학생들을 위한 스페인어 수업이 포함되어 있었다. 스페인어는 1970년대와 1980년대 초 COST의 실습배정이 멕시코, 중앙아메리카, 남아메리카의 국제학교에서 이루어졌기 때문에 중요하였다.

지난 20년 동안 이 과정은 이 장의 공동 저자에 의해 지도되어 왔으며, 그녀는 6년간 켄터키대학교의 국제 업무를 책임졌으며, 현재는 '교육과정과 지도' 학과(Department of Curriculum and Instruction)의 명예교수로 재직하고 있다. 필자(Wilson)는 해외에서 학생들을 가르치고 생활하며 여행하는 등의 풍부한 해외경험을 가지고 있으며, 필자의 주요 연구 분야는 국제 경험이 학생, 교사, 학교에 미치는 영향에 관한 것이었다.

지난 6년을 거쳐 이 과정은 500레벨에 올라왔는데, 이는 학부생이나 대학원생 모두 수강할 수 있다는 것을 의미한다. 학부생은 초등과 중등학교 프로그램을, 대학원생의 경우는 대부분 자격증을 딸 수 있는 중등 석사 프로그램을 수강한다. 가끔은 이미 해외에서 살았으며 가르친 경험이 있거나, 그러한 경험을 희망하는 대학원생이 수강하기도 하였다. 여러 해 동안 수강 인원은 8명에서 15명 선을 유지해 왔으며, 2004년에는 28명, 2005년에는 20명이 이 과정을 수강하였다. 수업은 1주일에 1번, 2시간 30분씩이며, 15주의 한 학기동안 진행된다.

문화

이 수업의 기본적인 개념으로서 문화는 예비 과정에서, 특히 다음과 같은 목표에서 중요하게 다루어진다.

- 문화 간 의사소통과 적응에 관련된 이론과 개념을 배우고, 대화 파트너 경험(conversation partner experience)에 대한 에세이나 일지를 읽고 반성적 글쓰기를 하는 데에 배운 것을 적용하기
- 학급 내의 문화 차이를 이해하고, 활동지, 역할놀이, 시뮬레이션, 대화, 결정적 사건 기술(critical incidents) 등 여러 가지 활동을 통해 문화의 개념 세우기

두 권의 교재, 즉, Kohls(201)의 『Survival Kit for Overseas Living』과

Storti(1999)의 『Figuring Foreigners』는 문화에 대한 좋은 정의를 제공하는데, 우리는 Storti가 언급한 '문화의 개념 세우기(building blocks of culture)' 에 대해 배우기 시작하였다. 학생들은 주간 일지를 통해 문화를 다루는데, 지정된 도서를 읽고 "개인주의자인 당신이 집단주의 문화권에서 미국으로 온 학생에게 어떤 조언을 해 주겠는가?" 와 같은 질문에 대한 대답을 생각해 본다. 가끔 우리는 일지를 공유하기도 하는데, 여기에는 문화의 개념과 관련된 시각자료들, 즉 차 없는 해외 생활을 상상한 만화, 대화 파트너와 오해가 생긴 의사소통의 예시들이 들어 있기도 한다.

또한 우리는 무엇이 보편적인 것이고 무엇이 개인적인 것인지, 문화는 어떤 것인지 등에 대해 작문을 한다. 우리는 이라크를 이해하기 위해서 아랍과 미국의 가치체계는 어떻게 다르며 그것이 왜 중요한지에 대해 토론한다. 문화 간 효과성의 특성에 대해 토론하며, 의사소통의 어려움을 보여주는 방가(Barnga) 같은 게임을 하고(Thiagarajan, 1990) 그에 대해 이야기한다. 우리는 여러 문화의 영화를 보고 감상을 나누며, 긍정적인 문화 간 의사소통을 보여주는 단편을 읽는다. 문화 간 대화기록이나 결정적 사건 기술을 읽고 그것들을 분석하기도 한다.

학생들은 교육 제도의 문화 차이에 대해서도 학습한다. 전통적으로 스코틀랜드 글래스고의 교사들은 우리 지역 고등학교에 다닐 교환학생들을 데리고 방문했다. 또 다른 비교 교육 학습은 호주, 남아프리카, 독일, 중국 등에서 온 방문 교수에 의해 이루어지는데, 그들은 자기 나라의 교육 제도에 대해 강의를 한다. 2005년 가을에는 외국 생활을 경험한 4명의 학생이 프랑스, 일본, 러시아, 한국의 학교 제도에 대해서 소개하기도 하였다. 평화유지군 활동을 했었던 저자는 최근에 평화유지군 활동을 하고 돌아온 사람들을 초청하여 문화 간 적응에 대한 이야기를 나누었다. 이 강의는 후에 평화유지군에 지원하고 싶어 하는 다른 학생들에게도 개방되었다.

문화와 관련되어 부과된 또 다른 과제는 학생들의 선택에 의해 참여할 수 있는 국제화 교육 프로젝트이다. 예를 들어, 2005년 가을에는 3명의 학생이 학교 국제학생회에서 주최하는 'International Night' 에 참석했다. 한 학생은 "나는 이 행사에 혼자 참여했는데, 그 이유는 나를 도와줄 수 있는 친구 없이 다른 문화 속에서 혼자 있을 때의 느낌을 알고 싶었기 때문이다."라고 말하였다. 이 학생은 이슬람에 대해 설명하는 코너에서 히잡(hijab)에 관한 소책자와 전통춤을 추는 어린 인도네시아 소녀의 모습에 깊은 인상을 받았다.

두 번째 학생 역시 International Night에 참석하는 것이 혼자 있다는 것이 어떤 느낌인지를 이해하는 데 도움이 되었다고 말했다. "내 인생에서 나는 처음으로 소수자가 되어 봤다. 나중에 해외로 학생들을 가르치러 갔을 때 상호작용의 필요성에 대해 미리 생각할 수 있었다." 그녀도 역시 히잡에 대해서 배웠으며 헤나(henna) 문신을 하기도 했다. 세 번째 참가 학생은 대학 기숙사를 관리하는 학생이었다. 그녀 역시 헤나 문신을 했는데 다른 사람들로부터 호평을 받았다. 이러한 호평을 들은 그녀는 인도 출신의 동료와 함께 전통 보디 아트(body art) 프로그램을 만들었고, 40명의 소녀들이 이 프로그램에 참여하였다.

과제형의 기말 시험 역시 문화에 초점을 두고 있다. 예를 들어, 한 가지 과제는 학생들에게 "비교문화(문화 간) 대화"를 읽어보게 하는 것이다. 이는 기니비사우 학생의 관점과 평화유지군 교사의 관점에 따라 쓰인 에세이로서, 학생들이 이중적 관점에서 글을 쓸 수 있도록 도움을 준다. 학생들은 종종 그들의 대화 파트너와 함께한 경험을 쓰기도 한다. 또 다른 과제는 Storti(1994)의 "일곱 개의 강의(Seven Lessons)"에서 세 가지의 예를 들어보게 하는 것이다. 또한 학생들에게 "동질성을 전제하지 말라.", "친근한 행동들이 다른 의미를 갖는다.", "'다른' 행동을 좋아하거나 수용할 필요는 없지만, 그것이 어디에서 왔는가에 대해서는 이해를 시도할 필요가 있다."와 같은 교훈을 배우기 위해, 교실과 생활 경험에서의 자신들의 실제 사례를 이야기하도록 한다.

마지막 과제는 수업 중에 다루었던 문화 간 조정 모형들 중 하나를 사용하여 미래에 자신들이 어떻게 국제 경험을 하게 될지를 상상해 보도록 하는 것이다. 이 과제를 수행하면서 학생들은 적응하는 데 도움이 되리라 생각하는 성격의 특징이나 스킬을 기술한다. 마지막으로 그들은 교사와 개인으로서 그들의 삶이 이 "살아있는" 국제 경험으로 인해 어떻게 변화될 것인지를 기대하는 점들을 적는다. 이러한 과제는 특정한 한 문화나 국가를 배우는 것과도 관련되어 있다.

미국인은 누구인가?

예비 과정의 시작에서 학생들은 켄터키 출신의 George Ella Lyon의 시에 바탕을 두고 "나는 어디에서 왔는가?"라는 동일한 제목의 시를 쓴다. 시를 쓰기 위한 방향과 모델은 Christiansen(2001)의 논문을 참고할 수 있다. 이 논문은 이러한 시를 쓰는 방법과 고등학교 학생들에 의해 쓰인 다른 시들을 소개하고 있다. 작성한 시를 서로 공유하면서 우리는 우리의 다양한 문화적 배경에 대해 이해하기 시작하고 서로를 알아가기 시작한다.

동일한 강좌에서 학생들은 두 명씩 혹은 여러 명이 모둠을 이루어서 『문화 문제: 평화유지군 간 문화 워크북(Culture Matters: The Peace Corps Cross-Cultural Workbook)』을 통해 미국 문화와 다양성에 대해 배우고 토론한다. 예를 들어, "미국 문화의 원천"이라는 활동에서는 학생들은 미국인의 특성을 미국 지리학이나 이민의 성격 등의 미국 문화의 특성과 관련지어 분류한다. 또 다른 활동 "우리가 말하고 있는 것들—일상적 표현에 숨어 있는 문화"에서는 "말은 값싸다(Talk is cheap)", "네 입에 돈을 넣어라(Put your money where your mouth is)", "말만 있고 행동은 없다(He' s all talk and no action)"와 같은 특정한 표현들에 반영되어 있는 가치와 신념을 파악한다.

이러한 활동들은 우리의 교재들 중 하나인 『Basic Concepts of Intercultural Communication』(Bennett, 1998)에서 미국인과 문화적 전제

(assumption)와 가치의 대조에 대해 다루는 부분을 이해하도록 도와준다. 특히, 미국인들의 전제와 가치를 활동, 사회적 관계, 동기부여, 세계관, 자아 개념의 관점에서 살펴본 이후, 학생들은 일반화의 위험성에 대해 지적하며, 문화의 변화와 복잡성, 미국 문화가 오로지 유럽 문화만으로 이루어져 있는 것이 아니라는 사실을 깨닫는다. 다음과 같은 질문들이 종종 제기된다. "인종의 차이뿐 아니라 지역적 차이, 즉 미국의 북동부나 남부에는 문화 차이가 존재하는가?", "우리는 북아메리카나 중앙아메리카, 남아메리카의 유일한 아메리칸인가? 우리는 스스로를 단지 아메리칸(just American)이 아닌 합중국 아메리칸(U.S. American)으로 불러야 하지 않을까?", "우리의 헌법은 다문화 국가인 미국에서 공통된 가치를 반영하는가?"

미국에서 문화의 교류는 과거에도 있었으며, 현재도 일어나고 있다는 사실을 학생들에게 상기시켜 주기 위해서 두 영화, 몽고메리 버스 파업에 대한 "The Long Walk Home"과 우간다 이민 가족을 그린 "Mississippi Masala"를 선택하여 본다. 필자는 또한 『Being Scottish』(Devine and Logue, 2002)에서 발췌한 100여 편의 다양한 회고록을 읽었으며, 이를 통해 학생들은 다른 나라들도 국가의 정체성에 대한 고민을 함께하고 있음을 인식하게 된다.

특정 국가 배우기

교재의 사례나 다른 읽기자료들은 특정한 국가에 관한 것이지만, 대부분의 예비 과정들은 일반적인 문화 차이와 문화 간 상호작용과 같은 주제에 초점을 둔다. 비록 학생이 외국교육실습을 나갈 국가에서 온 경우가 거의 없기는 하지만, 대화 파트너 역시 특정 국가 출신임에는 틀림없다.

한편, 특정 국가에 대해 포트폴리오를 작성하는 것은 학생들에게 외국교육실습을 하고 싶은 국가에 대해 배울 수 있는 기회를 제공한다. 때때로 최종적으로 실습 배정을 받은 국가가 이제껏 공부해 온 곳이 아니라 하더라도, 포트폴리오를 작성하는 것은 여전히 어떠한 나라에 대해서든 배울 수 있는 기회를 제공한다. 한 학기에 걸쳐 수행되는 포트폴리오 작성에는 해당 국가에 대한 뉴스(대부분의 경우 온라인 뉴스기사), 다양한 종류의 요약 문헌, 아동 도서, 잡지, 웹사이트 등에 대한 주별 보고서가 포함된다. 또한 해당 국가의 출신자 혹은 그곳을 여행하거나 살다 온 사람에 대한 인터뷰 보고서와, 렉싱턴(Lexington)의 교사들을 위해 쓰인 국가에 대한 두 개의 수업 지도안이 포함된다.

학생들은 특히 흥미로운 국가에 대한 뉴스만을 찾고자 하는 경향이 있다. 필자는 학생들에게 세계적인 사건에 대해, 예를 들어 이라크 전쟁에 대한 호주와 아일랜드의 관점에 대해 알 수 있는 기사를 찾아보기를 권장한다. 학생들은 교육에 대한 기사를 찾기도 하고, 스포츠나 정치와 같은 다른 분야에 대해서도 조금씩 배워 간다. 웹사이트는 중요한 정보처가 되었고, 학생들은 때때로 이메일을 통한 인터뷰를 하기도 한다. 인터뷰는 외국에서 공부하는 유학생이나 COST에 참여했던 사람을 대상으로 하기도 하고, 때때로 외국교육실습을 나갈 국가의 교직원을 대상으로 하기도 한다.

학생들은 수업 지도안을 작성하며 특정 국가에 대한 구체적인 정보를 알게 된다. 실제로 학생들은 약식으로 1시간 수업을 하기도 한다. '호주의 동물' 이라는 주제로 기본적인 수업을 하기도 하고, 언어, 음악, 역사, 예술 등의 창의적인 활동을 포함하는 수업을 하기도 한다. 예를 들어, 스코틀랜드로 가길 희망했던 2005년도의 한 학생은 기타를 가져가서 노래를 가르치기도 하였다. 2006년 가을 학기에는 학생들에게 미국과 교생실습을 나갈 국가를 비교할 수 있는 주제를 다룬 수업 지도안을 작성하도록 하였다.

"타인" 과 만나기

좀 더 국제적 시각을 획득하기 위해서 미국과 해외에서 경험하는 타 문화 경험이 중요하다는 강한 믿음으로, 필자는 1970년대 후반부터 대화 파트너 프로그램을 사회학 강의에서 사용해 왔고, 이를 외국교육실습을 위한 예비 과정에 도입하였다. 소위 "아미고 경험(Amigo Experience)" (Wilson, 1993a)이라고 불리는 이 프로그램에서는 예비교사와 우리 대학의 ESL 프로그램에 참여하고 있는 해외 학생들을 대화 파트너로 정해, 일주일에 한 번, 적어도 한 학기에 6~8번의 횟수로 한 시간 정도씩 만나도록 하고 있다. 아울러 할로윈데이나 학기말 파티와 같이 특별한 행사를 계획하기도 한다.

이러한 경험들을 통해서 예비교사들은 영어를 배우며 미국 문화에 적응하고자 하는 해외 학생들에게 도움을 주는 친구가 될 수 있다. 동시에 예비교사들은 어떻게 문화 간 적응 과정이 일어나는지에 대해 배운다. ESL 학생들은 아르메니아, 프랑스, 인도네시아, 일본, 멕시코, 페루, 한국, 대만, 태국 등 전 세계에서 온 학생들이다. 예비교사들은 이러한 학생들과 함께 하면서 파트너의 국가에 대해 어떤 것을 배웠는지, 타 문화 적응 과정에 대해서 어떠한 것들을 알게 되었는지에 대해 학기말 보고서를 제출하여야 한다.

수년 전에 나는 대화 파트너 프로그램에 대한 연구의 일부로 36편의 학생들 보고서를 분석한 적이 있다. 학생들이 문화 간 경험을 통해 어떤 것들을 배울 수 있는지를 알아보기 위해, 실질적인 지식, 지각 방식에 대한 이해(perceptual understanding), 개인적 발달, 개인들 사이의 관계형성 등, 예전에 다른 연구에서 했었던 범주에 근거해서 분석하였다. 이 중에서 개인적 발달에 대한 것은 명확하게 나타나지 않았지만, 나머지 것들에 대한 분석 결과는 다음과 같다.

우선, 학생들이 다양한 주제에 관한 실질적인 지식을 얻었음을 발견하였다. 학교 제도나 가족 및 남여 사이의 관계에 대한 언급이 가장 많았다. 예를 들어, 한 학생은 "우리는 종교에서 머리 스타일까지, 결혼에서 날씨까지 많은 것들에 대해서 토의하였다."라고 적었다.

둘째로, 학생들은 지각하는 방식에 대해 이해할 수 있었다. 예를 들어, 한 학생은 대만 친구로부터 세상을 지각하는 새로운 방식을 배웠다고 적었다. 그는 "나는 모든 것을 있는 그대로 받아들였고, 인생의 이유에 대해 이해하려고 하지 않았다. 지금 나는 덜 비판적이고, 더욱 개방적이며 포용력 있는 사람이 되었다고 생각한다."라고 말했다. 물론 이렇게 되는 것은 쉽지 않다. 예를 들어서, 한 학생은 대화 파트너와의 마지막 만남에서 자신이 스페인에 대해서 배우기보다는 파트너에게 켄터키 문화를 받아들이도록 노력했음을 깨달았다고 하였으며, 다른 학생은 "모든 아시아인은 다 똑같다."라는 고정관념을 극복하였다고 적었다.

셋째로, 학생들은 어떻게 다른 문화 간에 대인관계를 발전시킬 수 있는지 배울 수 있었다. 학생들은 그림을 사용하거나 함께 활동하는 방법을 배움으로써, 서로 다른 언어를 사용한다는 두려움을 떨쳐 버릴 수 있었다. 인도네시아 친구와 파트너였던 한 학생은 인도네시아 출신의 다른 친구들과 함께 하이킹을 떠났는데, 그들에게 하루 종일 인도네시아어만 사용하기를 요청하였으며 좋은 경험을 할 수 있었다. 다른 학생은 파트너의 말을 끊으려고 하는 자신의 "말하는 사람을 모욕하고 짜증 나게 하는 버릇"을 고칠 수 있었다고 적었다.

2005년 가을 학기에도 학생들은 교육제도나 가족, 남녀 관계 등에 대해 적었다. 한 학생은 아르메니아의 교육제도와 파트너가 가장 좋아하는 공휴일인 '물의 날(Water Day)' 에 대해서도 배웠다. 결혼한 학생은 일본인 파트너에게 자신과 배우자의 부모님 중 누구와 함께 사는지에 대해 질문을 받았다. 일본인 파트너를 둔 또 다른 학생은 오키나와에 주둔하고 있는 미군의 역사에 대해 배웠다. 지각하는 방식을 이해하면서 어떤 학생들은 이것을 Storti의 문화 블록 쌓기에 적용하였고, 부르키나 파소(Burkina Faso) 출신의 여성과 파트너였던 한 학생은 개인주의와 집단주의의 차이점과 단선적 시간관(monochronic)과 복선적 시간관(polychronic)의 차이점에 대해서 적기도 하였다.

학생들은 지속적으로 문화 간 대인관계를 발전시킬 수 있는 방법에 대해 배운다. 이러한 학습은 특히 언어 장벽을 인식할 뿐만 아니라, 파트너와의 공통점을 이해하고 문화적 문제를 고려하면서 이뤄진다. 2005년도 한 학생은 다음과 같이 요약하였다.

> 우리의 정체성은 매우 비슷하였기 때문에 친해질 수 있었다. 우리는 모두 해야 할 일이 매우 많으며, 여가 시간에는 먹고 어울리고 이야기하기 좋아하는 대학생들이다. 우리는 둘 다 켄터키 와일드캣(Kentucky Wildcat) 팬이고 풋볼과 야구 보기를 좋아한다. 우리 둘 다 여자이고 쇼핑을 좋아하며 음악과 수다 떨기를 좋아한다. 이렇듯 서로 비슷한 면이 있었기 때문에 문화는 문제가 되지 않았다. 그녀의 고향이 태평양 건너편이고 내가 알아들을 수 없는 언어를 사용한다는 것도 문제가 되지 않았다. 우리는 친구가 될 만큼 충분히 많은 공통점을 가지고 있었고, 서로 즐거운 시간을 보냈다. 더 나아가 우리는 서로의 삶을 배우고 함께 있는 것을 즐기고 충분히 의사소통하기 위해서 오히려 장애물과 함께하고자 했다.

또 다른 학생은 아미고 경험의 가치에 대해서 좀 더 일반적으로 다음과 같이 언급하였다.

> 대화 파트너를 가지는 것은 실제의 사례를 통해, 우리가 교실 안에서 나눈 이야기들에 활기를 불어넣었다. 위험을 무릅쓰고 새로운 지역에 온 사람을 만나고 그녀의 경험을 듣는 것은 좋은 일이었다. 나는 이 모든 과정이 우리 둘 모두에게 도움이 되었다고 생각한다. 이곳으로 온 사람에게는 대화하고 질문할 수 있는 상대를 주었으며, 나와 같은 사람에게는 해외에서 공부하는 것이 무엇인지에 대해 깊이 이해하도록 했다.

오하이오대학교

배경과 역사

1992년 이래로 오하이오대학교는 외국교육실습 컨소시엄(COST) 프로그램을 통해 100명이 넘는 예비교사를 해외로 보냈다. 1994년 이후, 모든 COST 학생들은 두 개의 과정을 이수해야 했다. 하나는 비서양 문화를 배우는 것이었고, 다른 하나는 국제문화의 이해를 위한 교수 전략을 배우는 것이었다. 레벨 400에 해당되는 후자는 해외에 체류하기 위한 오리엔테이션 과정이었는데, 이 장의 공동 저자인 Flournoy에 의해 기획, 지도되었다.

나는 오하이오대학교에서 사회학과 국제화 교육을 가르치는 교육학과의 외래교수이며, 동시에 국제연구센터의 부소장을 맡고 있다. 나는 오하이 대학교와 해외 학교들의 자매결연 업무를 수행하면서 많은 교육 경험과 해외여행 경험도 가지고 있다. 나의 주된 연구 분야는 국제 경험이 학과나 교사, 학생 및 학교에 미치는 영향에 대한 것이다.

이 과정의 목적은 해외 체류를 위해 학생들을 준비시키는 것이다. 과거 4년 동안, 15~23명의 학생들이 이 과정을 수강하였는데, 유아교육과 초등교육, 통합언어학, 사회학, 수학, 과학, 음악, 예술 등에 집중하여 교육이 이뤄졌다. 과정을 이수하기 위해서 학생들은 아래의 목표를 이루어야 한다.

- 그들이 속해 있는 문화의 틀에 익숙해지고 그것이 다른 문화에 적응하는 데 어떠한 영향을 미치는지 알기
- 다른 문화에서의 상황을 이해하고, 적절하게 상호작용하기 위한 기술 개발하기
- 가르치고 싶어 하는 국가의 교육 제도 배우기
- 해외에 있는 동안 설명해야 할 미국의 최근 이슈를 알고, 미국에 대한 다른 나라들의 비판 탐색하기

- 해외 경험을 마치고 돌아왔을 때 그 경험을 그들의 교사 생활과 연결 짓기(2005년 가을 학기부터 시작)

이 과정의 핵심은 "타인"과의 깊은 만남이다. 타인과의 지적이고 개인적인 만남을 통해 그는 추상적인 존재가 아니라, 개인적이고 구별될 수 있는 존재가 된다. 수년 동안 나는 이것이 "영혼에 도달하는 배움"—1995년 아프리카의 관점에 대해 배우는 오하이오대학의 여름학교에 참가했던 한 교사의 표현처럼—이라는 것을 알게 되었다. 이러한 배움을 얻기 위해, 학생들은 안전한 보금자리를 벗어나서 생각하고 행동하기를 요구받는다.

문화

수업은 문화에 대한 여러 이론들을 개관하고, 개인으로서 그리고 미국인으로서 우리의 가치를 형성하는 여러 가지 가정을 검토하는 것으로 시작된다. Kohls의 『해외에서 살아남기(Survival Kit for Overseas Living』(2001)가 기본 교재이다. 첫 수업에서 우리는 "생활의 나무(Tree of Life Exercise)"를 통해 우리 자신의 가치를 검토한다. 특히 우리의 인식의 뿌리가 되는 것들을 검토하고 타인과 만나기를 한다. 또한 지난 수업에서 준비한 것들을 중심으로 COST에 참여하기 위한 자신들의 준비 정도를 평가하고 COST에 대해 여러 질문들을 한다.

나는 문화와 관련된 여러 영역—자아 개념, 개인적 의무 대 사회적 의무, 시간 개념, 통제의 범위, 의사소통 방식—을 강의한다. 그리고 이를 설명하기 위해 가능한 많은 문화 간의 비교를 사용한다. 예를 들어, 개인과 사회의 의무와 권리에 대한 개념을 대조하기 위해, 미국과 남아프리카의 헌법을 비교한다. 또한 Trompenaars의 책 『문화의 파도타기(Riding the Waves of Culture)』에서 결정적인 사건들을 찾고, 평화유지군 지원자들의 많은 회고록들을 활용해서 COST 참가자들이 국제적 시각을 교육활동에 활용할 수 있도록 한다.

첫 번째 과제에는 미국에 온 국제학생의 경험과 생각을 인터뷰하는 것이 포함된다. 학생들은 언어뿐만 아니라 비언어적인 정보도 수집한다. 인터뷰 대상자가 미국에 오기 전에 미국에 대해 생각했던 것과 미국에 온 이후 그 생각이 어떻게 변했는지에 대해서, 또 미국 생활에서 느끼는 어려운 점들을 다루어야 한다. 그리고 두 문화의 가치에 있어서의 공통점과 차이점에 대한 토론이 포함된다.

인터뷰는 학생들이 학기 중에는 보관하고 있으며, 외국교육실습 기간에 메일로 보내는 분석적 저널의 시작 부분이 된다. 이러한 반성적 사고는 해외경험의 성공과 훌륭한 교사가 되기 위해서 반드시 필요하다. 남아프리카로 간 교사 중 한 명은 다음과 같이 얘기하였다. "TV 역사 방송에서 보았던 한 남자의 이야기가 생각난다. 그는 한 섬에 표류하여 오랫동안 그곳에 머물게 되었다. 그는 매일 큰 소리로 성경을 읽었고, 덕분에 말하는 법을 잊어버리지 않을 수 있었다. 나의 글도 마찬가지이다. 나는 일 년에 적어도 두 번은 이 글들을 읽을 것이며, 내가 아프리카에서 보고 경험한 것을 결코 잊지 않을 것이다." (2006)

미국인은 누구인가?

문화에 대한 전체적인 틀을 알아본 다음에는 미국의 문화에 대해 좀 더 깊이 있게 다룬다. 나는 안타깝게도 오하이오대학교의 많은 예비교사들은 정치나 세계적 문제들에 대해 무관심하다는 것을 발견했다. 만약 학생들이 미국인이 된다는 것의 의미를 특히 세계의 시각에서 이해하고자 한다면, 그들은 미국에 대해 알아야 할 필요가 있다. 이러한 이유로 학생들은 뉴욕타임지나 *Christian Science Monitor*를 읽는 장기 과제를 수행한다. 이 두 신문을 선택한 이유는 이들이 오랜 전통을 가진 양질의 중앙지이고, 국제뉴스를 많이 다루며, 수업에 활용할 수 있는 다양한 자료를 제공하기 때문이다. 학생들은 그들의 나라에 관한 '주목할 만한 질문'을 만들고 학기 중에는 관련된 문헌을 참고하면서 질문에 대한 답을 찾아간다. 2005년에 제기된 질문들은 미국인의 아동관, 전 세계의 자원을 소비하는 데 있어서 윤리적 문제, 21세기를 위한 교육에서 필수적인 것들 등에 초점이 맞춰져 있었다. 질문을 선택한 후 학생들은 그들의 지식에 기초하여 답을 적는다. 기말 시험은 학기 중에 그들이 읽은 문헌의 내용을 반영해서 좀 더 보완된 답을 적는 것이다. 기말 시험은 이러한 조사 활동으로 얻게 된 학생들의 생각을 공유하는 시간으로 활용된다. 2005년 가을 학기에 학생들은 선택한 질문의 내용을 어린 학생들에게 알맞게 가르칠 수 있도록 수업 지도안을 작성하고 이를 공유하였다.

"미국인은 누구인가?"에 대한 모둠별 발표로 이 과정의 일부가 마무리된다. 2005년에는 네 모둠이 환경문제, 사회적 이슈, 교육, 그리고 미국의 정치에 대해 발표하였다. 발표는 미국 내의 여러 문화를 이해했음을 보여주어야 하고, 문화의 인식에 기반하여 미국인의 정체성을 어떻게 생각하는지를 발표해야 한다. 학생들은 최근의 여러 기사와 논문들을 포함하여 많은 글을 읽는다. 모든 학생은 외국인이 미국에 대해서 쓴 책을 한 권 선정하여 읽고 책에 대한 자신의 생각을 적어 두 쪽 분량의 에세이를 작성한다. 어떤 책들은 그들을 화나게 하기도 하며, 어떤 책들은 미국의 좋은 점들에 대해 감사하게 하기도 했다. 어떤 책들은 미국의 외국인 정책에 대한 여러 질문들을 유발하기도 했고, 어떤 책들은 학생들의 역사적 지식의 한계와 차이를 느끼게 하기도 했다. 이러한 활동들은 학생들이 자신의 관점을 이해하고 일반적인 가정들에 도전하며 다양한 관점에서 미국 문화를 검토하는 데에 도움을 준다.

"다른 사람이 보는 것처럼 우리 스스로를 보기"를 하는 것은 학생들이 해외에서 과제를 완수하는 데에 도움을 주는 것으로 밝혀졌다. 한 학생은 아일랜드에서 실습을 하면서 미국에서 왔다는 이유로 버스에서 큰소리로 비난을 받은 적이 있었는데, 그는 다음과 같이 적었다. "나는 이런 종류의 일에 대해 수업시간에 이야기한 적이 있다. 나는 그 사람의 말을 잠자코 들었으며, 왜 그가 화가 났는지를 이해하려고 했다. 나는 그 비난을 개인적으로 받아들이지는 않았다."(2003)

아일랜드에서 활동한 또 다른 학생은 미국의 지역주의를 질문으로 선택했었는데, 스코틀랜드를 여행하면서 유사한 문제가 일어나는 것을 발견했다.

> 나와 내 친구는 호스텔 안에 들어갔다. 그곳에서 우리는 호주 사람을 만났는데, 그는 방 안의 영국 청년에게 매우 흥미로운 말을 하고 있었다. 그는 비꼬는 투로 "봐, 미국 비자를 가진 사람들이네."라고 말했다. 농담으로 응수할 수도 있었지만, 그것도 우스운 일이었다. 왜냐하면 그게 사실이었으니까. 나는 우리가 우리의 거대한 나라 안에 갇혀 살고 있음을 알 수 있었다. 어느 누구도 바깥세상을 보지 않았다. 우리 둘은 실제로 바깥세상을 여행하고 있는 것이었다. 이곳에서는 라오스나 호주, 뉴질랜드, 아프리카나 아메리카 등 여러 국가에서 온 대학생을 만나는 것이 일반적이었다. 우리는 갇혀 있었고 지금껏 그런 사람들을 만나지 못했었다. 이곳에서는 기본적으로 4개의 TV 뉴스 채널이 있는데, 아일랜드, BBC, FOX, CNN이 그것이다. 이곳에서는 세계적인 사건들에 대해서 적어도 세 가지 다른 관점으로 접할 수 있다. 우리는 한 가지 관점으로만 접할 수 있지만 말이다. 이곳의 TV는 내가 예전에는 접할 수 없었던 흥미로운 관점들을 제공해 준다. 예를 들어, 피델 카스트로에 대한 다큐멘터리를 봤었는데, 그는 매우 긍정적이고 칭찬받을 만한 사람으로 그려지고 있었다. 바깥세상으로 나와 봐야만 우리는 미국인이 된다는 것이 무엇을 의미하는지 알 수 있을 것이다. (2006)

"미국인은 누구인가?" 과정의 또 다른 부분은 해외에서 가르치게 될 학생들에게 적절한 수준으로 미국인의 삶을 대표하는 문화 키트(culture kits)를 구성하는 것이다. 학생들이 해외에 나가기 전에 이 과제를 항상 끝마치는 것은 아니지만, 그들은 문화 키트에 대한 주제와 계획을 세우고, 적절한 물리적 대상을 포함시키고 피드백을 받으면서 그들의 생각을 더욱 발전시킨다. 이러한 키트들은 들고 다닐 수 있어서 해외로 가져갈 수도 있고, 선물로 주고 올 수도 있다. 이 키트들은 미국의 교실로 "세계를 집으로 가져오기"할 수 있는 하나의 모델이 되기도 한다. 우리는 매우 다양한 주제의 키트들을 가지고 있다. 예를 들면, 애국심의 상징, 휴일, 야구, 나의 고향 마을, 대중문화, 교육 등에 대한 키트들이 있다. 아일랜드에서 활동한 COST 참가자는 오하이오의 애선스 카운티(Athens County)에 있는 실습학교의 동영상을 준비해 갔는데, 다른 사람에게도 그렇게 하기를 권유한다.

> 우리 반 학생들과 선생님들은 내가 만든 비디오를 사랑하고, 사랑하고, 사랑했다. 그들은 들떠서 비디오에 대한 이야기를 했고, 온 학교를 돌아다니며 비디오를 보여주었다! 내가 떠나오기 전까지 그들은 비디오를 열 번은 봤을 것이다. 아이들은 미국인들이 실제로 나온다는 사실에 좋아했다. 이것은 당신이 학생들 그리고 교사들과 함께 첫발을 내딛도록 도와줄 것이다. (2006)

"타인"과 만나기

타인과 만나는 것은 몇몇 나라에서 온 자문위원과 함께 유사점과 차이점을 찾아보는 활동을 포함한다. 이 활동에서 학생들은 친숙한 것을 이상하게 느끼도록 만드는 종교의식(Sacred Rac and Body Ritual of the Nacirema)에 관한 글을 읽거나, 알바트로스(Albatross)(Gochenour, 1993) 시뮬레이션에 참여한다. 남아프리카 케이프타운에서 COST에 참여했던 학생들과 COST 담당자들과 만남을 갖기도 한다. 오하이오대학교의 국제 대학원생들은 자국의 교육제도와 그들이 바라보는 미국에 대한 인식에 초점을 둔 활동을 한다. 가장 기억에 남는 학생으로 라오스 출신의 한 여성이 있었는데, 그녀는 NGO 단체에서 베트남 전쟁 동안 미국에 의해 일어난 "비밀 전쟁(Secret War)"의 이면을 밝히는 일을 했었다. 우리 학생들은 이 시기의 역사에 대해서는 아무것도 알지 못했고, 당시 우호적이었던 부족에게 미국이 했던 약속과 결국 그 약속을 지키지 않아 부족들이 느꼈던 배신감에 대해 배우면서 충격을 받았다. 한편, 가나 출신의 학생은 미국인 선교사의 지원을 받으며 학교에 다니고 있었으며, 미국에 대한 매우 긍정적인 감정을 발표하기도 하였다. 이렇듯 다양한 관점들을 접할 수 있었다.

학생들이 안락한 보금자리를 벗어나 도전할 수 있도록 격려하는 한 가지 방법은, 그들이 비교적 친숙하다고 생각하는 학교 캠퍼스의 특정 장소를 자세히 관찰하도록 안내하는 것이다. 학생들은 한 시간 동안 누구와도 이야기하지 않고, 그 장소에 대해 이미 알고 있는 지식을 배제한 채, 오로지 보고 들은 것만을 기록한다. 학생들의 저널에는 "이곳의 책임자는 누구일까?", "당신은 어떤 얘기를 할 수 있을까?", "어떻게 행동하는 것이 올바르다고 생각하는가?"의 질문에 대한 대답이 적혀 있었다.

가끔 나는 학교 캠퍼스 관찰을 대신해서 '화성인 인류학자 되어보기(Martian Anthropology Exercise)' (Gochenour, 1993) 활동을 활용하기도 한다. 이 활동에서 학생들은 지구에 방문한 화성인 인류학자가 되어 본다. 화성인 인류학자들은 본격적으로 지구를 방문하기 전에 지구의 사회문화적 규범을 배우기 위해 먼저 도착한 대표단이라고 가정한다. 학생들은 2, 3개의 모둠으로 나뉘어서 종교에 대해 배우기 위해 볼링장을 방문하거나, 교육제도에 대해 배우기 위해 은행을 방문하는 활동을 해본다.

가장 심화된 수업은 해외 생활의 경험을 위해 개발된 알바트로스 시뮬레이션이다. 이 시뮬레이션은 나의 집에서 이루어지는데, 학생들은 인도나 인도네시아 음식과 같은 생소한 음식을 맛본다. 또한 예전에 만났던 문화 자문위원들을 초대하기도 한다.

학생들은 이 활동에서 알바트로스들을 만나고 그들과 식사를 같이한다. 남자와 여자 두 명의 알바트로스가 있으며, 직접 설거지할 그릇이나 접시, 음료와 음식이 제공된다. 어두운 방에 촛불을 켜고 낯선 음악을 튼다. 학생들은 신발을 벗고 방안에 들어가, 방 끝에 있는 의자에 맨발로 앉아 있는 남성과 그 옆에 바닥에 앉아있는 여성에게 다가간다. 문화의 상징인 이 두 사람으로부터 환영 의식이 펼쳐진다. 오랜 시간 동안 침묵이 흐르는 가운데 학생들에게는 낯선 음식과 음료가 주어진다. 환영 의식이 끝난 후, 여성 알바트로스가 남성 옆으로 돌아가 자신의 자리에 앉자, 남성 알바트로스는 여성의 머리를 바닥으로 내리누른다.

활동수행 보고를 하면서 학생들은 어떤 일이 있었으며 어떻게 느꼈는지를 생각하고, 그들이 접한 문화에 대해서 "알게 된 것"을 이야기한다. 점차 학생들이 자신이 본 것이 그들의 문화라는 색안경을 통해 본 것이라는 것을 깨닫게 되고, 예상치 못하거나 낯선 것을 만났을 때 그들이 어떻게 행동하는지를 깨닫게 된다. 한 학생은 저널에 다음과 같이 썼다.

> 남성 알바트로스가 나에게로 와서 내 다리에 그의 무릎을 문지르는 순간, 나는 얼어붙을 수밖에 없었다. 나는 그가 나에게 고백하는 것이라고 생각했고, 그것은 받아들이기 힘든 것이었다. 나는 얼른 뒤로 물러섰고, 더 이상 날 만지지 못하게 했다. 이제는 깨달았다. 내가 얼마나 만지는 것에 대해 제한된 생각을 가지고 있었는지를, 그리고 모르는 누군가가 당신에게 얼마나 가까이 갈 수 있는지에 대해 깨달았다. 이번 경험은 내가 갇혀 있는 테두리에 대해서 생각하게 만들었다. (2003)

방에서 일어난 일에 대해 어떻게 느꼈는지를 이야기할 때 항상 나오는 것은 침묵이 불편했다는 이야기이다. "침묵은 나를 초조하게 만들었다. 옳고 그르건 무엇이라도 하고 싶었고, 무엇이라도 말하고 싶었다. … 나는 친구들과 있으면서 단 한 번도 조용히 있은 적이 없었다." (2004) 학생들은 알바트로스트들에게 그들의 문화에 대해 질문을 하면서, 자신들이 가지고 있던 기본 전제들이 틀렸다는 것을 발견한다.

> 남성 알바트로스가 여성 알바트로스의 머리를 바닥으로 내리누르는 행위는 정말 이상했다. 아마도 그는 우리도 우리 옆의 여성들에게 그렇게 하기를 기대했는지 모르겠지만, 만약 그렇게 한다면 그 여성들이 나에게 주먹을 날릴 것이라고 생각했다. 그것이 그들에게는 일종의 종교적 행위였다는 것을 알고 놀랄 수밖에 없었다. 그들 문화에서는 여성이 땅에 좀 더 가깝다고 여기고 있기 때문에, 남성이 땅에 가까이는 가는 유일한 방법은 머리를 내리누름으로써 여성을 통하는 것뿐이었다. 나는 이렇게 다른 문화가 있을 것이라고는 전혀 생각하지 못했다. (2002)

전체 과정에서 알바트로스 활동은 항상 가장 의미 있는 학습 경험으로 평가된다.

특정 국가 배우기

나머지 반 학기 동안 우리는 문화에 대해 좀 더 구체적으로 다루고, 학생들은 가르치기 원하는 나라들 중 하나를 선택해 그 나라의 문화와 교육제도에 대한 연구 논문을 작성한다. 학생들은 매일 매일 그 나라의 온라인 신문을 읽는데, 특히 교육 관련 이슈와 미국에 대한 뉴스에 초점을 두고 읽는다. 이 시점에서 3분의 1 정도의 학생들이 COST 실습 지역을 배정받는다.

이 과정은 1년에 한 번밖에 없기 때문에, 때때로 학생들은 결국에는 가르치러 가지 못하게 될 국가에 대해 연구 논문을 쓰기도 한다. 그러나 그런 과정에서 익힌 연구 방법은 나중에 해외에서 활동할 때 도움이 될 것이다. 논문에는 그 나라의 신문, 잡지, 소설이나 논픽션 책과 영화, 안내책자, 웹사이트 등에 대한 내용이 반드시 포함되어야 한다. 또, 그 나라 출신이거나 그 나라를 많이 경험한 사람을 인터뷰한 후 알게 된 내용이 있어야 한다.

논문의 결론에는 새로운 환경에 적응하기 위한 도전들에 대한 논평이 포함되어야 한다. 대부분 나는 학생들에게 자신의 논문에서 다룬 내용을 수업에서 다른 학생들에게 가르치도록 한다.

여러 해 동안 오하이오대학교에는 아일랜드 학생이 부족하였기 때문에 아일랜드에 대한 인터뷰를 하기 위해서 CNN 국제 데스크에 있는 아들의 아일랜드 친구에게 전화를 걸어야만 했다. 인터뷰는 방문하게 될 나라를 접할 수 있게 하는 필수적인 방법이다. 대부분의 학생들은 미국을 벗어난 경험이 거의 혹은 전혀 없기 때문에, 학생들이 문화 자문위원들에게 물어보는 질문은 그들이 해외에 갔다고 가정하고 하는 질문들이다. 일반적으로, 학교제도, 연애나 결혼 풍습, 자녀 양육, 가족생활, 문화적 금기사항, 대중문화 등에 대한 질문이 가장 많다. 학생들은 어느 시민도 그 나라를 대표할 수는 없다는 사실을 배운다. 다시 말해서, 개인의 경험이 어떠한 지식보다도 중요한 것이다.

많은 학생들은 논문을 작성하면서 다른 문화에서 가르치는 것에 대해 좀 더 편안하게 생각하게 되었다고 말한다. 그들은 유용한 질문을 하고 필요한 자원을 찾을 수 있는 준비를 갖추었다고 느낀다.

결론

여러 저자가 공동으로 하나의 장을 쓰는 장점 하나는 서로에게 배울 수 있다는 것인데, 우리가 바로 그러했다. 우리의 공동 작업은 예비교사를 위한 과정과 관련하여 미처 고려하지 못했을 여러 가지를 생각할 수 있게 해주었다. 아울러 이후의 외국교육실습을 준비하는 학생들을 위해서 숙고해야 할 질문을 던질 수 있었다.

- 어떠한 방법으로 학생들이 세계의 최근 사건과 쟁점을 배우고, 자신뿐만 아니라 다른 사람이 그들을 어떻게 보는지에 대해 이해하도록

도울 수 있을까?

- 어떻게 하면 문화 보편적인 학습과 특정 문화 학습 사이의 균형을 잡을 수 있을까?
- 어떠한 기술을 활용하여 온라인에서 외국 신문을 읽거나 웹사이트를 통해 특정한 국가의 자료를 수집하는 것 이상을 할 수 있을까?
- 만약 경험이 최고의 스승이라면, 학생들을 위해 어떠한 의미 있는 경험을 마련할 수 있을까?
- 우리가 가르치는 중요한 개념이 모든 예비교사들을 위한 과정에 포함될 수 있을까?

마지막 질문은 Anthony Appiah의 저서 『세계시민주의: 이방인의 세계에서 윤리학(Cosmopolitanism: Ethics in a World of Strangers)』(2006)가 우리에게 던진 질문이다. 우리는 "문화"와 "타인"에 대해서 더 많은 가르치고, 학생들이 더 많이 배우도록 하여야 할까? Appiah의 정의에 따르면, 세계시민주의는 보편적인 관심과 정당한 차이에 대한 존중이라는 서로 얽혀있는 두 개의 이상이다. 우리는 후자에 대해서는 많은 활동을 하지만, 전자에 대해서는 부족하다. 아마도 아프리카 아샨티족의 전통 속담이 이 둘 사이를 연결하는 다리를 놓아줄지도 모르겠다. "중요한 것은 사람이다. 우리가 금이라고 부르는 것, 이것은 답이 아니다. 우리가 옷이라고 부르는 것, 이것도 답이 아니다. 중요한 것은 사람이다."(Gyekye, 1996).

우리는 이 장을 읽은 독자들이 COST 과정에 참여하는 그들의 예비교사들에게 예비과정을 이수하도록 요구할 때, 다음의 질문에 대해 숙고해 보기를 권고한다. 우리는 모든 교사들이 타인을 배려하고 그들의 다른 점을 존중하도록 준비시킬 수 있을까? 모든 교사들로 하여금 문화를 뛰어넘는 보편적인 관심사를 학습하고, 이에 기반해서 대화하고 가르치고 행동하도록 준비시킬 수 있을까?

참고문헌

아래 참고문헌에는 우리 수업에서 사용하는 교과서도 포함되어 있다.

교과서

Bennett, M. J. ed. 1998. *Basic concepts of intercultural communication, selected readings*. Yarmouth, ME: Intercultural Press. Bennett includes a variety of authors, such as Dean Barnlund, Edward T. Hall, Edward C. Stewart, and Benjamin Lee Whorf. His own introduction to intercultural communication and his chapter entitled "Overcoming the Golden Rule: Sympathy and Empathy" are excellent.

Kohls, L. R. 2001. *Survival kit for overseas living, for Americans planning to live and work abroad*. 4th ed. Yarmouth, ME: Intercultural Press. This trusted guide was first published in 1979 and is a classic. Besides dealing with culture, cultural differences, and culture shock, Kohls has short chapters on "Becoming a Foreigner," "Know Thy Host Country," "Skills That Make a Difference," and "Coming Home."

Storti, C. 1999. *Figuring foreigners out: A practical guide*. Yarmouth, ME: Intercultural Press. A workbook with exercises students do to figure out themselves and people of other cultures. His building blocks of culture are continua of Individualist-Collectivist, Universalist-Particularlist, Monochronic-Polychromc, and Internal-External. The chapters on verbal and nonverbal communication are also helpful. Students do have to be reminded, as Storti points out, that culture is only part of what influences people' s behavior.

Trompenaars, F. 2000. *Riding the waves of culture*. London: Nicholas Brealey. Oriented toward business, the book contains a very readable explanation of the building blocks of culture. Also valuable for a number of critical incidents dealing with topics such as expectations of friendship and communication styles. Many cultures are reflected in his examples.

기타 자료들

Aboulela, L. 1999. The museum. In *Opening spaces: An anthology of contemporary African women' s writing*. ed. Yvonne Vera. Portsmouth, NH: Heinemann. A short story written from the perspective of a woman international student from Sudan attending the university in Edinburgh and her difficult cross-cultural interaction with a well-meaning Scottish student. Useful for students to read as they are interacting with international students on campus.

Appiah, K. A. 2006. *Cosmopolitanism: Ethics in a tvorld of strangers.* New York: W. W. Norton. One of the first books in a new series on Issues in Our Time, edited by Henry Louis Gates, Jr. As a philosopher, Appiah draws on many sources, both classical and his own growing up in Kumasi, Ghana, to make a case for a cosmopolitanism that respects difference but recognizes a global moral community.

Building bridges: A Peace Corps classroom guide to cross-cultural understanding. 2003. Washington, DC: Peace Corps Coverdell World Wise Schools. Simulation "brief encounters" that asks students to adopt the cultures of two unfamiliar groups—one outgoing and casual, the other more reserved and formal—with different social norms. Also lessons on culture in the United States and beyond the United States that are designed for ninth grade and above, but are useful for university students as well.

Christiansen, L. 2001. "Where I' m From: Inviting Students' Lives into the Classroom." In *Rethinking our classrooms: Teaching frr equity and justice.* Rethinking Schools.Milwauke, WI.

Culture matters: The Peace Corps cross-cultural workbook. n.d. Washington, DC: U.S. Government Printing Office. Exercises on American culture and diversity and many others.

Cushner, K., Averill McClelland, and Phillip Safford. 1992. *Human diversity in education: An integrative approach.* New York: McGraw Hill. Source for critical incidents in which students choose best explanation of situation. School-based.

Defining America. 2004. *US Netvs and World Report*, special report (June 28? July 5).

Degrees of separation: A survey of America. 2005. *Economist* (July 16).

Devine, T., and P Logue. 2002. *Being Scottish: Personal reflections on Scottish identity today*. Edinburgh: Polygon.

Gochenour, T. 1993. *Beyond experience.* Yarmouth, ME: Intercultural Press. Experiential approach to cross-cultural education. The section of activities is particularly valuable. Albatross and the Martian anthropology exercise by Donald Batchelder are found here. They both take students out of their comfort zones and help them to question their "normal" perception of reality.

Gyeke, K. 1996. African cultural values: An introduction. Lansing, MI: Sankofa Publishing Company, Karp, Stan. 2001. Arranged marriages, rearranged ideas. In *Rethinking our classrooms: Teaching for equity and justice*. Rethinking Schools. Milwaukee, WI.

Merryfield, M. M., E. Jarchow, and S. Pickert, eds. 1997. *Preparing teachers to teach global perspectives: A handbook for teacher educators*. Thousand Oaks, CA: Corwin Press. A handbook for teacher educators that presents a rich collection of case studies. Merryfleld' s framework chapter contains the Tree of Life Reflection as well as Pa Kanoh' s Worldview, which helps students recognize their privileged status within the global system.

Storti, C. 1994. *Cross-cultural dialogues: 74 brief encounters with cultural difference*. Yarmouth, ME: Intercultural Press. Dialogues of Americans and people of a variety of other cultures.

Summerfield, E. 1993. *Crossing cultures through film*. Yarmouth, ME: Intercultural Press. Good ideas about how to use cross-cultural films in courses. We both use films, sometimes excerpts in class, sometimes assigning cross-cultural feature films to be reviewed. One favorite to use in class are excerpts from *The New Americans*, available from PBS, to show cultural differences and cultural adjustment in the United States. by Indians, Mexicans, Nigerians, Dominicans, and Palestinians. Two other films are *Mr. Baseball*, starring Burt Reynolds as a baseball player with an attitude who is traded to a Japanese team against his will and dealing with his slow process of adaptation and the many misunderstandings along the way, and *Close to Eden*, detailing the encounter between a Russian road builder whose truck has broken down and a Mongolian family living in a yurt not far from Ulan Bator; they are curious about each other and open to interaction, and it' s a funny, sweet, and visually stunning look at cross-cultural adaptation. Among student favorites to review as feature films are *Anna and the King, Bend It with Beckham, Whale Rider, Rabbit Proof Fence,* and *Where the Green Ants Dream.* The last two deal with the struggle of Aborigines in Australia to maintain their traditional values.

Thiagarajan, S. 1990. *Barnga: A simulation game on cultural clashes*. Yarmouth, ME: Intercultural Press. This short and flexible simulation involves a card game tournament in which each table plays silently and unbeknownst to each other by different rules, leading to an experience of cultural clash.

우리를 보는 다른 사람으로서 우리 스스로를 바라보기

Examples of books that Ohio University students read to understand a foreigner' s perspective on the United States and the West.

Bryson, B. 1999. *I' m a stranger here myself.* New York: Broadway Books.

Baruma, I., and A. Margalit. 2004. *Occidentalism: The West in the eyes of its enemies*. New York: Penguin Press.

D' Souza, D. 2002. *What' s so great about America?* New York: Penguin Putnam.

Fadiman, A. 1997. *The spirit catches you, you fall down*. New York: Farrar, Strauss & Giroux.

Kim, E. 2001. The *yin and yang of American culture*. Yarmouth, ME: Intercultural Press.

McCourt, Frank. 1999. *'Tis: A memoir*. New York: Scribner.

Voices from the field: Reading and writing about the world, ourselves, and others. n.d. Washington, DC : Peace Corps Coverdell World Wise Schools. Includes many wonderful short stories by returned Peace Corps volunteers. We have used " 'Magic' Pablo," "Cross-Cultural Dialogue," and "A Single Lucid Moment."

Zongren, L. 1984. *Two years in the melting pot*. San Francisco: China Books and Periodicals.

연구

Wilson, A. H. 1993a. "Conversation partners: Helping students gain a global perspective through cross-cultural experiences. *Theory into Practice* 32, no. 1 (Winter). Research on the Amigo Experience at University of Kentucky.

Wilson, A. H. 1993b. *The meaning of international experience for schools. Westport*, CT: Praeger. Includes six case studies on teachers with international experience, returned Peace Corps volunteers who teach, an Afghan sixth-grader, a little United Nations elementary school, an international visitors program at a middle school, and an International Studies Academy at a high school. Other chapters explain the context and problems of international experience and schools, the impact of international experience, and ideas for utilizing international experience in schools.

4

외국교육실습이 개인 및 교사의 전문성 개발에 미치는 영향

Jennifer Mahon
Kenneth Cushner

미국교육연구학회(American Educational Research Association, AERA)의 '연구 및 교사교육에 대한 보고서' (Cochran-Smith & Zeichner, 2005) 최근 호에는 외국교육실습이나 인턴(internship)에 대한 언급은 전혀 없다. 보고서의 전체 색인검색을 하면 '국제(international)' 라는 단어는 단 두 번, 즉 '국제 자료' 와 '국제영재어린이 위원회(International Council on Exceptional Children)' 에서 언급된다. 참고문헌에는 외국교육실습에 대한 연구(Mahan & Stachowski, 1990; Stachowski & Mahan, 1998)를 자주 발표하는 Mahan의 연구가 제시되었다. 그러나 AERA 보고서에 언급된 두 연구는 저자들이 미국 내에서 미국원주민보호구역(1984)과 지역사회 봉사학습(1982)을 대상으로 실시한 것이다. 국제적인 면에 초점을 맞춘 연구는 이루어지지 않았는가?

교사교육에 대한 모든 연구가 AERA의 보고서에 포함될 수 없다는 것을 이해하지만, 보고서의 편집자(Cochran-Smith & Zeichner, 2005)는 연구를 개괄하는 것은 예비교사들이 다양한 학생들과 학습하기 위하여 어떻게 준비되고 있는가에 대하여 알려진 것을 검토하기 위함이라고 언급하고 있다. 그리고 우리는 국내 및 국제적인 다양성을 다루는 교사의 능력을 향상시키고자 하는 노력을 지원하는 것은 교사교육에서 중요한 면이라고 믿고 있다. 외국교육실습은 개인 및 교사의 전문성 수준에서 예비교사의 문화적 능력을 강화하는 데 기여한다. 연구를 통하여 우리가 발표한 외국교육실습 경험의 많은 긍정적인 결과가 '문화적으로 민감한 교육 및 생활' 에 대한 많은 연구물에 반영되고 있다는 것은 점차 분명해지고 있다. 많은 연구들에서 문화적 능력을 갖춘 개인(Wiseman, Hammer, & Nishida, 1989; Hammer, 1987; Bhawuk & Triandis, 1996), 일반적인 해외학업 프로그램의 효과(Kauffmann et al., 1992), 문화적으로 준비된 교사(Ladson-Billings, 1994, 1995), 국제적 능력을 갖춘 교사(Merryfield, Jarchow, & Pickert, 1997) 등의 특성을 논의하고 있다. 언어 및 의사소통 능력 향상, 유연성의 증진(개방성), 다른 사람의 입장을 이해하고 동조하는 능력의 개발, 다른 가치체제와 행동방식을 인지하기 시작하는 것 등이 연구에 공통으로 포함된다.

4장에서 논의된 연구는 예비교사들은 외국교육실습을 통하여 이러한 능력을 개발하기 시작한다는 점을 제안하며, 이러한 이유로 우리는 외국교육실습 경험의 필요성을 지속적으로 강력하게 주장한다. 그러나 AERA 2005년도 보고서에 국제부문에 대한 언급이 부족한 것은 외국교육실습이 아직 교사교육에서 중요하게 다루어지지 않고 있다는 것을 보여준다. 우리는 외국교육실습에 참여한 소수의 교생에 대한 연구를 기술하고 있음을 인정하지만, 외국교육실습은 교사교육 교육과정에서 중요하게 다루어져야 한다고 믿고 있다. 그러므로 4장에서는 예비교사의 외국교육실습 경험에 대하여 우리가 진행하고 있는 연구의 보고 및 향후 연구에 대한 제안과 더불어, 외국교육실습 경험의 전반적인 연구에 대하여 개괄적인 소개를 한다. 우리는 오랫동안 국제 문제와 교육실습에 대하여 광범위하게 연구하고, 외국교육실습 경험에 대하여 분명한 선입견을 가지고 있기 때문에, 부정적인 결과도 있음을 인정한다. 따라서 이러한 제한점도 논의할 것이다. 우선 논의의 토대를 마련하기 위하여 일반 외국 유학을 통해서 얻을 수 있는 이점을 살펴본다.

외국 유학의 일반적인 이점

비교문화(문화 간) 심리학과 문화 간 교육 분야의 연구자들은 수십 년 동안 국제적인 경험과 문화 간 경험이 다양한 상황에서 사람들에게 미치는 영향을 분석하였다(Billingmeier & Forman, 1975; Landis, Bennett, & Bennett, 2004; Cushner & Karim, 2004). 문화학습에서 직접경험의 역할은 문화 간 발달에서 중요한 요소임이 계속해서 밝혀지고 있다(Bennett, 1993; Cushner & Brislin, 1996). 외국 경험은 인지적, 정의적, 행동적인 면에서 신체 및 심리 변화를 수반하기 때문에 경험의 수준에 관계없이 개인에게 문화 간 발달을 위한 특별한 기회를 제공한다. 이러한 경험은 두 차례, 즉 교육실습 국가에 입국할 때와 본국으로 귀국할 때 일어난다.

외국 유학의 목적 중 하나는 학생의 지식기반에 영향을 미치는 것이었으며, 몇몇 연구는 인지영역에서의 영향을 보고하고 있다. 예를 들면, 외국에서 수학하거나 거주한 대부분의 학생들은 타 문화에서의 생활이 자신들뿐만 아니라 타인에 대한 자신들의 인식을 재탐구하게 하였다고 보고한다(대학 수준에서 외국 유학에 대한 연구 문헌의 포괄적인 정리는 Cushner & Karim[2004] 참조). 한 학기 혹은 그 이상 외국에서 수학한 사람들은 문화 및 정치에 대한 지식이 향상되고(Billingmeier & Forman, 1975), 유학국가에 대하여 더 비판적인 태도를 보인다(Yachimowicz, 1987). 외국에서 유학한 학생들은 유학을 다녀오지 않은 학생들에 비해 귀국 후 많은 외국어 강좌에 등록을 하고, 대학에서 공부하는 데 많은 시간을 보내고, 결국 높은 수준의 학업성취를 이룬다(Melchiori, 1987).

외국 유학의 결과로 유학생은 다문화에 대해 민감해지고, 자립심이 증대되고, 문화의 다양성에 대해 개방적이게 된다(Pfnister, 1972; Zhai, 2000). 외국에서 수학한 학생들은 국내에서 머무른 학생들보다 타 문화에 대한 높은 수준의 관심과 문화 세계인의 특성을 보인다. 또한 외국 수학을 한 학생은 국내에 있는 학생들보다 자신의 국가에 대하여 더 긍정적이면서 비판적인 태도를 갖게 된다.

일반 외국 유학이 장기적인 영향을 미친다는 증거가 있다. 외국 유학을 다녀온 사람들은 귀국 후 몇 년이 지난 후에도 국가 간의 다른 점에 대한 인식 수준이 높을 뿐만 아니라, 유학국가의 지적 생활과 전통에 대한 높은 수준의 이해를 지속해서 유지한다(Billingmeier & Forman, 1975). 이전에 외국 유학을 다녀온 사람들은 다녀오지 않은 사람에 비해 귀국 후 더 많은 국제 활동에 참가하고, 다른 국가에 더 많은 친구, 전문 분야의 동료, 지인을 갖게 되고, 외국어로 발간된 도서와 신문을 읽게 된다.

유학은 또한 정의적인 면에서 영향을 미친다. 유학의 영향에 대한 초기의 연구는 유학생들이 성장, 독립심, 자립심, 스스로 결정을 내리는 능력 등이 증가되었다고 보고하고 있다(Billingmeier & Forman, 1975; Nash, 1976). 유학의 결과로 다른 사람들과 그들의 견해에 대한 인내와 이해에서 중요한 변화가 일어난다. 또한 유학을 통해서 자신감, 적응력, 융통성, 모르는 사람에게 말하는 자신감, 익숙지 않은 새로운 환경에서 정보를 모으는 능력 등이 향상되었다는 증거가 있다.

외국에서의 경험이 국내 문제에도 관심을 높게 한다는 증거가 있다. 유학을 다녀온 사람들은 높은 수준의 문화 민감성과 인종 인식을 보이며, 따라서 자국 내 다양성과 관련된 문제를 더욱 효과적으로 다루게 된다. 편견의 형성과 감소 분야에서 방대한 연구를 한 Thomas Pettigrew(2001)는 민족 간 접촉에 대한 200여 편 이상의 연구를 분석했으며, 이중 1/4 정도가 여행이나 교환학생 프로그램을 통한 국제적인 접촉임을 밝혔다. 대부분의 전형적인 여행자의 경험과 같은 제한적인 접촉을 제외하면, 국제적인 접촉이 국내에서 민족 간 접촉보다 편견을 줄이는 데 더 큰 영향을 미친다는 것이다.

외국에서의 경험은 또한 행동의 변화를 가져온다. 많은 경험자들에게 외국에서의 경험은 자신들의 진로 방향과 초점을 새롭게 설정하게 한다(Wallace, 1999). 유학생 중 일부는 귀국 후 다른 진로를 택하여 외국 학생 상담직이나 국제 프로그램 담당직을 추구한다. 다른 학생들은 외국 경험을 통하여 자신들이 이전에는 관심을 가지고 있었는지 전혀 알지 못한 문제나 가치에 관심을 갖게 되어 환경 문제나 정치 문제를 공부하게 된다. 일부의 학생들은 자신들이 선택한 영역에서 국제화를 시도한다. 예를 들면 국제 교사나 다문화 교육자, 국제 기업인, 국외담당 공무원 등으로 진로를 모색한다. 또 다른 학생들은 자신들의 학교나 지역사회에서 훌륭한 문화 중개자 역할을 하면서 자신들의 외국 경험을 다른 사람들을 위해 국내에서 활용한다.

나아가 본 연구는 이러한 결과를 이끌어 내는 프로그램의 구조에 대한 결정을 내리는 데 기여할 것이다. 학생들이 문화에 적절하게 적응하고, 주위 환경을 이해하고, 학교 프로그램을 알게 되는 데 몇 주의 시간이 필요하다. 문화 간 상호작용을 증진하는 데 있어서 장기몰입 프로그램의 중요성을 계속해서 강조하는 연구가 이러한 것을 뒷받침한다(Kauffmann et al., 1992; Koester, 1987; Sikkema & Niyekawa, 1987). 둘째로, 외국 경험은 LaBrack(1993)이 주장하는 바와 같이 출국 전 오리엔테이션과 귀국 후 보고 등이 성공적인 교육 경험을 위해 중요한 요소이며, 전체의 경험을 일련의 과정으로 보아야 한다. 마지막으로, Weaver(1993)는 개인이 모국으로부터의 접촉이 완전히 단절되면 새로운 환경에 적응이 더 어려워진다고 주장한다. 예를 들면, 학생들은 출국 전 필요사항을 준비할 때뿐만 아니라 외국 경험 동안과 그 후에 대화하고, 반성하고, 감정을 표현할 수 있도록 지원이 필요하다.

외국 유학과 교육학 분야

교육학 분야에서 외국 유학과 관련하여 연구자들은 무엇을 연구하고 있는가? 유학이 직장의 승진 및 개인의 성취에 미치는 장기적인 영향에 대한 연구가 그중 한 영역이다(Martens, 1991). 유학을 다녀온 교사는 자신의 지식과 경험을 다른 사람들과 공유하고자 하는 강한 욕구와 책임감을 가지게 되며, 외국 프로그램에 참여하였기 때문에 학문적인 명성을 갖게 되어, 결국 외국 여행과 연구를 위한 새로운 기회에 지원하고 선발될 가능성이 높아진다.

다른 연구는 외국 상황에서 국제적인 학위 과정 및 현장학습 경험을 다루고 있다. Bradfeld-Kreider(1999)는 멕시코에서 예비교사를 대상으로 홈스테이 프로그램을 통한 문화몰입 경험이 인종차별을 줄이는 데 미치는 영향을 연구하였다. Baker와 Giacchino-Baker(2000)는 미국의 3개 대학교가 공동으로 운영한 미국-멕시코 협력 프로그램에 대하여 보고하였다. Pike(2000)는 외국 교육실습이 포함된 국제교육전공을 캐나다에서 설치하는 것과 관련된 세부사항을 다루고 있다. Landeholm, Gehrie, Hao(2004)는 외국 수학을 포함한 초등교육 프로그램의 국제화와 연관된 전반적인 면을 논의하고 있다. Merryfield, Jarchow, Pickert(1997)는 교사의 해외교육에 대한 다양한 면을 다룬 아주 유용한 저서를 발표하였다. 이 저서에서 해외 프로그램을 실행하는 데 적용될 수 있는 세 편의 논문이 포함되어 있다. 즉 Kissock(1997)의 외국교육실습 개괄, Case와 Werner(1997)의 교수의 참여 유도에 대한 논의, Jarchow(1997)의 외국교육실습에서의 학장의 역할에 대한 논의가 이에 해당한다. McFadden, Merryfield, Barron(1997)은 미국교사교육대학연합회(American Association of Colleges of Teacher Education, AACTE)가 발간한 문서에서 국제교육과 다문화 교육을 논의하였다. Merryfield는 국제전문직업개발학교의 설립에 필요한 공동협력 관련 문제를 논의하고, Kiely와 Nelson(2003)은 더욱 광범위한 학문 영역을 다루었으며, Stachowski와 Chlebo(1998)는 프로그램의 효율성을 높이기 위해 실습학교 교사의 제안을 논의하는 데 있어서 국외 파트너의 역할을 논의하였다.

최근에 연구자들은 외국교육실습 경험의 특성과 외국교육실습이 개인 및 교사의 전문성 계발에 미치는 영향을 다루기 시작하였다(Baker, 2000; Bryan & Sprague, 1997; Calhoon et al., 2003; Cushner, 2004; Cushner & Mahon, 2002; Mahan & Stachowski, 1990; Stachowski & Visconti, 1998). 일반적인 외국 유학에 대하여 연구자들이 주장하는 바와 같이 외국교육실습은 예비교사의 개인 및 교사 전문성 계발에 영향을 미친다. 외국교육실습을 통하여 새로운 교수법과 교육 철학을 경험하는 것뿐만 아니라, 외국교육실습생은 자기인식의 폭을 넓히고, 자신감 및 교사의 전문 능력을 계발하고, 국제 및 국내의 다양성에 대한 이해를 증진시킨다.

COST 경험의 영향에 대한 연구 동향

국제여행가, 국제교사, 유학을 원하는 교육자의 멘토로서의 경험과 기존의 문헌들이 본 연구의 근간이 되는 호기심의 기초가 된다. 본 연구에서 보고하는 내용은 이전에 보고한(Cushner & Mohan, 2002) 연구의 계속적인 연구의 결과이다. 2002년 보고에서는 다음과 같은 문제에 답을 찾으려고 했다.

- 왜 학생들이 교육실습을 외국에서 하기로 선택할까? 학생들이 외국교육실습을 통해서 얻고자 기대하는 것은 무엇이며 이러한 기대는 실현되는가?
- 외국교육실습을 통하여 개인적으로 자신에 대하여 무엇을 배우는가? 외국교육실습 경험의 어떠한 요소들이 이러한 학습에 기여하는가?

- 외국교육실습을 통하여 교사의 전문성 분야에서 자신에 대하여 무엇을 배우는가? 외국교육실습 경험의 어떠한 요소들이 이러한 학습에 기여하는가?
- 외국교육실습 경험이 학생들이 문화를 배우고 이해하는 데 어떻게 영향을 미치는가?
- 외국교육실습 경험이 귀국한 후 어떻게 학생의 생활(인생)에 나타나는가?
- 외국교육실습 경험을 통하여 학생의 교수 및 학습에 대한 이해가 어떻게 향상되었는가?

본 연구는 계속적으로 진행되고 있으며, 새로운 실습학생들이 외국교육실습을 다른 각도에서 이해할 수 있게 해준다. 우리는 이와 같은 연구 문제를 탐구함으로써 외국 유학에 대한 지식기반을 확대하고, 타 문화 이해능력(문화 간 이해능력, intercultural competence)을 증진시키고, 외국교육실습 경험을 향상시키고 확대할 수 있다.

연구 방법

본 연구에 보고된 내용은 COST 참가자들의 경험을 지속적으로 평가한 것이다. 15개 대학교로 구성된 COST는 매년 60~70명의 미국 대학생을 미국 이외의 국가에 있는 학교에서 교육실습을 실시하도록 보낸다. 학생들은 잉글랜드, 스코틀랜드, 웨일즈, 아일랜드, 바하마스, 캐나다, 호주, 뉴질랜드, 남아프리카공화국과 같은 영어사용국의 공립학교에서 실습을 할 수 있다. 학생들은 또한 실습학교의 감독관이 학생의 언어능력이 능숙하다고 판단하면 다른 국가에서도 실습을 할 수 있다. 추가로 학생들은 미국 내의 학교나 코스타리카, 에콰도르, 멕시코, 일본, 스위스, 그리스, 터키에 소재한 국제학교에서도 실습을 할 수 있다. 개별 학생의 필요조건에 따라 학생들은

6~16주를 외국에 머무를 수 있다. 그러나 학생이 실습 후 여행, 학업, 일을 하기 위하여 원하는 경우에 더 체류할 수 있다. 각 교생에게 함께 일할 담당교사와 자국 내 감독관(대학교수 및 학교 실습 담당교사)이 배정된다. 출국 전에 참가학생의 2/3 정도는 소속 대학에서 제공하는 오리엔테이션에 참석한다.

외국교육실습생은 외국교육실습 경험의 가치와 특성을 평가하기 위하여 준비된 설문지의 개방형 질문에 답하도록 한다. 설문지 질문의 예를 제시하면 다음과 같다.

- 외국교육실습 경험의 어떠한 부문이 현재까지 영향을 미치고 있습니까?
- 외국교육실습 경험을 통하여 자신에 대하여 배우게 된 것은 무엇입니까?
- 외국교육실습 경험을 통하여 타인에 대하여 배우게 된 것은 무엇입니까?
- 외국교육실습을 다녀오지 않은 학생과 비교하여 어떤 면이 다르다고 생각하십니까?
- 외국교육실습 경험의 어떠한 면을 다른 교사교육 프로그램의 학생이 배울 수 있다고 생각하십니까?

본 연구에 보고된 데이터는 외국교육실습을 마치고 귀국한 60명으로부터 수집하였다. 본 장은 초기 연구를 위해 고안한 설문지뿐만 아니라, 제한된 범위 내에서 모든 COST 프로그램에 참가하고 귀국한 학생들에게 보낸 일반 프로그램 평가서에 대한 답변도 다루고 있다. 설문지는 동시에 학생들에게 보냈지만 모든 학생들이 두 가지 설문지를 제출하지는 않았다. 추가로 10명의 학생을 대상으로 지원 에세이, 출국 전 보고서, 실습지에서의 저널(실습록) 등을 심층 분석하였다. 마지막으로 실습 2년 후 4명의 학생을 대상으로 장기연구를 실시하였다.

데이터는 정량연구에 적합한 상수비교분석을 사용하여 코드화하여 분석하였다. 본 연구는 일반적인 탐색 연구이며, 다음으로 언급되는 연구 결과는 외국교육실습에 대한 더 많은 고려와 연구를 고무하기 위한 것이다.

연구 결과

외국교육실습의 이유: 기대와 현실

학생들이 왜 외국으로 교육실습을 가려고 선택하는가? 외국의 경험이 자신의 삶에 어떠한 영향을 미칠 것으로 기대하는가? 본 연구는 해외 유학의 촉매제 역할을 하는 많은 유사한 근거(이유)를 보여주고 있다.

문화적 호기심 어떠한 학생들은 새로운 사람들을 만나고 다른 문화에 대하여 더 많은 것을 배우기를 열망한다. 이미 외국 여행을 경험한 사람은 자신의 문화 지식을 확대 심화하고자 한다. 다른 사람들은 개인적인 문화 호기심, 즉 유년시절부터 국가나 민족에 대한 민족성이나 동족관계 등에 호기심을 가지고 있다. 분명히 많은 사람들이 단순히 외국을 여행하는 것의 흥분을 기대한다.

교육적 호기심 많은 학생들이 다른 교육체제를 접하고 자신의 국가에서 사용할 수 있는 새로운 교수법을 습득하기를 바라는 욕구를 표현하였다. 외국교육실습을 통하여 자신들이 자신의 교실에서 사용할 수 있는 것을 확대할 수 있는 더 많은 기회를 갖게 된다.

구직 시장에서 가치 높이기 학생들은 졸업 후 외국에서 취직하기를 원하고, 외국교육실습이 외국에서 직업을 갖고자 할 때 유용한 경험이 될 것이라고 생각한다. 다른 학생들은 외국교육실습 경험을 함으로서 외국교육실습을 하지 않은 학생들에 비해 미국에서 구직을 할 때 자신들을 차별화하여 구직 가능성을 높이고자 한다. 일부 학생들은 언어능력을 개발하는 것을 경쟁적인 구직시장에서 자신들의 가치를 높이는 방법으로 여긴다.

도전과 모험 많은 학생들이 자신이 편안하게 여기는 한계를 벗어나고 싶은 욕구를 나타냈으며, 자신들이 이미 알고 있는 것과 다른 것을 경험하고자 하는 욕구를 추구한다. 외국에서 생활하고, 비영어권에서 생활하고 여행하는 경험을 통해서 일상을 탈피하고 새로운 것을 경험하고자 하는 성취 가능한 도전을 할 수 있다고 생각한다.

영향력 몇몇 학생들은 자신들이 이유를 정확하게 말하거나 지적하지는 않았지만 외국교육실습 경험을 통하여 크게 변화할 것이라는 생각을 가지고 있다. 학생들은 실습을 마치고 돌아오면 자신이 분명히 변해 있을 것, 특히 주위사람과의 관계에서 변화가 있을 것이라는 것에 대해 기대감과 두려움을 느낀다.

다음에서 알 수 있는 바와 같이 이와 같은 학생들의 많은 기대가 실현된다. 물론 학생들이 기대하지 않았었던 많은 일이 일어나고, 이러한 것들이 중요한 학습 경험을 제공한다.

인간관계 학생들은 국내 및 국외에서 인간관계에 대해 자신들이 발견하는 것에 대해 놀랄 것이며, 이러한 관계에 대한 인식은 긍정적인 면과 부정적인 면에서 나타난다. 많은 학생들은 홈스테이 가정에서 환대를 받는 것에 놀랄 것이다. 다른 학생들은 사람들이 반미감정을 가지고 대하는 것과 실습학교의 교사들이 기대한 것보다 호의적으로 대하지 않는 것에 당혹해할 것이다. 일부 학생들은 외국 경험을 하려고 하는 자신의 계획을 반대하거나, 가족 구성원으로부터 저항, 부정적인 언급 등과 같은 다른 장애를 견뎌내야 한다. 반면에 몇몇 학생은 가족의 지원과 친근감을 느끼기 시작하게 되었다고 말한다. 대부분의 실습 참여 학생들이 기대하지는 않았지만 귀국하였을 때 자신들의 삶과 때로는 가까운 인간관계가 변화된 것을 보고 깜짝 놀란다. 한 학생은 홈스테이 가족의 종교와 문화를 경험하고 생애 처음으로 영적인 삶을 추구하게 되었다. 그리고 몇몇 학생은 결혼까지 하게 된다.

학교 교육 학생들은 학교에서 일어나는 유사성과 차이점에 대한 다양한 반응을 경험하게 된다. 일반적으로 외국의 교사와 학생에 대한 기대감을 기술하라는 출국 전 조사 내용은 구체적이지 않기 때문에, 외국교육실습 전에 학생들이 느낀 점을 알아보기는 어렵다. 어떤 학생들은 자신들이 실습 후에 전혀 다른 수준의 학년을 가르치기를 원하게 되었다는 것을 알고 놀라게 된다. 하지만 이러한 변화는 국내에 있었어도 생길 수 있는 것이다. 다른 학생들은 학습에서 모둠 활동이나 "인간적 접촉(human touch)"의 강조와 같이 자신들이 알지도 못하고 생각하지 못했던 교수법에 매료된다. 또한 교육실습에 참가한 실습생들은 자신들이 학생들과 교감할 수 있고, 자신들의 개인 및 교사로서의 능력에 대하여 많은 것을 배울 수 있다는 것에 놀라게 된다.

기대와 현실의 대립(불안한 기대) 주제를 통하여 우리는 외국 경험에서 무엇을 배우는가에 대한 이해를 높일 수 있다. 기대와 현실에 대한 이 항목과 더불어 나머지 연구문제에 대한 대답을 통해 자신의 역할과 문화에 대한 이해뿐만 아니라, 타인의 역할과 문화에 대해 새롭게 이해하게 될 것이다. 또한 다양한 환경에서 상호작용하고 가르칠 수 있는 능력을 함양하게 된다.

자신에게 미치는 영향

연구자로서 우리는 외국교육실습 경험이 학생 개인의 발전에 어떠한 영향을 미치는지 알고 싶었다. 이 범주의 주제에는 자기효능(self-efficacy)의 함양, 타인의 입장 이해하기(being otherwise), 집단주의의 포용(embracing collectivism)이 포함된다.

자기효능의 함양 Gibson과 Dembo(1984)는 자기효능이 강한 교사는 학생들의 동기유발을 잘 시키고 칭찬을 잘하며, 탐구적인 질문을 던지고 장려하여 학생의 학습을 잘 유도할 수 있다. 새롭고 다른, 때로는 위협적인 경험에 직면해서 행동하고 선택하여야 하기 때문에 외국교육실습생은 자기 스스로에게 의존할 수밖에 없다는 것을 알게 된다. 아마 외국교육실습이 학생들이 직면하는 완전한 형태의 자립을 하는 첫 번째 경험이 될 것이다. 실습생들은 완전히 다른 문화 환경과, 때로는 다른 언어를 사용하여, 숙소를 찾고, 공과금을 납부하고, 대중교통을 이용하여야 한다. 한 학생은 "내가 110도(화씨)의 날씨에 멕시코에서 스페인어로 주요 4과목을 가르칠 수 있다면, 나는 무엇이든지 할 수 있다."라고 말하였다.

개인적인 불안에 직면하고 자신의 한계를 검증하는 단계를 거쳐서 학생들은 기회와 권한을 가질 수 있는 여건을 마련하게 된다. 그러한 여건에서 학생들은 적응력, 인내심, 정신력, 도전심이 향상될 뿐만 아니라 자신감과 자존감이 늘어난다고 보고한다. 한 학생은 "나는 내 자신이 생각했던 것보다 더 독립적이고 자립적이다. 나는 전에는 한 번도 그러지 않았지만 이제는 생활에서 위험을 무릅쓰고 일을 하게 되었다."라고 말한다. 다른 학생은 "나는 다양한 상황에서 감정적으로 대처할 수 있다는 점에서 경험이 풍부하게 되었다."라고 말한다. Mahan과 Stachowski(1990)는 비슷한 결과를 보고하고 있다. 새롭고 다른 환경에서 생활하고, 새로운 인간관계를 형성하고 다른 교육철학을 경험함으로써 교생들은 자신감과 성취감을 얻게 된다.

실습을 마친 한 학생은 자신의 도전심이 향상된 것에 대하여 다음과 같이 말하고 있다. "실습 경험이 나를 더 독립적으로 만들었으며, 지금은 무엇이든지 할 수 있다고 생각한다. 또한 나는 무슨 난관이든지 극복할 수 있다는 것을 알고 있다." 자립심에 대한 이 학생의 언급은 외국 경험의 가장 중요한 한 면을 보여주는 것이다. 교실에서 교생들은 현지 국가의 교생들과 같은 지원체제를 가지고 있는 것처럼 보인다. 그러나 종이 울리고 하루 일과를 마치면, 실습생은 홀로 남겨지고 자신의 능력을 믿고 의지할 수밖에 없게 된다. 이러한 경험은 교실에서 다른 교사의 도움 없이 학급 관리, 지도, 의사소통과 같은 문제를 해결해야 하는 초임 교사의 경험과 많은 면에서 유사하다.

타인의 입장 이해하기 앞서 언급한 바와 같이 개인의 존재와 능력에 대한 인식이 점차 증가하는 것은 학생들에게는 새로운 경험이다. 몇몇 학생들은 실습동안에 "다른 사람의 입장이 되어 보기"를 인식하게 되고, 결과적으로 다른 사람이 되어 보는 실험을 통하여 다른 사람들과 상호작용을 하는 데 직접적으로 영향을 받게 된다. "혼자 생활하기를 즐기는 사람"이라고 생각하는 학생은 다른 사람과 함께 일하는 것과 새로운 사람들을 만나는 것의 가치를 배우기 시작한다. 반면에 "사교적인 사람들"은 느림, 한 발짝 물러서서 바라보는 것, 혼자 있는 것의 가치를 인식하기 시작한다. 한 학생은 이전에는 회피할 수 있었던 갈등에 연루된 경험에 대하여 다음과 같이 회고한다.

> 당신이 명랑하고 착한 사람일지라도, 때로는 당신의 신경을 건드리지만 마주쳐야만 하는 사람을 만나게 된다. 그냥 무시하고 지나칠 수는 없다. 모국에서는 내가 만나고 싶지 않은 사람은 그냥 지나칠 수 있다. 그러나 외국교육실습 동안에는 나는 그러한 사람과 꼼짝없이 묶여있어 같이 생활할 수밖에 방법이 없다. 그러는 중에 나는 그 사람에게 내가 그 사람에 대해서 어떻게 느끼고 있는지 이야기를 해야 하거나 나 자신의 입장을 그 사람에게 설명하여야 한다.

다른 학생은 자신의 행동과 생각을 상황에 맞게 적응해 가는 것이 가능하다는 것을 알게 되었다. "나는 내 인생에서 많은 사람들과의 관계를 멀리했다. 이번 실습을 통해 모든 우정이 반드시 정신적인 교감을 바탕으로 할 필요가 없다는 것을 배웠다. 나는 어떤 사람의 여행 일정만을 듣고도 많은 것을 배울 수 있다. 모든 사람은 이야깃거리를 가지고 있다. … 많은 사람들을 다양한 수준으로 안다는 것은 경험을 넓혀주는 것이라는 것도 알게 되었다."

차후에 언급될 한 학생이 실습기간 중 두 명의 교사를 만난 후 다음과 같이 기술하고 있다.

> 나는 이번 여행 경험이 단독 모험이 될 것이라고 기대했지만, 여행의 동반자를 만나게 되었다. 나는 이것이 좋은 일이라고 생각한다. 물론 나는 내가 좋아하는 명상적인 관점에서 사물을 음미하지는 않게 되었지만, 한 사람의 관점보다는 세 사람의 관점에서 바라보는 경험을 하게 되었다. 또한 이미 언급한 바와 같이 나는 우연한 만남과 우정의 큰 즐거움을 발견하기 시작했다. … 여러분의 일부분을 가능한 한 많은 사람들과 나누지 않나요? … 다른 사람과의 만남을 통해서 새로운 것을 배울 수 있고, 자신이 가지고 있는지조차 알지 못한 좋거나 나쁜 자신의 성격을 알게 된다. 이러한 점은 아주 흥미로운 것이다. 나는 이번 여행을 통해 교사에 대해 많은 것을 배우기는 했지만, 아주 다른 방법으로 사람들을 이해하고 관계를 맺는 것을 배운 것이 이번 여행에서 배운 최대의 교훈이다.

다른 학생들은 자신이 누구이며 무엇에 가치를 두는지에 대하여 많은 것을 심도 있게 배우게 되었다는 사실에 대해 말한다. 남아프리카공화국에서 실습하면서 처음으로 가정부의 도움을 받은 학생은 다음과 같이 언급한다. "내가 집에서 하는 작은 일과 내가 내 주위에 만드는 물리적인 환경이 바로 나의 큰 부분이라는 것을 알게 되었다. 이러한 것이 없다면 나는 어찌할 바를 모를 것 같다." 나아가서 이 학생은 이러한 경험은 긍정적인 것이지만 자신이 이전에 집에 대해 느끼지 못한 친근감을 느끼게 되었음을 인정하게 되었다고 다음과 같이 말한다. "나는 나 자신이 가정에 애착심을 많이 가지고 있는 것을 알게 되었기 때문에, 앞으로 다시 장기간에 걸쳐 이러한 경험을 할 수 있을지 확신이 없다."

집단주의 이해하기 학생들의 의견은 집단이 개인 경험의 질을 변화할 수 있다는 것을 인식하면서 점차 개인주의에서 집단주의로 이동하고 있는 것을 보여준다. 외국교육실습 전후 및 실습기간 동안에 학생들의 의견에서 다른 사람에 대한 의존의 개념이 자주 등장하는 주제가 되었다. 출국 전 설문조사에서 지원에 대한 의견을 쓰라는 질문에 학생들의 답변은 두 범주의 기대, 즉 실습학교와 가정에서의 적극적인 기대와 강한 외로움에 대한 두려움으로 나누어진다. 현지 실습국가에서 작성한 저널에도 지원에 대한 반응을 기술하고 있다. 한 학생은 외로운 감정을 다음과 같이 나타내고 있다.

> 나의 이러한 경험을 공유할 사람이 있었으면 좋겠다. 나는 무엇이 "실현되기" 위해서는 나와 같은 생각을 하고 있는 사람과 대화를 통해서 이야기를 해야 한다는 결론에 도달했다. … 나는 이 경험을 완전하게 만들기 위해서는 같이 생각을 나눌 사람이 필요하다. 나의 생활을 공유하고자 하는 욕구는 내 인생에서 공동체 의식의 필요성을 분명히 보여 주었다.

그러나 다른 학생들은 자신의 인생에서 의지할 수 있는 많은 사람들과 지원을 인식하게 되었다. 이러한 것은 대부분 전자우편(이메일)을 통해서 이루어졌다. 한 학생은 "이메일은 모든 사람과의 연락을 쉽게 해주었다"라고 썼다. 많은 학생들이 자신들이 가족과 관계가 더욱 돈독해졌다고 보고했다. 예를 들어 다음과 같이 쓴 학생이 있다. "나는 부모님이 얼마나 훌륭한가를 알게 되었다" "나는 나를 걱정하는 고국 사람들로부터 지원을 받을 수 있다. 교수님, 가족, 친구로부터 지원을 받을 수 있기 때문에 나는 지구의 반대편에 있어도 외롭지 않다."

학습도구로서 지원 네트워트의 가치가 부각되었다. 특히 외국교육실습 2년 후 장기연구 대상자로 참여한 4명의 학생에게서 이러한 것을 볼 수 있다. 4명의 학생들은 함께 출국 전 오리엔테이션을 받았지만 각각 다른 지역으로 실습을 떠났다. 학생들은 실습학교와 대학 책임교수와의 연락을 제외하고는 다른 사람들과 연락을 취할 사전 준비를 하지 않았다. 이메일을 통해서 지원 네트워크를 만들었으며, 이에 대해 자신들도 놀라면서 다음과 같이 언급하고 있다.

> 만약 내가 처음 실습을 시작할 때 이 분들과 실습이 끝난 후에 연락을 하고 있을 것이라고 생각했느냐고 묻는다면, 나는 아마 '아니요' 라고 말했을 것이다. 나는 빨리 친구를 사귀는 사람이 아니기 때문에, 몇 번의 회동 후에 그들에 대해서 편안하게 느끼는 것에 대해 나 자신도 놀랐다. 시간이 지나고 각자 COST 프로그램을 마치고 각자의 길로 헤어졌을 때, 우리들이 계속해서 서로 연락을 하고 있다는 것에 놀랐다. 우리 모두에 대한 나 자신의 정이 돈독해졌다. 나는 아직도 이 분들과 연락을 하고, 친구로 지내고, 의지하게 될 줄 몰랐다. 나는 우리들이 아주 특별한 것을 공유하고 있고, 우리들 스스로가 특별하기 때문에 인생에서 계속해서 연락을 하면서 살기를 원한다.

같은 그룹의 다른 학생은 이메일 지원 네트워크가 자신이 어려움에 처했을 때 실습을 계속할 수 있게 해주었다고 말한다. "나는 내 인생에서 어느 것도 중도에 포기하지 않았기 때문에 실습을 중도에 포기하는 것은 나에게는 아주 큰일이었다. … 동료 여학생들이 적극적으로 지원을 해주고 나 자신이 겪고 있는 어려움을 알고 있었다. 따라서 나는 오늘에 와서 후회할 결정을 내리지 않았다." 다른 학생은 자신이 속한 그룹 구성원뿐만 아니라 비슷한 경험을 공유하는 다른 사람들도 지원을 아끼지 않았다고 기록하고 있다.

> 이야기할 것이 많다. 특히 여러 지역에서 각자 실습을 하고 있었지만 비슷한 경험에 대하여 할 말이 많다. … 실습에 참여한 모든 사람들은 나 자신과 유사한 경험을 하고 있다. 서로에게 많은 개인적인 문제와 교직관련 전문적인 문제에 대하여 조언을 하였다. 나는 이 사람들에게 좋은 문제뿐만 아니라 나쁜 문제에 대하여 나 자신의 감정을 표출할

수 있다는 것과, 그들은 신속하고 정직하게 응답을 한다는 사실을 믿고 있었다.

문화적 영향

어려운 "진실"에 직면: 자신과 타인에 대한 도전적인 아이디어 자신에 대한 앞선 논의는 외국교육실습에서 얻을 수 있는 학습의 다른 범주와 연관되어 있다. 학생들이 전문적으로나 문화적으로 배우는 것을 분석해보면, 학생들은 세계와 세계인에 대한 자신의 신념에 대해 이의를 제기하고, 감정이입(empathy)과 신뢰를 신장시키기 시작한다. 한 학생은 "나는 다른 사람들이 어떻게 그러한 생각을 하게 되었는지를 이해하려고 노력하는 것의 중요성을 배웠다."라고 보고하고 있다. 많은 학생들의 언급이 다른 사람을 신뢰하는 것과 관련되어 있다. 다음과 같은 언급에 나타나 있다. "나는 사람들을 덜 의심하는 것을 배우게 되었으며, 대부분의 경우에 사람들은 좋다." "나는 사람들이 내가 생각했던 것보다 더 도움을 주고 친절하다는 것을 알게 되었다." 다른 학생은 언어 구사력이 부족한 것을 통해서 다른 사람의 입장을 이해하게 되었다. "나는 내 자신이 바보처럼 들리는 두려움을 극복해야만 했다. 왜냐하면 그 방법이 언어를 말할 수 있는 유일한 길이기 때문이다. 나는 이제 적어도 미국에 와서 영어를 배워야 하는 사람들을 이해할 수 있게 되었다." 나이가 들면 언어를 배우기가 점차 어려워지고, 자신이 말하고자 하는 것에 대해 의사소통을 할 수 없으면 낙담하거나 두려움을 갖게 된다.

국제적 마인드 문화적인 민감성이 향상되는 다른 면은 자신의 문화에 대하여 배우게 된다는 점이다. 일단 미국을 떠나면, 자신들이 떠나온 미국에 대해 곰곰이 생각할 수 있게 되고 다른 관점에서 미국을 고찰하게 된다. 때로는 이러한 고찰이 밝지만은 않다. 한 학생은 다음과 같이 언급하였다. "나는 다른 문화들이 미국만큼 공개적으로 인종차별적이지 않고, 다른 문화가 아프리카계 미국인에 대해 더 개방적이라는 것을 알게 되었다. 나는 미국에서보다 유럽에서 아프리카계 미국인으로 환대를 받았다고 느꼈다." Hanvey(1982)는 이러한 현상을 '관점의 자각', 즉 자신의 견해, 믿음, 경험이 일반적으로 공유되지 않는다는 것을 이해하는 능력이라고 설명했다. 한 학생은 이러한 점을 다음과 같이 명료하게 언급하고 있다.

> 나는 나 자신의 문화적인 신념을 평가하여야 하는 위치에 서게 되었다. 이번 여행 전에는 나 자신의 문화 이외의 문화에 대해 전혀 알지 못했다. 왜 우리 문화에서는 할로윈, 즉 악령의 축제를 즐기는가? 다른 국가의 많은 사람들이 미국인들은 총을 가지고 돌아다닌다고 생각할까? 이러한 질문에 대하여 나는 대답을 해야만 했다.

외국교육실습생들은 자신들이 실습국가를 바라보는 견해와 미국과의 관계에 대해서 관점의 자각과 다양성에 대한 자신들의 믿음에서 변화를 보이기 시작했다. 한 학생은 "나는 세계적인 사건에 대해 더 많이 알게 되었고 덜 자기중심적으로 변했다. 나는 미국이 모든 사람의 생각이나 행동에서 중심이 아니라는 것을 알게 되었다."라고 설명하고 있다. 다른 학생은 "미국인은 호주에 대해서 너무 알지 못하며, 이것에 대해 슬프게 생각한다. 호주인은 미국에서 일어나는 일에 대해 아주 많이 알고 있다."라고 언급하고 있다.

나아가서 교육실습이 개인에게 미친 영향으로 인하여, 실습생들은 다른 사람에 대한 고정관념에 의문을 갖게 되고, 이전에는 자신의 문화에서 깊이 생각하지 않았던 면에 대하여 의아심을 갖게 된다. Lambert(1989, 26)는 "유학은 전 세계에 걸쳐 사람들의 행동을 지배하는 다양한 관점을 학생들이 감정을 이입하여 이해하고 평가하도록 한다." 다른 사람의 입장에서 생각하는 이러한 능력은 다른 사람의 행동에 대해 동등한 혹은 유사한 판단을 하는 것을 가능케 한다. 이러한 능력은 효과적인 타 문화 이해를 증진하고 양질의 의사소통을 유지하도록 해준다(Cushner and Brislin,

1996). Bennett(1998)는 관점을 바꾸는 능력은 효과적인 문화 간 의사소통의 필수 요소인 감정이입 능력의 개발에서 매우 중요하다고 하였다.

문화 경험의 다양한 이야기

우리 연구에 따르면 다른 문화에 대한 학습이 반드시 긍정적인 것만은 아니다. 어떤 학생들은 교실에서 발생한 일을 보고 충격을 받았다. 한 학생은 다음과 같이 기술하고 있다. "나는 교사가 학교에서 학생들에게 소리를 지르고, 심지어 때리는 것을 보고 아주 실망했다. 하루 일과는 전혀 준비하지 않고 교사는 교실 뒤편에 앉아서 가르쳤다. 학생들이 사랑이 가득하고, 보살펴주는, 즐거운 교육을 받지 못하고 있는 것을 바라보면서 나는 상심했다. 나는 그러한 바람직한 교육을 제공하는 것이 나의 몫이라고 생각한다."

이러한 부정적인 반응(의견)은 다음과 같은 두 부분에서 문제를 제기한다. 즉 경험이 부정적일 때 실습생이 탓하게 되는 것의 본질과 실습생이 경험에서 주의를 기울이는 문화의 미묘한 차이의 정도이다.

부정적인 탓(전가) 문제의 원인에 대해서 학생들이 자신이 부정적으로 평가하는 것을 실습국가의 문화, 교육제도, 혹은 단순히 관련 교육자의 성격 탓으로 생각할지는 분명하지 않다. 한 학생은 감독의 차이점에 대해 심각한 당혹감을 느꼈다면서 다음과 같이 언급하고 있다.

> 나의 실습 담당교사와 다른 감독자들은 미국의 교육제도에 대해 상당히 알지 못하고 비판적이었다. 그들은 교실 경험이 전혀 없는 교육실습생을 대하는 방법을 전혀 알지 못했다. … 나의 이력서에 나의 경력에 대해 분명히 기술되어 있으나 그들은 그것을 전혀 주의 깊게 보지도 않았다. … 나의 감독자들은 자신들의 평가 척도를 재평가하기보다는 나의 대학교가 실습생을 제대로 준비시키지 못한 점에 더 초점을

> 맞추고 있었다. … 나는 [실습생을 감독하는 현지 대학교의 이름]은 미국 외국교육실습생을 감독하는 업무를 하지 말아야 한다고 덧붙이고 싶다.

또 다른 예로 한 학생은 실습담당 대학교수가 실습생이 이전에 배운 교육 원리에 대한 지식이 부족한 점을 개탄하고 있다.

> 나는 학생이 어떻게 교사가 되도록 준비되는지에 대해 더 많은 기본적인 지식을 가지고 있다. … 나는 차이점에 놀랄 뿐이다. … 만약 내가 사랑과 논리의 원칙에 대해 설명할 때 이곳의 미래 교사들의 얼굴 표정을 보았다면 당신은 아마 기절해서 졸도했을 것이다. 그들은 어린이들이 모두 버릇이 없기 때문에 사랑이나 논리와 같은 것들은 교육에 도움이 될 것이라고 믿지 않는다.

나아가서 위와 같이 언급한 학생은 자신이 소개한 다른 교수법에 대해 실습담당 교사와 나눈 대화에 대해 다음과 같이 기술하고 있다. "나는 작은 장난감(fiddle toy)을 이용하는 아이디어를 종종 설명하였지만, 그 아이디어는 이곳에서는 제대로 받아들여지지 않는다. "아이들이 손을 무릎에 놓고 교사를 100% 바라보지 않는다면 그들은 배우는 것이 불가능하다. 그러한 아이디어는 우리 아이들에게는 적합하지 않다." 담당교사가 이렇게 말을 하였는데도 나는 좀 더 활발한 학생들과 수업을 할 때 몇 가지 장난감을 이용하였다.(제가 몰래 했지요!)"

그럼에도 불구하고 이 학생은 자신이 배운 것이 있다고 나중에 다시 아래와 같이 언급하고 있다.

> 그 교사는 교실 밖에서는 아주 친절했다. 그러나 오늘 비로소 많은 교사들이 자신에게 거리감을 두는 이유를 이해할 수 있게 되었다. 나는 그 선생님의 학생들이 자신이 내준 과제물을 아주 잘 써 냈다고 말을 하였다. 나는 학생들이 매우 열심히 공부하는 것에 대해 아주 만족하

> 였다. 그리고 그 교사는 "당신이 그런 말을 하는 게 나를 놀라게 한다! 우리 멕시코인은 당신과 같은 많은 사람들이 생각하는 것처럼 그렇게 형편없지는 않다."라고 말하였다. 바로 그때 나는 내가 무엇에 직면해 있는지를 알게 되었다. 그들은 내가 그 사람들보다 더 낫다는 것을 보여주기 위해 여기에 있다고 생각한다. … 그래서 나는 그 교사에게 내가 얼마나 배우기를 열망하고 우리가 서로에게서 얼마나 많은 것을 배울 수 있는가를 알려주는 것을 나의 목표로 삼았다.

이 학생이 다른 관점에서 경험을 고찰하는 것을 보는 것은 아주 고무적인 일이다. 그러나 이러한 경험이 실습국가의 문화에 대한 그 학생의 전반적인 태도에는 어떠한 영향을 미쳤는지 분명하지 않다.

문화의 미묘한 차이: 문화차의 극소화? 몇몇 답변을 보면 그들이 문화의 미묘한 차이를 간파하거나 구별하는 능력이 부족함을 알 수 있다. 많은 학생들은 전 세계의 아이들은 다 똑같다는 것을 알게 되었다고 보고한다. 한 학생은 "십대들은 다 십대들이다. 대부분이 폴리네시아인인 나의 학생들은 아주 사랑스럽고 인정이 넘치는 아이들이라는 알게 되었다."라고 언급하였다. Bennett(1993)는 이러한 인식은 문화의 차이를 극소화하는 단계이며, 이는 문화에 대한 자민족중심의 이해를 반영하는 것이라고 말한다. Bennett의 타 문화 민감성 발달 모델(Developmental Model of Intercultural Sensitivity)에서 문화 차이의 부정이나 방어와 함께 극소화는 문화의 자민족중심적 해석이다. 극소화는 다른 문화의 타당성을 인정하는 능력을 상징하는 타 문화를 통한 자국 문화 이해 단계인 수용의 바로 전 단계인 가장 상위의 자민족중심 단계이다. 한 학생은 "호주 문화와 다른 문화를 공부하기 위하여 자신의 외국교육실습 경험을 사용할 것이다. 또한 사람들은 문화의 차이에도 불구하고 같다는 점을 강조하는 데 이 경험을 이용할 것이다."라고 언급하였다.

어떠한 경우에 이러한 뉘앙스는 미국과 외국교육실습 환경 간의 유사성에 대한 학생의 평가와 연관되어 있다. 교사와 행정직원 간의 차이를 확연히 보여주는 전문능력 개발의 날 행사를 참관하고 한 학생은 "이러한 거리감은 내가 미국에서 다닌 모든 학교에서 실제로 목격한 것이다. 다른 국가에서 똑같은 문제를 보는 것은 아주 놀라운 일이다."라고 언급하였다. 에콰도르에서 실습한 한 학 생은 "나의 외국교육실습은 미국에서의 경험과 거의 같았다. 내가 배운 바는 목표가 학교의 분위기와 성공에 아주 중요하다는 것이다. 하지만 이러한 것은 어느 곳에서나 배울 수 있는 것이다." 라고 말하였다. 그리고 남아프리카공화국에서 실습에 참가한 다른 학생은 "어느 대륙에서나 아이들을 가르치는 것은 같다. 물론 약간의 차이는 있지만, 전반적인 면에서는 미국에서나 남아프리카공화국에서나 아이들에게 같은 것을 적용하게 된다. 어디나 아이들은 똑같다."라고 설명하였다.

마지막으로 미묘한 차이를 인식하지 못하는 것은 학생들이 진정한 차이점을 경험하지 못하였다는 학생들의 초기 진술과 연관되어 있다. 그러나 차후에 학생들의 반응은 이전과는 다르게 나타난다. 예를 들면, 교육실습 경험 후에 자신의 철학에 변화가 있었는가에 대한 질문에 참가자는 "나는 교육을 통해서 학생들의 문화적인 인식을 높이기를 원한다는 사실 이외에는 별다른 변화가 없다."라고 답한다. 미국에서 실습한 교생과 외국교육실습에 참가한 교생 간의 차이를 발견한 한 교생은 "내가 호주에 대해서 더 알고 있다는 것 이외에 자신이 다르다는 것을 믿을 필요가 없다. 아마 다른 교생은 유럽에 대해서 더 많은 것을 알고 있을지도 모른다. 따라서 이러한 차이는 큰 문제가 아니라고 생각한다."라고 말하였다. 최소화하려는 경향을 보이는 설문 응답수는 외국교육실습생과 함께 일하는 개개인에게 의문을 제기하게 된다. 타 문화 민감성의 발달에 대한 추가 연구가 필요하다.

교사 전문성에 미치는 영향

외국교육실습 경험이 교수활동으로 전이

학생들은 문화의 차이에 대해 배운 것을 교육관이나 자신들의 교실로 전이할 수 있다는 것을 알게 되었다. 학생들의 응답을 살펴보면 인지능력의 정교화와 융통성이 증가하였다. Bennett(1933)는 이와 같은 것은 문화 민감성의 향상에 중요하다고 말하였다. 한 학생은 "사람의 교육 철학은 지속적으로 변화하고 성장한다고 생각한다. 내가 지금은 나의 교육철학의 변화를 보지 못하지만, 몇 년이 지난 후에 나타날 수도 있다. 나는 이제 과정과 내용 간의 균형을 볼 수 있게 되었다."라고 언급하였다.

어떤 교생은 학생들의 차이에 따라 자신의 교수방법을 맞추고 융통성을 보이는 능력이 향상되었다고 보고한다. 한 학생은 자기 자신을 '지식 제공자' 보다는 촉진자로 생각하게 되었다고 인정하면서 다음과 같이 말하였다. "실습학교에서의 시간을 통해 자신이 가르치는 어린이의 필요에 중점을 두어야 되는 것을 배우게 되었다. 적합한 교수 수준과 필요를 추정하는 것은 가능하지 않다. 이러한 외국교육실습 경험 덕택에 나는 내가 가르치는 어린이에게 접근하는 방법에 대해 더욱 심도 있게 생각하게 될 것이다."

다른 교생은 한 학생이 전교 웅변대회에서 우승하도록 도와준 경험을 자세히 말하였다. "내가 맡은 학급에 항상 잘못을 저질러서 주의를 끄는 말썽꾸러기가 있었다. 그는 나의 ESL 반에 있는 학생이었다. … 나는 학급의 말썽꾸러기도 격려를 받을 필요가 있는 재능을 가지고 있다는 것을 알게 되었다."

언어와 문화 차이

앞선 예에서 살펴본 바와 같이, 실습을 마치고 귀국한 학생들은 제2언어

학습자를 가르치는 능력이 향상되었다고 말하였다. 실제로 영어 사용 국가 및 비영어 사용 국가에 배치된 교생들은 언어학습에 대하여 새로운 이해를 하게 되었다고 보고한다. 교육 매개어로 영어를 사용하는 스위스의 국제교실에 배치된 한 학생은 모국어의 차이가 교실에 많은 영향을 미친다는 점을 보고 아주 놀랐다고 보고하였다.

> 나는 학생들이 이해한 것을 결코 당연시할 수 없다는 것을 배웠다. 내가 학생들에게 질문을 하였을 때 95% 경우에 학생들이 분명히 이해하지 못하고 있는데도 자신들은 이해하고 있다고 말할 것이다. 따라서 질문을 유도하는 것이 현재의 학업에 지장을 초래할지라도 학생들에게 질문을 이끌어 내려고 노력하는 것이 매우 중요하게 되었다. 결국 학생들이 이해하지 못한다면, 그게 무슨 수업인가? 일반적으로 말해 우리 모두가 같은 언어를 사용한다 할지라도, 언어에는 아주 많은 미묘한 차이가 있어서 각각의 학급에서 학생들이 배우는 데 중요한 영향을 미친다.

스페인어 모국어 화자가 아니지만 실습학교에서 교생의 스페인어 실력이 좋은 것으로 생각되어 멕시코 공립학교에 배치된 다른 교생은 자신의 교생 경험이 미국에서 자신의 능력에 영향을 미쳤음을 증명하고 있다.

> 나는 이제 나의 학생들의 학업 이력을 알 수 있다. 나는 멕시코의 공립학교에서 온 많은 학생들을 가르친다. 나는 멕시코의 교육과정을 알고 있기 때문에 미국으로 옮겨온 학생과 가족들이 미국의 학교에 적응하도록 도와줄 수 있다. 그리고 나는 학생들이 멕시코 학교에서 가지고 온 점수나 학점 수준을 교직원이 해석(이해)하도록 도와준다.

한 학생은 실습 후에 다문화 교육에 더 동조하면서 다음과 같이 말했다. "나에게 일어난 가장 큰 변화는 나의 세계관이 더 다문화적으로 되었다는 것이다. 나는 다문화 교육은 매일 이루어진다고 믿는다. 따라서 교사는 간헐적으로 노력하기보다는 다문화적 세계관이 교사들이 가져야 할 사고방식이다. 나의 이러한 이해는 바로 외국교육실습을 통해서 얻게 된 것이다."

그리고 다른 학생은 실습이 자신의 교수법에 미친 영향에 대해 다음과 같이 언급하였다.

> 나는 개별 학생의 필요에 맞추기 위해 학업 수준을 변경해야 했다. 나는 자주 수업을 중지하고 사람들이 문제를 해결하기 위해 사용한 다른 전략을 논의하였다. 다른 사람들의 아이디어를 조명해 봄으로써 단 하나의 정답과 오답이 있는 것이 아니라는 것을 이해하게 된다. 다른 국가에서 온 몇몇 학생들은 다른 학생들이 알지 못하는 전략을 사용한다.

이러한 관찰은 국제교육자(global educators)들이 주장하는 바와 일치한다. Merryfield는 많은 교육자들이 전 세계, 한 국가, 지역사회에 존재하는 다양한 실제 사이에는 유사점이 있다고 제안하였다.

> 이러한 인식을 통해서 많은 사람들이 지구촌의 다양성 및 공평과 연관시키기 위해 국내의 다양성과 공평에 관심을 갖게 되었다. 또한 세계적 관점이 다문화 교육에 영향을 미칠 수 있다는 것에 흥미를 갖게 된다. 권력, 차별, 정체성의 지역 및 세계의 교차점(교점)의 상호연관성을 인식함으로써, 다른 사람들은 국제 및 지역에서의 결과를 추구하기 위하여 국내의 다양성에 주위를 돌리게 되었다. (2001, 6)

다른 학생들은 자신들의 COST 경험이 도시환경에서 새로운 직업을 얻는 것을 가능하게 하였다고 보고하였다. 예를 들어 한 학생은 중서부의 도시지역에서 직장을 구했다.

> COST의 경험이 없었다면 직업적으로 현재 내가 있는 위치에 결코 도

> 달할 수 없었다. 실습을 마치고 귀국 후 6개월 만에 나는 [도시이름]공립학교에서 힘겹게 가르치게 되었다. 내가 가르치는 학생들은 영어를 사용하고 있었지만, 아주 다른 영어였다. 나는 멕시코로부터의 모든 술책을 이용하여야만 했다(스페인어를 전혀 모르면서). 이것은 멕시코에서 있는 것과 별반 차이가 없었다. 즉 멕시코 문화든 아프리카계 미국문화든지 간에 내가 전혀 알지 못하는 아주 다른 문화였다. UP의 작은 도시로부터 와서 내가 전혀 경험이 없는 새로운 세계에 던져졌기 때문에 모든 것이 새롭고 달랐다. 멕시코시티에서 생활한 후에 다시 대도시에 홀로 떨어지는 것은 충격이 아니었다. 나는 COST의 경험 덕택으로 대도시로 이사 온 후에 개인으로뿐만 아니라 직업인 교사로서 살아남을 수 있었다. COST 경험이 없었다면 나는 [도시]에서 나의 교사의 첫 번째 해를 버티어 낼 수 없었을 것이다. 물론 어떻게 할 줄도 몰랐을 것이다. COST는 나의 지식과 기술을 검증하고 재검증할 수 있게 안전하게 지원해주는 환경을 제공해주었다. … COST의 경험이 아주 중요하였다.

매개 역할

많은 학생들이 자신이 외국 실습국가에서뿐만 아니라 귀국 후에 접촉한 사람들에게 영향을 미친 것 같다고 생각하는 예를 보고하였다. 몇몇 학생은 외국의 교사가 미국의 교수법에 관심을 가지고 있고, 연구 문헌에 대하여 질문을 해서 진정으로 놀랐다고 말하였다. 다른 실습담당 교사는 자신의 학생들의 행동에 대해 변명조로(미안해하면서) "미국 학생들은 이보다는 더 잘 행동하지요."라고 말했다. 이러한 비평은 학생의 차이에 대한 대화로 이어졌다.

한 교생은 "나는 문화교류를 통해서 학생들의 마음을 얻을 수 있게 되었다. 우리는 고정관념을 옆으로 제쳐놓고 서로를 배우고 이해하기 시작했다."라고 덧붙였다.

다른 한 학생은 귀국 후에 자신의 호주 경험을 이용해서 학생들의 흥미를 이끌어 냈다고 다음과 같이 언급하였다.

> 나는 호주의 역사와 생태계에 대해 많은 것을 배웠다. 그리고 나는 내가 배운 것을 현재 생물학을 가르치는 데 적용하고 있다. 고무나무와 코알라를 이용해서 생태학을 배우는 것을 누가 좋아하지 않을까요? 나는 많은 학생들이 호주에 대해 흥미를 가지고 있기 때문에 가르칠 때 호주의 예를 많이 이용한다. 또한 학생들이 외국에 가는 것에 흥미를 갖도록 나 자신의 외국 여행에 대해 이야기해 준다.

이 교사와 다른 교사는 사람들이 유학을 가도록 고무시키기 위해 자신들의 경험을 이용하였다. 많은 응답자들이 현재 교사교육을 받고 있는 학생들에게 자신들의 경험을 말하고 싶어 하는 욕구를 논의하면서 다음과 같이 말하였다. "나는 변화를 두려워하지 않는 누구에게나 이 경험을 추천한다. … 사람들이 내가 뉴질랜드에서 생활하였다는 것을 듣고 감명을 받는다. 그들은 많은 질문을 하고, 나는 내 경험을 이야기하는 것을 즐긴다." 그리고 적어도 한 경우에 한 교생은 자신의 경험을 다른 직종으로 옮겨가는 데 이용하였다.

> 나의 외국 경험이 아직도 나의 일상생활과 결정을 내릴 때 영향을 미치고 있다. 나는 내가 집으로 돌아왔을 때 실습 경험에 사로잡혀 있다가, "다시는 교사가 되지 말아야지 하고 생각하는 단계" 동안에는 별로 신경을 쓰지 않았다고 말해야 할 것 같다. 그리고 현재는 내가 배운 모든 것을 교실이 아닌 다른 환경에 적용할 준비를 하고 있기 때문에 실습 경험을 많이 생각하고 있다. … 나는 전통적인 교실에서 교사로는 적합하지 않았지만, 내가 새로운 방법으로 어린이들의 삶에서 중요

한 역할을 할 수 있는 비영리/정부 단체에서 일하고자 하는 나의 열정을 발견하게 되었다.

마지막으로, 이 학생과 많은 다른 학생들은 자신들이 실습을 한 곳의 사람들과 계속해서 연락을 하고 있다고 보고했다. 실습 참가자들은 자신들이 실습 동안에 만난 사람들과 접촉을 하는 많은 방법을 말하였다. 즉 실습학교의 재방문, 교실에서 펜팔 교환, 외국에서 방문객 맞이하기, 학생 및 가족의 외국 방문, 실습담당교사 및 다른 교사와 함께 여행하기 등과 같이 다양한 방법으로 만남을 계속하고 있다. 소수의 사람은 결혼을 해서 이제는 배우자의 가족을 만나기 위해 여행을 간다.

데이터 분석을 통해 우리가 배운 또 다른 것

앞서 제시한 범주에는 확실한 유형이 존재하지만, 몇몇 학생의 응답은 더 심도 있는 사고를 요하는 영역이 될 수 있는 것을 보여주고 있다. 여기에는 내용과 상황의 관계, 지원제도에 대한 부정적인 평가 등이 포함된다.

상황과 내용

학생들은 외국으로 출국하기 전이나 귀국한 후에 자신들이 가르치기 위해 공부한(전공한) 내용과 자신들이 가르치는 장소 사이에 연관을 짓지 않는 것 같다. 두 명의 중등 영어 교생은 자신들은 특정한 문학을 공부할 기회가 있었다고 말했으며, 다른 두 명은 뉴질랜드를 다녀온 후에 총체적 언어 개념을 더 잘 이해하게 되었다고 말했다. 그러나 이 학생들은 아주 예외적이다. 한 학생은 자신의 긍정적인 경험을 이야기하면서 자신은 초등학교 교사이기 때문에 호주에 대하여 하나의 단원도 실제적으로 가르치지 않았다고 말했다. Merryfield(2000)는 미국 교사교육 교육과정에 국제적인 관점이 부족하다고 종종 비판한다.

부정적 응답

대부분 교생의 응답은 긍정적이다. 자신들의 기대 혹은 그 이상이기 때문에 학생들은 외국교육실습 경험을 일생을 통해 간직할 것이라고 종종 말한다. 부정적인 응답의 경우에는 두 영역, 즉 숙소와 지원에 관한 것이다. 숙소와 관련한 대부분의 부정적 응답은 홈스테이와 관련되어 있다(몇몇 경우에는 아파트나 공동숙소에 관한 것이다). 학생들의 응답은 양 극단이다. 즉 자신들이 아주 질식할 정도로 억압되거나 방치되었다고 느낀 것이다. 홈스테이에 대해서는 더 많은 연구가 필요하다. 그러나 이러한 부정적인 반응은 출국 전에 학생과 홈스테이 가족의 선호나 기대를 분명히 인식시키기 위해 시간과 에너지를 투자할 필요가 있음을 강조해서 보여준다. 또한 홈스테이 영역이 교육실습의 다른 영역에 어떠한 영향을 미치는지 알아보기 위한 연구가 필요하다.

부정적 응답의 두 번째 영역은 지원과 관련된 것이다. 이 영역에는 실습학교, 실습생들의 대학교, 실습학교 직원의 친절성 등이 포함된다. 몇몇 학생들은 자신들의 현지 감독관이 자주 방문하지 않았고, 다른 업무로 바쁘기 때문에 효과적이지 못했다고 느꼈다. 미국 실습학교에서도 현장감독에서 문제가 발생하는 것과 같이 외국 환경도 다르지는 않았다. 그러나 지리적인 거리 때문에 문제에 대한 신속한 대처에 있어서는 미국의 프로그램 담당자보다 훨씬 어려울 수밖에 없다. 반대로 학생들은 모국의 대학교 교수의 관심이 부족했다고 보고했다. 자신들이 실습 동안에 미국의 감독관이나 교수의 지원을 받을 것이라고 기대를 하고 떠난 학생들은 기대한 것보다 적은 도움을 받자 실망하였다. 끝으로 부정적인 응답은 학생들이 실습학교 직원, 담당교사가 친절하지 않거나, 혹은 교생이 사무실이나 교실에 들어오는 것을 원치 않는다는 점을 알아차렸을 때이다. 한 학생이 실습록에 "그 사람이 미국 교생을 원하지 않았다면, 처음에 왜 받겠다고 하였을까?"라고 기록하였다. 이러한 것은 실습학교의 인지된 반미감정과 연관되어 있을 것이다.

미래의 방향

이 장에서 다룬 데이터는 외국교육실습의 일부분만을 보여주고 있다. 외국교육실습의 영향에 대한 이해를 증진시키고, 외국교육실습 경험을 향상시키고, 데이터베이스를 강화하기 위하여 많은 분야에서 더 많은 연구가 이루어져야 한다. 결국 더 많은 학생들을 외국교육실습에 참여시킬 수 있게 될 것이다.

장기 연구

Cochran-Smith와 Zeichner(2005)는 일반적으로 교사교육 분야에서 더 많은 장기 연구가 필요하다고 보고하고 있다. 우리도 이러한 필요성에 의견을 같이하고, 외국교육실습 참여자를 대상으로 장기적인 연구의 수행이 이루어지기를 바란다. 장기 연구는 인지된 자기효능이 지속되었는지와 같은 개인적인 성과 및 다양성에 대한 믿음의 정도와, 교사가 학생들의 성과에 영향을 미치도록 자신의 경험을 긍정적으로 이용하는지와 방법에 중점을 둘 수 있다.

관찰 연구(Empirical Studies)

우리가 살펴본 대부분의 연구는 질적 연구이다. 향후 연구는 앞서 언급한 장기 연구와 결합하여 실습 전, 실습 중, 실습 후로 구분하여 학생들의 태도를 조사해 볼 수도 있다. 타문화발전기록(Intercultural Development

Inventory, Hammer & Bennett 1999) 혹은 다른 도구를 이용하여 타 문화 발달에 대한 연구도 실시할 수 있다.

지원자의 특성

자기효능 분야에서 보고된 개인의 성장이 지원자가 이미 가지고 있던 것인지 아니면 프로그램 참가의 효과인지를 알아보기 위하여 자기효능 척도와 같은 도구를 이용하여 지원자의 성향(성질)을 조사하는 연구가 이루어질 수 있다. 몇몇 학생은 자신들이 외국교육실습 참여를 결정하는 데 영향을 미친 외국 여행 및 외국 방문객을 만난 경험이나, 문화 및 국가에 이미 관심을 가지고 있던 자신의 삶에서 특정한 계기를 보고하고 있다. 따라서 외국교육실습에 참가하는 실습생의 프로필을 정의하는 속성에 대한 개인 인생사의 연구는 실습 참가자를 더욱 완전하게 기술할 수 있는 자료를 제공해 줄 수도 있을 것이다. 이러한 자료가 실습생 모집과 보유 문제에 대한 우리의 이해를 구분하는 데 도움이 될 것이다.

교육실습의 구조

학생들의 저널(실습록)과 이메일 메시지를 분석해 보면 학생들은 과제로 부과되지 않으면 교사교육과 관련된 면에 대해서는 자주 반성하지 않는다. 때로 언급하는 날에는 아주 극단적으로 긍정적이거나 부정적이다. 많은 수의 대학생들이 이 연구에 참여하기 때문에 실습록을 최대한 주의 깊게 이용하는 연구가 이루어져야 한다. 나아가서 프로그램의 영향을 평가하는 한 방법으로 출국 전(사전) 오리엔테이션의 효과에 대한 자료를 수집하는 것도 추천할 만하다.

결론

결론적으로 말하면 우리는 외국교육실습의 이점에 대한 연구는 충분히 많이 이루어졌다고 생각한다. 과거와 현재에 외국교육실습에 참여한 실습생들은 실습 경험으로부터 많은 것을 얻었다는 충분한 연구가 있을 뿐 아니라, 그러한 연구는 실습생들의 경험이 미래의 삶에도 영향을 미친다는 것을 입증하고 있다. 우리가 본 연구에서 다루지 못한 많은 연구 분야와 의문이 아직 남아있다. 우리는 본 연구에 장점과 제한점이 있음을 인정하지만, 연구자들이 다양한 관점에서 외국교육실습 주제에 대한 연구를 지속적으로 수행할 수 있는 많은 방법을 제시하게 되었다. 예비교사가 갖는 외국 경험의 이점을 보여주는 연구가 교육 분야 관계자들의 관심과 주목을 받게 되었다. 우리는 많은 대학들이 예비교사들에게 외국교육실습을 선택할 수 있는 기회를 제공하는 것을 고려해 주기를 희망한다.

문헌조사와 우리의 외국교육실습 운영의 경험을 종합해 보면, 외국교육실습은 교생의 문화 능력, 문화적으로 민감한 교사를 양성하고자 하는 교사교육 프로그램의 목표에 풍부한 영역을 추가로 제공하고 있다. 이러한 방법으로 교사교육 분야는 21세기 어린이의 필요에 부응하기 위하여 국제 영역으로 확대하여 선도적 역할을 할 수 있을 것이다.

참고문헌

Baker, B. R. 2000. Moving beyond our education community: Student teaching abroad. Paper presented at the annual meeting of the Association for Childhood Education International, Baltimore, MD, April, 17-20.

Baker, F. J., and R. Giacchino-Baker. 2000. *Building an International student teaching program: A California/Mexico experience*. ERDS ERIC Document No. ED449143.

Bennett, M. J. 1993. Towards ethnorelativism: A developmental model of intercultural sensitivity. In *Education for the intercultural experience*, ed. R. M. Paige, 21-71. Yarmouth, ME: Intercultural Press.

——. 1998. Overcoming the golden rule: Sympathy and empathy. In *Basic concepts of intercultural communication: Selected readings*, ed. M. J. Bennett, 191-214. Yarmouth, ME: Intercultural Press.

Bhawuk, D., and H. Triandis. 1996. The role of culture theory in the study of culture and intercultural training. In *Handbook of intercultural training*. 2nd ed., ed. D. Landis and R. Bhaghat, 17-34. Newbury Park, CA: Sage.

Billingmeier, R. T., and D. Forman. 1975. Gottlingen in retrospect. *International Review of Education* 21:215-30.

Bradfeld-Kreider, P.(1999). Mediated cultural immersion and antiracism: An opportunity for monocultural preservice teachers to begin the dialogue. *Multicultural Perspectives* 12:29-32.

Bryan, S. L., and M. M. Sprague. 1997. The effect of overseas internships on early field experiences. *Clearing House* 70, no. 4:199-201.

Galhoon, J., D. Wildcat, C. Annett, R. Pierotti, and W. Griswold. 2003. Creating meaningful study abroad programs for American Indian postsecondary students. *Journal of American Indian Education* 42:46-57.

Case, R., and W. Werner. 1997. Building faculty commitment for global education. In *Preparing teachers to teach global perspectives: A handbook for teacher educators*, ed. M. M. Merryfield, E. Jarchow, and S. Pickert, 189-208. Thousand Oaks, CA: Corwin Press.

Cochran-Smith, M., and K. M. Zeichner, eds. 2005. *Studying teacher education: The report of the AERA panel on research and teacher education*. Mahwah, NJ: Lawrence Erlbaum.

Cushner, K. 2004. *Beyond tourism: A practical guide to meaningful educational travel*. Lanham, MD: Scarecrow Education.

Cushner, K., and R. Brislin. 1996. *Intercultural interactions: A practical guide*. 2nd ed. Thousand Oaks, CA: Sage.

Cushner, K., and A. Karim. 2004. Study abroad at the university level. In *Handbook of intercultural training*. 3rd ed., ed. D. Landis, M. Bennett, and J. Bennett, 290-308. Thousand Oaks, CA: Sage.

Cushner, K., and J. Mahon. 2002. Overseas student teaching: Affecting personal, professional and global competencies in an age of globalization. *Journal of International Studies in Education* 6, no, 2:44-58.

Gibson, S., and M. H. Dembo. 1984. Teacher efficacy: A construct validation. *Journal of Educational Psychology* 76, no. 4:569-82.

Hammer, M. R. 1987. Behavioral dimensions of intercultural effectiveness:

A replication and extension. *International Journal of Intercultural Relations* 11:65-88.

Hammer, M. R., and M. J. Bennett. 1999, The Intercultural Development Inventory(IDI) manual. Portland, OR: Intercultural Communication Institute.

Hanvey, R. G. 1982. An attainable global perspective. *Theory into Practice* 21, no. 1:162-67.

Jarchow, E. 1997. The dean' s role in infusing global perspectives throughout a college of education. In *Preparing teachers to teach global perspectives: A handobook for teacher educators*, ed. M. M. Merryfield, E. Jarchow, and S. Pickert, 209-25. Thousand Oaks, CA: Corwin Press.

Kauffman, N. L., J. N. Martin, H. D. Weaver, and. J. Weaver. 1992. *Students abroad, strangers at home: Education for a global society*. Yarmouth, ME: Intercultural Press.

Kiely, R., and D. Nelson. 2003. International service learning: The importance of partnerships. *Community College Journal* (January): 39-41.

Kissock, C. 1997. Overseas student teaching. In *Preparing teachers to teach global perspectives: A handbook for teacher educators*, ed. M. M. Merryfield, E. Jarchow, and S. Pickert, 123-42. Thousand Oaks, CA: Corwin Press.

Koester, J. 1987. *A profile of the U.S. Student abroad—1984 and 1985*. New York: Council on International Education Exchange.

LaBrack, B. 1993. The missing linkage: The precess of integrating orientation and reentry. In *Education for the intercultural experience*, ed. R. M. Paige. 241-80. Yarmouth, ME: Intercultural Press.

Ladson-Billings, G. 1994. *Dreamkeepers: Successful teachers of African-American children*. San Francisco: Jossey-Bass.

——. 1995. But that' s just good teaching! The case for culturally relevant pedagogy. *Theory into Practice* 34, no. 3:159-65.

Lambert, R. D. 1989. *International studies and the undergraduate*. Washington, DC: American Council on Education.

Landerholm, E., C. Gehrie, and Y. Hao. 2004. Education early childhood teachers for the global world. *Early Child Development and Care* 174, nos. 7-8:593-606.

Landis, D., M. Bennett, and J. Bennett. 2004. *Handbook of intercultural training*. 3rd ed. Thousand Oaks, CA: Sage Publication.

Landis, D., and R. Bhaghat. 1996. A model of intercultural behavior and training. In *Handbook of intercultural training*. 2nd ed., ed. D. Landis and R. Bhaghat, 1-16. Thousand Oaks, CA: Sage.

Mahan, J. M. 1982. Community involvement components in culturally-oriented teacher preparation. *Education* 103, no. 2:163-72.

——. 1984. Major concerns of Anglo student teachers serving in Native American communities. *Journal of American Indian Education* 23, no. 3:19-24.

Mahan, J. M., and L. L. Stachowski. 1990, New horizons: Student teaching abroad to enrich understanding of diversity. *Action in Teacher Education* 12, no. 3:13-21.

Martens, M. J. 1991. Analysis of the perception of the participants in the German Marshall Fund of the United States teacher in-service training. PhD dIiss., Oklahoma Sate University, Stillwater.

McFadden, J., M. M. Merryfield, and K. Barron. 1997. *Multicultural and global/international education: Guidelines for programs in teacher education*. Washington, DC American Association of Colleges of Teacher E여cation.

Melchiori, A. 1987. Relationship between undergraduate academic study abroad and subsequent academic performance. PhD diss., Washington State University, Whitman.

Merryfield, M. M. 1995. Institutionalizing cross-cultural experiences and international expertise in teacher education: The development and potential of a global education PDS network. *Journal of Teacher Education* 46:1-9.

——. 2000. Why aren' t teachers being prepared to teach for diversity, equity, and global interconnectedness? A study of lived experiences in the making of multicultural and global educators. *Teaching and Teacher Education* 16:429-43.

——. 2001. Implications of globalization for teacher education in the United States: Towards a framework for globally competent teacher educators. Paper presented at the fifty-third annual meeting of the AACTE, Dallas, TX, March 3.

Merryfield, M. M., E. Jarchow, and S. Pickert, eds. 1997. *Preparing teachers to teach global perspectives: A handbook for teacher educators*. Thousand Oaks. CA: Corwin Press.

Nash, D. 1976. The personal consequences of a year of study abroad. *Journal of Higher Education* 17:191-203.

Pettigrew, T. 2001. Does intergroup contact reduce racial prejudice throughout the world? Paper presented at the second biennial meeting of the International Academy for Intercultural Research, Oxford, MS.

Pfnister, A. O. 1972. *Impact of study abroad on the American college undergraduate*. Denver, CO: University of Denver. ERIC Document Reproduction Service No. ED063882.

Pike, G. 2000. Preparing teachers for global citizenship: The impact of the specialization in international education. *Exceptionality Education Canada* 10, no. 1-2:95-106.

Sikkema, M., and A. Niyekawa. 1987. *Design for cross-cultural learning*. Yarmouth, ME: Intercultural Press.

Stachowski, L. L., and E. J. Brantmeier. 2002. Understanding self through the other: Changes in student teacher perceptions of home culture from immersion in Navajoland and overseas. Paper presented at the annual meeting of the Association of Teacher Educators, Denver, CO, February 2-6.

Stachowski, L. L., and J. A. Chlebo. 1998. Foreign educators provide feedback for the improvement of international student teaching experiences. *Action in Teacher Education* 19, no. 4:119-30.

Stachowski, L. L., and J. M. Mahan. 1998. Cross-cultural field placements: Student teachers learning from schools and communities. *Theory into Practice* 37, no. 2:155-62.

Stachowski, L., W. J. Richardson, and M. Henderson. 2003. Student teachers report on the influence of cultural values on classroom practice and community involvement: Perspectives from the Navajo reservation and abroad. *Teacher Educator* 39, no. 1:52-63.

Stachowski, L. L., and V. A. Visconti. 1998. Service learning in overseas nations: U. S. student teachers give, grow, and gain outside the classroom. *Journal of Teacher Education* 49, no. 3:212-19

Wallace, D. H. 1999. Academic study abroad: The long-term impact on alumni careers, volunteer activities, world and personal perspective. PhD diss., Claremont Graduate School, Claremont, CA.

Weaver, G. 1993. Understanding and coping with cross cultural adjustment stress. In *Education for the intercultural experience*, ed. R. M. Paige, 137-68.Yarmouth, ME: Intercultural Press.

Wiseman, R., J. Hammer, and H. Nishida. 1989. Predictors of intercultural communication competence. *International Journal of Intercultural Relations* 13:349-70.

Yachimowicz, D. J. 1987. The effects of study abroad during college o n international understanding and attitudes toward homeland and other cultures. PhD diss., University of California, Riverside.

Zhai, L. 2000. The influence of study abroad programs on college student development on the College of Food, Agriculture and Environmental Sciences at the Ohio State University. PhD diss., Ohio State University, Columbus.

5

미국 내에서의 다문화교육의 무한한 가능성:

의미 있는 국내 다문화교육 경험과 교사교육의 통합

Laura L. Stachowski

잘 구조화된 외국교육실습 경험은 매우 의미 있고, 삶을 전환시키며, 개인적으로뿐만 아니라 전문적으로도 중요한 형태로 교생들에게 영향을 주는 학습결과를 초래할 수 있다는 것에는 의심의 여지가 없다. 예를 들어, Kissock은 "다른 나라에서 교육실습을 하는 학생들이 배운 모든 수업들을 기술하기가 불가능하다. 그러나 이러한 학생들이 수업 능력을 개발하고, 사회에서의 교육의 역할에 대한 이해의 폭을 넓히며, 우리가 살고 있는 세계에 대해 그들의 견해를 넓히고 있음을 기대할 수 있고 관찰할 수 있다" (1997, 135)라고 말했다.

외국의 학교나 지역사회에서 교생들을 지도하고 있는 우리들은 모든 예비교사들에게 외국교육실습의 의무적 참여를 반드시 부과해야 한다는 것을 의심의 여지 없이 주장할 것이다. 외국교육실습을 거쳐 탄생하는 새로운 교사들은 국내에서만 교육실습을 하는 교사들, 즉 고향이나 대학에서 거리가 멀지 않은 학교에서 교육실습을 하는 교사들이 배우기 어려운 새로운 지식, 기술, 통찰력을 배우고 성취할 수 있다고 주장한다. 그러나 모든 예비교사들이 재정적인 어려움, 가정환경, 비행기 여행에 대한 두려움, 부모의 걱정, 또는 다른 나라로 교육실습을 하러 가는 데 있을 수 있는 장애요소들 때문에 외국에서의 교육실습에 참여할 수 있는 기회를 가지지 못하고 있는 것이 현실이다.

국내에서도 교생들은 외국에 교육실습 장소를 배정해야만 성취 가능한 영향력 있는 학습 효과들과 유사한 결과를 얻을 수 있는 잠재적 가능성을 가진 다른 문화에 대한 경험에 참여할 수 있다. Kissock이 언급한 바와 같이 "미국 국내든 다른 나라든 상관없이, 교생들에게 다른 문화를 가진 그룹이나 다른 경제적인 환경을 가진 학교와 지역사회에 교생들을 배치함으로써, 이들이 세상을 보는 견해를 넓히는 데 도움을 줄 수 있다"(1997, 126). Merryfield(Knighten, 발행연도 없음)도 유사한 관찰을 했는데, "만약 교사들이 문화의 의미나 문화 학습에 대한 인식과 문화마다 갖고 있는 기술을 가르치는 것을 이해해야 한다면 다른 문화에서의 몰입 경험은 매우 중요하다. 그렇다고 해서 심오한 다문화적 경험을 갖기 위해 반드시 미국 밖에서 살아야 할 필요는 없다." 사실, 문화적으로 다른 환경에서 잘 구조화된 국내 경험, 즉 준비가 잘 되어 특성화되고 현장에서의 요구사항이 주어지며 생각이나 설명이 잘 안내된 상황에서의 국내 경험은 예비교사들로 하여금 개인적이고 전문적으로 성장하는 데 기여할 수 있으며, 문화적으로 책임 있는 수업을 개발하는 데 도움이 되고, 좀 더 넓은 세계관을 형성하는 데 도움이 된다.

지속적으로 백인 교사들이 교직을 차지하고 있는 최근 경향은 미래 교사들이 점차적으로 늘어나는 다양한 초등학교와 중학교 교실에서 그들의 문화경계선을 가로지르는 능수능란한 실력과 효율성을 향상시킬 수 있는 경험을 매우 긴급하게 요구하고 있다. Howard는 "오늘날 수많은 연구와 정보가 널려 있는 가운데 예비교사들이 사회적 실제에 대한 보다 심도 있는 이해 없이 그들의 교사교육 프로그램과 교사자격 프로그램의 전 과정을 마칠 수 있다는 것이 어떻게 가능한가?"(2006, 30)라고 했다.

오늘날 교사교육 프로그램의 공통적인 요소이며, 종종 다양한 주제와 쟁점들에 학생들을 유일하게 노출시키는 다문화교육 교과는 미래교사들을 교실에서의 문화적으로 책임 있는 교사가 될 수 있도록 준비시키는 데 부족함이 있다고 비난을 받아 왔다(Reys, Capella-Santana, & Khisty, 1998; Lenski et al., 2005). Howard에 의하면, 전원성취교육법(No Child Left Behind Act)의 시행으로 인해 학교에서 나타나는 문제는 매우 복잡하다. 즉, "이 법은 다양한 인종적 · 문화적 배경을 가지는 학생들을 효율적으로 가르칠 수 있는 교사의 문화적 자질 향상에 대해 거의 또는 전혀 강조하지 않고 있다"(2006, 2)고 주장한다. 이 문제에 대해 Darling-Hammond와 Garcia-Lopez가 가장 잘 요약해 주고 있다.

> 가정에서 사용하는 언어, 문화, 환경, 미국 내에서의 인종과 계급 특권의 현실, 교육 시스템 내에서 지속적으로 나타나는 교육 기관의 인종주의, 개별 교실에서 학습하기 위한 학생들의 경험을 형성하는 많은 요인들에 의해 학생들의 학습 경험들이 어떻게 영향을 받는지에 대한 탐구 없이는 교사들이 가르치는 모든 학생들을 성공적으로 가르칠 수 있도록 미래의 교사들을 준비시키는 것은 불가능하다. (2002, 9)

그렇다면, 이것은 우리들로 하여금 예비교사들을 위해 다문화 교육실습경험을 개발하여 제공해야 한다는 결론에 도달하게 한다. 이러한 현장 경험은 미국 내에 위치한 곳에서 할 수 있는 경험과, 교육실습생들에게 문화적으로 다른 사람들의 삶에 몰입할 수 있는 기회를 제공하여야 하고, 학교나 지역사회 중심의 교육실습 배치가 이루어져야 한다. "왜 다양성, 평등, 그리고 국가들 사이의 상관성 등을 가르치기 위해 교사들이 준비되지 못합니까". Merryfield(2000, 429)는 "자신들과는 매우 다른 사람들과의 중요한 경험"(440)에 참여한 교사들과 교사교육 관계자들의 "실제 경험"의 영향을 탐구하였다. 이러한 실제 경험이 정체성, 문화, 권력의 역동적인 상호작용에 대한 비판적인 생각과 결합되었을 때, 사람들은 쟁점과 사태에 대해 다른 사람들의 관점으로 생각하기 시작한다. 그렇게 함으로써 국제적인 마인드를 가진 교육자를 규정하는 특성의 하나인 균형을 이루는 의식을 개발시키는 것이다.

블루밍턴 소재 인디애나대학교에서 문화적인 몰입 프로젝트를 통해 제공되었던 미국원주민보호 프로젝트는 역사를 가지고 성공적으로 이루어진 국내 다문화 교육실습 경험의 하나로서 모델 역할을 한다. 여기에서는 교육실습생들이 애리조나 주, 뉴멕시코 주, 유타 주에 있는 나바호 원주민보호구역(Navajo Indian Reservaton)에서 한 학기 내내 같이 생활하면서 실습을 한다. 나바호 원주민 청소년들을 교육하는 초등학교와 중등학교에서 온종일 하는 교생실습과 학교 기숙사, 식당, 지역사회 등지에서 이루어지는 방과후 및 주말 교육 프로그램 참여를 결합함으로써, 원주민보호 프로젝트는 참여자들로 하여금 "보다 문화적으로 민감하게 하고 자신과 자신의 수업을 수용할 수 있게 됨으로써 많은 유형의 다문화 수업 상황에서 성공할 수 있는 다문화적으로 경쟁력을 갖춘 교사가 되게 하는 데 도움이 되었다"(Zeichner & Melnick, 1996, 182). 이 장의 목적은 문화적 몰입 프로젝트의 이론적 근거, 개발, 구성, 실행계획을 설명하는 데 있다. 특히, 미국원주민보호 프로젝트에 초점을 맞출 것이다. 이를 위해 현장 과제의 초석의 하나로서 지역사회 참여를 강조하고, 다문화 교수 능력을 보강하고 점차적으로 나타나는 전문가들의 세계적인 관점을 넓힘에 있어서 보호구역 프로젝트의 중요한 역할을 분명하게 지원하는 새로운 지식, 기술, 통찰력에 관한 보고된 학습결과를 제시할 것이며, 국내의 다문화 교육실습 프로그램 개발자들에게 위해 경험으로부터 얻은 제안들을 제시할 것이다.

인디애나대학교의 문화적 몰입 프로젝트

전통적인 교육실습의 대안으로 선택할 수 있는 교육실습으로서 인디애나대학교 교육대학을 통해 제공되는 프로젝트인 미국원주민보호 프로젝트

(American Indian Reservation Project)와 이에 상응하는 국제 프로그램인 해외 프로젝트들이 문화적 몰입 프로젝트가 되는 것으로 여겨지고 있다.

두 학기 내지는 세 학기 기간 동안 심도 있는 준비 단계를 거쳐 원주민보호 프로젝트 참여자들은 나바호 원주민보호구역 내의 학교에 17주 동안 배정되며, 해외 프로젝트 참여자들은 인디애나 주에서 최소한 10주 이상의 교생실습을 마치고, 호주, 중국, 코스타리카, 영국, 인도, 아일랜드, 케냐, 뉴질랜드, 러시아, 스코틀랜드, 스페인, 터키, 웨일즈 등지에서 초등학교 또는 중등학교의 교실 수업 경험을 8주 이상 실시해야 한다. 특별한 의미가 있는 학업 요소와 현장에서의 문화적 참여 및 지역사회 참여 등으로 특징지어지는 문화적 몰입 프로젝트는 3,000명 이상의 예비교사들에게 원주민보호구역과 해외 학교에서 전문적인 경험을 제공해 왔다. 이를 통해 다른 사람들의 삶의 방식에 대한 생각과 하는 일과 생활에 대한 예비교사들의 관점을 넓혔다.

문화적 몰입 프로젝트의 이론적 틀

인디애나대학교는 국내 및 국제적인 프로젝트와 활동에 대한 참여에 있어서 오랜 역사를 지니고 있다. 이는 전임총장인 고(故) Herman B. Wells의 초기 노력으로부터 시작되었으며, Wells 총장의 학문과 연구에 대한 비전과 헌신을 통해 이루어진 성과로서 오늘날 세계적인 명성에 기여한 국내외 프로그램들의 방대한 연결망과 접촉의 결과이다. 교육대학 내에서는 문화적 몰입 프로젝트들이 실습유치 학교와 지역사회의 도움을 받아 특정 문화 그룹에 뚜렷하게 초점이 맞추어진 연구로 특징지어지는 다문화 교육실습 경험을 통해 전문성 준비를 넓혀 나간다. 최근에 들어와 인디애나대학교에서 교사교육의 재개념화를 목격하고 있다. 효율적인 교사양성 프로그램을 공고히 하기 위해 설계된 6대 원리가 나타나기도 하였다. 문화적인 프로젝트들에 적용되면서, 프로젝트들이 점진적으로 발전함과 동시에, 이러한 원리들이 참여자들의 요구가 반영되고 있는지와 교육대학의 진정성이 유지되고 있는지를 확인하면서 안내와 정의를 제공하였다. 따라서 원주민보호구역 프로젝트와 외국교육실습 프로젝트들은 다음과 같은 것을 추구한다.

1. 참여한 실습 당사자, 프로젝트 직원, 원주민보호구역과 실습유치 나라 학교들, 그리고 이러한 학교에서 근무하는 지역시민 등을 포함한 모든 당사자들 사이에 공동체 정신을 조성한다.
2. 학교들이 기능을 하는 다양한 맥락과 사회적 · 교육적 쟁점에 관한 다양한 관점에 대해 비판적으로 생각하는 것을 장려한다.
3. 생애에 걸친 지적, 개인적, 전문적 성장과 학습에 대한 감사를 증진시킨다.
4. 교육실습에 배치된 학교들과 지역사회에서의 의미 있는 경험을 포함한다.
5. 기초가 튼튼한 내용지식과 학생들이 교실 상황으로 가져오는 다양한 형태의 이해를 증진시킨다.
6. 참여 학생들의 관심사와 가치를 그들의 원주민보호 프로젝트 또는 외국교육실습 프로젝트 경험의 주요 측면으로 형성해 가는 것을 허용하는 개별화된 수업을 제공한다.

문화적 몰입 프로젝트의 동기, 역사, 진화

대학원 차원의 준비와 현장 참여요건과 함께 주어지는 미국원주민보호 프로젝트는 1973~1974학년도에 인디애나대학교에서 James M. Mahan 박사에 의해 최초로 시작되었다. 클리브랜드에서 있었던 1970년대 초기의 "3개의 T" (교사 교육자들의 교육자; Trainers of Teacher Trainers) 회의에 참여하면서 Mahan은 세 명의 발표자들, 즉 뉴멕시코 주 라스베가스에 있는 Highlands 대학교의 총장인 John Aragon, 호피인디언보호구역(Hopi

Reservation) 교육청의 교육감인 Eugene Sekaquaptewa, 시카고에서 온 유명한 흑인 교육가인 Barbara Sizemore에게 매우 고무되어 있었다. 이 세 사람 모두가 교사교육에 있어서 좀 더 많은 소수 인종들의 참여를 요청하였다. 오늘날 널리 인용되는 그 당시의 관심사를 이미 인정하면서 Aragon, Sekaquaptewa, Sizemore는 교사교육자들에게 지배적인 교사 준비 모델인 백인과 중산층 중심의 모델에서 주류 밖의 교실들과 지역사회들을 포함하는 기존 모델 이상으로 옮겨가야 할 것을 요구하였다. 그렇게 함으로써 교생들이 자신들이 성장하고 교육을 받았던 집단과는 다른 문화적인 집단들을 포함하여 교사교육자들의 경험과 감성을 확대한다. Mahan은 발표자들이 전국적으로 일어나고 있는 현상을 목격한 교사교육에 있어서, "같은 문화의 더 많은"의 접근을 낮추려는 열성을 가지고 그들의 요구에 응하였다. 국가의 변화하는 인구 추세를 위한 새로운 교사들을 준비하는 데 학교 직원들 및 지역사회 구성원들과 함께 책임을 공유할 준비를 하였다.

남서 지방의 미국원주민보호구역과 접촉함으로써 1973~1974학년도 첫 학기에 교생들을 위해 통합적이고 학업적이면서 현장 문화 선택이 들어있는 원주민보호구역 프로젝트가 빛을 보게 되었다. 이 프로젝트는 교실 경험을 지역사회 및 문화적인 참여와 결합하였다. 위스콘신 주에 설립된 국제교육재단의 소장인 Ross Korsgaard 박사와 Mahan의 전문적인 연계를 통해 외국교육실습은 이보다 한 해 뒤에 시작되었다. Mahan은 영국, 웨일즈, 스코틀랜드, 아일랜드, 호주, 뉴질랜드에서 시행된 실습 배치와 함께 문화들 간의 현장 경험에 국제적인 측면을 접목시키기 위해 외국교육실습 프로젝트를 더하였다. 그에 따라 문화적 몰입 프로젝트가 탄생하게 된 것이다.

필자(Laura Stachowski)는 현재 문화 프로젝트들을 관장하는 감독직을 맡고 있다. 필자는 1979년에 해외 프로젝트의 교생으로 참여하였고 1980년대에 Mahan과 함께 근무하기 위해 대학원생으로 돌아왔으며, 1995년 Mahan이 정년퇴임할 때까지 전임조교로 일해 왔다. 이때부터 필자는 문화 프로젝트들의 감독직을 수행해 왔다. 필자의 초기 대학원 시절 경험에 의하면, 필자는 Robert Hanvey의 『An Attainable Global Perspective』(Merryfield, 1997)의 영향을 받았다. 이 책은 지금도 관점의 의식, "지구촌 시대"의 인식, 문화적 차이의 인식, 지구촌 역동성에 대한 지식, 인류 선택의 인식 등을 증진시키는 데 있어서 외국교육실습과 원주민보호구역 프로젝트 둘 모두에게 시대를 초월해 적용될 수 있음을 인정한다. 1996년에 필자는 인도에 실습 장소를 개발함으로써 외국교육실습 프로젝트를 통하여 제공된 외국교육실습 국가 선택권을 확대하기 시작했다. 이러한 노력이 더해져 케냐, 코스타리카, 스페인, 러시아, 중국, 그리고 가장 최근에는 터키 등으로 확대되었다. 이와 동시에, 나바호 원주민보호구역에 새로운 학교들을 연결망에 구축하였다. 또한 필자는 프로그램 개발 노력, 출판, 학술대회 등에 대해 Korsgaard와 함께 일하면서 Mahan이 시작한 국제교육재단과의 긴밀한 협력을 지속했다. 더 나아가 주목할 만한 것은 외국교육실습 프로젝트가 2005년에 골드만삭스재단(Goldman Sachs Foundation)과 아시아위원회(Asia Society)로부터 국제교육 최우수상을 공동 수상함으로써 인정받은 것이며, 2001년에는 미국대학교육협의회 교사교육분과로부터 전 세계 및 국제교사교육 최우수상을 유일하게 수상했다.

이러한 문화 프로젝트는 창시자인 Jim Mahan의 비전과 헌신에 고무되어 시작한 지 30여 년이 지났고, 수년의 세월이 흐르면서 교생실습 참가자들이 선택할 수 있는 것을 개발하고 존중해 온 결과 보호구역이나 해외 학교와 지역사회에 매년 150명의 참가자들을 모집하고 배치하고 있다. 이러한 프로젝트들의 지속적인 성공은 진행되고 있는 보호구역 및 외국교육실습 프로젝트들을 개발하고, 시행하고, 평가하는 데 있어서 공동책임을 지는 지구촌 사람들의 긴밀하고 협동적인 노력에 의해 매우 공고해졌다. 새로운 계획들이 지속적으로 탐구되고 있으며, 인디애나대학교 교사교육 프로그램과 교육대학 교직원들의 지원을 받아 문화 프로젝트들이 계속해서 번창할 것으로 기대되고 있다.

미국원주민보호구역 프로젝트

배경으로서 역할을 하고 있는 문화적 몰입 프로젝트의 형태 및 역사와 함께, 이제 미국원주민보호구역 프로젝트에 대해 좀 더 심도 있게 알아보고자 한다. 여기에서는 이 프로젝트의 목표, 시행, 운영 방법뿐만 아니라 프로젝트가 강조하고 있는 참가자들의 문화적, 지역적 참여와 더불어 전일제 교생실습에 대해 알아보고자 한다. 학업에 초점을 맞추고, 참가자들에게 모든 교실 환경에서 적용할 수 있는 새로운 학습과 관련된 전문적이고 문화적인 통찰력을 습득하게 하기 위해서 "문화적 빙산"(Brown & Kysilka, 2002, 69)의 표면적인 것 이상을 탐구하도록 요구하여 교육실습 준비와 보호구역 프로젝트 현장에서 이루어지는 것들 모두 밑바탕을 튼튼히 하였다.

미국원주민보호구역 프로젝트의 목표

다섯 가지 주요 목표가 보호구역 프로젝트 참가자들의 경험을 안내하는 역할을 한다.

1. 교육실습생들에게 문화적으로 다른 환경에 살면서 가르칠 수 있는 기회를 제공하며, 교실에서 문화적으로 적절하고 다원화된 학습활동과 자료를 활용할 수 있도록 한다.
2. 그들의 미국 원주민 청소년들을 잘 이해하는 효율적인 교육자들로서의 기능을 발휘할 수 있는 능력을 강조함으로써 초등과 중등 교육실습생들의 수업능력을 향상시킨다.
3. 미국 원주민의 역사, 문화, 가치, 열망 등에 대한 교생들의 이해를 제고한다.
4. 매년 매우 높은 동기를 가진, 잘 준비된, 헌신하는 교생들을 제공함으로써 미국 원주민 학생들을 교육하고 있는 학교 체제들의 교수 자원을 보강할 수 있다.

5. 우리나라의 생활에 있어서 "문화적 다원주의"를 발전시키고 수용하는 것에 대해 작은 기여를 할 수 있다.

비공식적 좌우명인 "경험을 통한 학습"과 함께, 보호구역 프로젝트는 일관된 교실 경험을 통해 예비교사들의 전문적인 기술, 지식, 자질을 개발시키고 연마하는 것을 추구함과 동시에, 능동적이고 의무화된 지역사회 참여를 통해 인종, 문화, 언어, 사회경제적 관심 등과 같은 그들을 둘러싼 쟁점들에 대한 이해를 증진하는 데 기여한다.

보호구역 프로젝트의 시행과 방법

보호구역 프로젝트에 참가하는 학생들은 교육실습을 하기 이전에, 대개는 3학년 학년 초에 미국원주민보호구역 프로젝트에 참여해야 하는데, 이는 교육실습과 교생들이 배치될 보호구역의 학교와 지역사회의 문화적 가치, 신념, 조건, 생활양식에 대한 광범위한 준비에 들어가야 하기 때문이다. 준비 활동에는 강의 시간, 인터뷰, 읽기, 요약 및 보고서 쓰기, 2일 동안 진행되는 워크숍, 이전 프로젝트 참여자와 나바호 상담사들과의 대화시간 등이 포함되어 있다. 준비 과제들이 다 끝나면, 학생들에게 교사교육 프로그램의 정규과정 과제들이 부여된다. 예를 들어, 그러한 과제들 중의 하나는 프로젝트에 참여하는 각자가 Fedullo(1992)가 지은 『날개처럼 가벼운(Light of the Feather)』[1]에 대하여 구조화된 인터뷰를 하는 것이다. 보호구역 프로젝트 진행요원과 함께 학생은 문화충격, 전형적인 생활, 언어와 비언어적 소통 형태, 문화적 동화와 적응, 교육의 실제, 원주민의 가치관 등을 둘러싸고 있는 쟁점에 대한 토론을 통해 "현재 원주민 국가"로의 Fedullo의 여행에 대해 조사한다. 둘째로 부과된 책인 『미국 원주민: 오늘날 질문에

1) [역주] Mark Fedullo가 미국 원주민보호구역에서의 자신의 교사 경험을 쓴 책임.

대한 대답(American Indians: Answers to Today's Questions)』(Utter, 2001)은 전자 문서로도 읽기가 가능한 일련의 글들을 편집한 것으로서, 참가자들로 하여금 미국 원주민 교육과 문화, 나바호 정체성, 나바호 교육, 문화적으로 관련된 교실, 미국 원주민들이 직면하는 최근 쟁점과 같은 주제들을 탐구하고 적을 것을 요구한다. 과제들을 마치면, 이러한 부과된 과제는 교생들로 하여금 그들이 가르쳐야 할 학교나 문화에 친숙하게 할 뿐만 아니라, 철두철미한 준비 과정에 의해 참가자들의 우선적인 동기가 "남서부를 구경"하는 데 있는 것을 지양하게 하는 하나의 효율적인 자기 점검 장치로서의 역할도 한다. 이 준비 단계에서는 프로젝트 감독과 직원들로부터 지속적인 검토와 평가를 받으며, 프로젝트 참가자들과 보호구역 학교들의 협력자들로부터는 피드백을 받게 된다. 이러한 것이 학생들의 준비에 필요한 것들을 보다 잘 맞게 하기 위한 과제들을 보완하는 데 활용된다.

교생실습 학기 동안, 보호구역 교육실습 프로젝트 참가자들은 나바호 국가 전역에 걸쳐 원주민사업국(Bureau of Indian Affairs), 계약/지원, 공립학교들 내에서, 초등학교와 중등학교 및 유치원~8학년 환경에서 16주 내지 17주 동안 배치된다. 교생 배치 요청서가 문화 프로젝트 사무실에서 보호구역의 협력 학교들에게 직접적으로 우송된다. 이러한 협력학교들은 추천한 교생들을 기꺼이 받아들이며, 또한 감독, 안내, 평가 차원에서 필요한 지원을 제공한다. 학생들은 일반적으로 두 명씩 짝지어 배치되며, 상대적인 위치(일부 보호구역 실습장소들은 매우 고립되어 있고, 반대로 다른 장소들은 갤럽(Gallup) 시와 파밍턴(Farmington) 시처럼 규모가 있는 도시와 인접해 있기도 한다.), 교통편의(적어도 각 조의 한 학생이 보호구역 실습장소로 자동차를 확실히 가져갈 수 있도록 노력한다.), 성별(학교 기숙사에서 숙소를 공유한다.)을 고려한다. 두 명씩 배치하는 것은 동료 사이의 지원을 장려하고, 교생들은 기숙사에 남을 수 있도록 허용하지만, 대부분의 기숙사가 문을 닫는 주말(기숙사생들은 주말에 버스로 귀가한다.)의 안전문제를 낮추는 데 도와준다.

보호구역 실습장소에 있는 동안, 프로젝트 참여 실습생들은 협력지도 교사와 함께 배치되고, 해당 학교의 모든 교사 관련 기능에 온전히 참여해야 한다. 이러한 기능에는 교실 수업, 학생지도, 위원회 참여, 출석점검, 특별활동 지도 등이 포함된다. 참가자들은 배정된 학교 기숙사의 독립된 방이나 아파트에서 거주하면서, 학교 기숙사에 거주하는 어린 나바호 원주민 학생들을 위한 학업도우미, 학생들과의 교제, 역할 모델, "생활 향상" 활동 등을 한다. 이들은 또한, 인근 식당에서 아침 및 점심 준비 도우미 역할을 한다. 더 나아가, 이들은 사회복지사들과 지역 집회소를 방문하고, 공공 집회에 참여하며, 지역 상점에서 물건을 사고, 지역 또는 보호구역내 행사나 축제에 참여한다. 기숙사, 식당, 지역사회에서의 경험들은 교생들로 하여금 현지 사람들과 일반 수준에서 일상생활의 평범한 작업으로부터 특별 행사 및 전통 행사에 이르기까지 다양한 활동을 하면서 밀접하게 교류할 수 있도록 장려한다. 그 결과 보호구역 학생들이 자라난 곳의 현지 사람들과 그들의 지역사회에 대해 직접 배운다. 교생들은 가끔 "자기 고장"과는 많이 다른 세계에서 적응하고 맞추어 가면서 처음으로 "하나의 소수인"이 되는 것이다.

참가자 각자에게 부과된 구조화된 격주 보고서와 두 번의 주요 프로젝트와 같은 지속적인 반성과 학습 보고서 작성은 현장실습 경험의 가장 중요한 요소들이다. 일곱 번의 격주 보고서는 교생의 학교, 기숙사, 식당, 지역사회에 참여하는 것을 서류화하고, 각 보고서 작성 기간 전반에 걸쳐 새로운 경험 및 관련 통찰력을 강조하기 위한 장치를 제공하며, 구조화된 논술을 통해 보호구역 내 학교, 지역환경, 지역사회 생활과 관련된 다양한 주제들을 심도 있는 탐구하기 위해 설계되었다. 예를 들어, 교생들에게 부과된 것은 그들이 배치된 지역사회에서 시행되는 것들 중에서 자신들이 관찰했던 구체적인 문화적 가치를 찾아내며, 이러한 가치들에 대한 이해가 학교와 지역사회 맥락에서 자신의 참여에 영향을 미친 과정들을 기술하는 것이다. 교생들은 자신들이 배치된 지역사회에서 중요한 기관들과 이러한 기관들이 지역 주민들을 위해 어느 정도 기여하는지 공부한다. 교생들은 나바호 원주민들에게 영향을 주는 최근의 쟁점들을 찾아내며, 이러한 쟁점들을 해결하기 위해 사람들이 제시하는 해결책들의 다양한 측면을 이해하기 위해 공부한다. 교생들은 학생들의 학업성취, 기숙사 생활, 전원성취교육법의 영향, 나바호 원주민 사회에서의 성 역할과 같은 주제에 대한 보고서를 쓴다. 이들은 또한 자신들이 가지고 있는 도전적이었던 기존의 가정(假定)과 자신들의 "고향" 문화에 대한 그들의 인식이 변화되는 방식에 대해 쓰기 위해 내부자적 관점에서 살펴보고 이해한다. 각각의 격주 보고서는 "비구조화된 개인적인 표현"으로 끝을 맺는데, 이는 구조화된 보고서의 다른 부분에 쉽게 끼워 맞추기 어려운 것들을 종종 시나 스케치 등과 같은 표현 수단을 활용하여 교생들이 공유하는 추가적인 새로운 통찰과 정보이다.

격주 보고서와 더불어, 보호구역 프로젝트 참가자들은 실습 배치 지역에서의 서비스 학습 프로젝트 하나와 최종 "졸업" 프로젝트 하나를 완성하여야 한다. 최종 프로젝트는 제2의 서비스 학습 프로젝트로 대치할 수 있는데, 대부분의 교생들은 자신의 입장을 밝히는 글, 현장연구 프로젝트, 교육과정 자료 세트, 또는 파워포인트 발표 등의 형태를 취하는 탐구 프로젝트들이다. 교생들의 현장 공부에 대한 구조와 학업적 진실성을 유지하기 위해 각 선택 프로젝트들에 대한 구체적인 지침과 기준이 제시된다. 전체적으로 현장 과제들은 교생들로 하여금 Heuberger가 "문화의 특성과 체제"라고 부르는 것들을 검증할 것을 요구한다(2004, 98). 이는 얽히고 설킨 아이디어, 역동성, 관계들을 해체함으로써 문화의 복잡성을 이해하도록 이들을 도우며, 그 결과 보다 쉽게 유사점과 차이점을 볼 수 있도록 한다.

문화 프로젝트 사무실과의 접촉은 현장 실습 기간 내내 전화와 문서를 통해 유지된다. 현지의 교원들은 교생들의 과제나 보고서를 받는 즉시 상세한 피드백을 참가자들에게 편지로 써서 보내고, 문제가 생기거나 명확히 해야 할 일이 생기면 소집 요청이 이루어진다. 프로젝트 감독은 학기가 시작할 무렵에 교생들이 출발을 잘 할 수 있는지, 초기의 관심사들이 잘 해결

될 수 있는지, 그 다음 주부터 교생들과 함께 근무할 교실 담임교사, 학교 직원, 기숙사 관리자들과는 연락이 잘 되고 있는지를 확인하기 위하여 각각의 참가자들을 방문한다. 학기 중간쯤에는 교수 중의 한 사람이 공식적인 수업 참관과 더 많은 지원이 필요한 교생들의 "어려움을 처리"하기 위해, 또 전체 집단을 대상으로 중심학교에서 하루 종일 세미나를 실시하기 위해 현장을 방문한다. 보호구역 학교 직원들, 주로 교장이나 부장교사들은 외부 감독관으로 배치되어 수업참관과 피드백 제공을 하며, 학기 중에 언제든지 나타날 수 있는 질문이나 문제 해결을 위한 자원으로서 봉사한다. 더 나아가, 모든 보호구역 프로젝트 참가자들은 문화 프로젝트 사무실이 모두 전화 한 통화로 연결될 수 있음을 알고 있으며, 몇 가지 예를 제외하고는 전자 메일을 통해 프로젝트 직원들과 필요로 하는 한 자주 연락할 수 있으며, 학업 과제를 전자 메일을 통해 제출한 후 이에 대한 피드백을 며칠 내로 받을 수 있음을 알고 있다.

문화 프로젝트를 통해 교생실습 학점을 취득하는 것과 더불어 참가자들은 준비 단계 동안, 현장에서 실습하는 동안, 보호구역 학교, 기숙사, 식당, 지역사회 참여를 통해 성취한 문화적 몰입 경험을 하는 동안, 학업 활동으로 (석사과정에 해당하는) 최소한 500-단위 교과의 9학점을 취득할 수 있다. 학부 학위과정을 거의 다 마칠 즈음에서 대학원 학점에 적용하는 학생들은 그렇게 많지 않지만, 대부분의 학생들은 나중에 석사학위 프로그램에 활용하거나 교사가 된 후 정기적인 임금 인상에 활용하기 위해 취득한 학점을 "학점 은행"에 저축하는 것을 선택한다.

그러므로, 미국원주민보호구역 프로젝트는 교실 교사와 지역사회 참여 경험 모두를 강조하는 방식으로 설계되었다. 프로젝트 참가자들은 "단순한 교생 실습"만을 할 수 없다. 오히려, 그들은 자신을 그들과 함께 살고 활동하는 사람들의 생활과 문화에 몰입시켜야 한다. 그 결과로, 실습이 배치된 학교의 지역사회뿐만 아니라 학생들과 함께 교사, 감독자까지도 중요한 많은 수준에서 교생실습에 기여하게 된다.

보호구역 프로젝트의 핵심으로서 문화행사와 지역행사의 참여

미국원주민보호구역 프로젝트가 약 30년 전 처음 시작되었을 때부터 부과했던 문화행사와 지역공동체 행사 참여는 오늘날에 이르러서 프로젝트의 초석인 동시에 필수적인 요소로 남아있다. 이 프로젝트는 지역공동체 구성원들이 지역 학교에서 가르칠 수 있는 교생들을 양성하는 데 적극적인 역할을 할 수 있고 또 그래야만 한다는 것과 지역공동체의 지식과 그러한 지식을 교실 수업에 어떻게 포함시키느냐에 대한 이해가 교생들의 다문화적 교육 역량을 발전시키는 데에 많은 기여를 할 수 있다는 두 가지 전제에 기초를 두고 있다. Banks와 그의 동료들은 다음과 같이 주장한다.

> 다양한 특성을 가진 학습자들을 가르치는 도전은 교사가 자신이 가르치는 학생들과 가르치고자 하는 교과들을 어떻게 연계시킬 것인지에 대해 계획하는 순간부터 시작된다. 이러한 연결이 생기도록 하려면 교사는 학생에 대해 알아야 한다. 즉, 학생이 누구인지, 학생들이 무엇에 관심을 가지는지, 그들이 쓰는 언어는 무엇인지, 그들의 가정에서 어떤 관습과 전통이 가치를 지니는지 등에 대해 이해해야만 한다. 이는 교사를 교육하는 데 있어서, 교사들에게 학생들과 그들의 사회에 관해 배울 수 있는 다양한 기회들을 포함할 필요가 있다는 것을 제시해준다. (2005, 264)

근무하고 있는 지역사회에의 교사 참여는 학교와 지역사회가 서로 다른 현안과 가치 체계를 가진 상황에서 더욱 중요하게 작용한다. Rhodes(1994)의 제안에 따르면 이러한 상황이 일부 미국원주민보호구역에서 나타난다. 이와 비슷하게 Gilliland는 "비원주민들의 사회 속에 있는 학교에서 종종 교사들은 원주민 아이들이 가진 문제와 문화 간 차이에 뿌리를 두고 있는 문제들의 심각성에 대해 잘 인식하지 못한다."(1995, 17)며 우려의 목소리를 냈다. Gilliland는 교사들에게 "기회가 생길 때마다 지역사회 구성원들과 함께 [원주민보호구역]을 방문하라고 권장한다. 자신이 그들을 존중하고, 그들의 문화를 존중한다는 것을 보여주고, 그들에게 진실로 대할 것이며, 학교뿐 아니라 지역사회의 다양한 다른 일들에도 관심을 가지고 있다는 것을 보여주어야 한다"(22)고 권장했다. Cleary와 Peacock가 교사가 학교가 속해 있는 지역사회와 관련을 맺어야하는 필요성을 아마 가장 잘 요약했을 것이다.

> 모두 알고 있듯이, 원주민 학교 또는 원주민 아이들이 다니는 학교의 교사들에게 있어서 가장 중요한 것은 교사 그들 자신을 학습자로서 바라보려는 노력이다. 여기서 말하는 학습자란 왜 아이들과 사회가 그들의 삶의 방식 그 자체인지에 대해 그 이유를 이해하는 데에 개방적인 학습자로서의 교사, 학교의 문화와 학생의 가정 사이의 문화 차이를 발견하고 [교육에] 고려하려고 기꺼이 노력하는 학습자로서의 교사, 또 가르치는 방법을 기꺼이 바꿈으로써 아이들이 학교에서 더 나은 기회를 얻을 수 있도록 하고 더 나아가 그 이후에 그들의 삶이 목적과 희망을 가질 수 있도록 하는 학습자로서의 교사를 말한다. (1998, 6)

이러한 노력이 잘 이루어졌을 때, 예비교사는 교생실습이 배치된 현장에서 새로운 통찰력과 관점을 가질 수 있고, 학생들의 삶의 환경에 대해 더 잘 이해하고 음미할 수 있게 된다.

실제로, 원주민보호 프로젝트에서 교생들은 학생들과 마찬가지로 같은 지역사회 내에서 지낸다. 그리고 한 학기 동안의 현장실습을 통해 지역사회의 구성원들과 직접 만나고 관계를 맺는 것을 필요로 하는 구체적인 과제들을 완성한다. 기숙사에서의 주거생활 프로그램에 기여하기, 식당에서 일 돕기, 봉사 활동 학습 프로젝트 완성하기, 격주로 제출하는 보고서의 질문에 답하기 등 모든 것들이 교생들로 하여금 사람들과 만나 이야기하고, 사람들의 생각과 관점을 탐색하며, 다양한 과제들을 함께 해결하고, 가정과 지역 센터를 방문하며, 그들의 삶과 전통을 배우는 것 등을 요구한다.

그리하여 교실 교육과 효과성을 알려주는(Mahan & Stachowski, 1993-1994) 무한한 가치의 "축적된 지식"(Moll et al., 1992)을 활용한다.

예비교사를 돕는 수단으로서의 지역사회 참여에 대한 원주민보호 프로젝트의 강조가 그들의 학생들의 가정, 지역사회, 학교와의 가교를 만들고 있기 때문에, Zeichner와 Melnick(1996)은 미국 교육부의 교육연구 및 향상 부서와 미시간주립대학교의 국립교사교육연구센터가 지원한 5년 연구의 일환으로 미국원주민보호 프로젝트를 정밀하게 분석하였다. 원주민보호 프로젝트는 이후 이 저자들이 공동 집필한 『직전 교사교육의 개혁 경향(Currents of Reform in Preservice Teacher Education)』에서 지역사회 현장 경험에 대해 한 장을 통해 특집으로 다루어졌다. Zeichner와 Melnick은 원주민보호 프로젝트의 현장실습 준비와 현장실습 단계를 통하여 "문화적 가치와 학습 패턴을 반영하고, 활용하고, 수립하는 데 있어서 자신의 교수법을 적응시키는 것에 대한 중요성을 지속적으로 강조하고 있다"고 보고했으며, 프로그램 참가자들과 졸업자들과의 인터뷰에서 "프로젝트에 협력하고 있는 교사가 도움을 주지 않을 때에도 교생들이 교실 수업을 지역사회 사람들, 실생활, 가치 등에 연결시키고자 노력하는 많은 증거"(1996, 185)를 발견했다.

더 나아가, Zeichner와 Melnick은 제한된 증거이지만, 연구에 참가했던 교생들에 의해 보고된 결과들은 교생실습 경험을 넘어서 전문적인 삶에 지속적으로 영향을 미칠 것이라고 인용하였다. 소수 인종들을 가르치는 학교에서 교사가 되기로 결심하는 것, 다양한 문화적 우위 관점에서 교육과정 자료들을 점검하는 것을 장려하는 것, 미국 원주민들과 관련한 주제로 교과 단원을 개발하는 것 등은 저자들이 언급한 예시의 일부이다. Zeichner와 Melnick은 문화적으로 다른 환경에서 소수자가 됨으로써 프로젝트 참가 교생들에게 일어나는 "기본적인 개인적 변형"에 대해서도 설명했는데, 문화적으로 다른 환경에서 소수 인종의 한 사람이 됨으로써 나타나는 결과는 다음과 같이 요약할 수 있다: "우리가 인터뷰한 대부분의 프로그램 참가자들은 [원주민보호 프로젝트가] 그들의 삶을 어떻게 바꾸어 놓았는지, 어떻게 그들을 더 인내심 있고, 덜 이기적이며, 이해심이 깊고, 개방적인 사람으로 변하게 했는지, 또 세상에서 권위 있는 위치에 있는 사람들에 대해 얼마나 더 많이 알게 해 주었는지에 대해 열정적으로 이야기했다" (189).

끝으로, Zeichner와 Melnick(1996)은 교육실습생들이 자신의 교생실습 배치 지역사회에 참여하고, 지역주민들과의 친교를 구축하는 데 어느 정도 기회를 활용하느냐가 "자신이 가르치는 학생들과 이들의 학교 밖에서의 생활에 관한 문화적 통찰력에 기초하여 교실에서 적응할 수 있는 정도를 결정짓는 데 중요한 요소"로 여겨진다는 것을 관찰하였다. 원주민보호 프로젝트 참가자들로 하여금 지역사회에 동화될 수 있도록 프로젝트 요구사항들이 설계되었음에도 불구하고, 일부 교생들은 "학교 밖의 사람들과의 접촉을 최소화하고 피상적인 관계"(191)를 맺은 것처럼 보였고, 주변으로 맴돌았으며, 그 결과로 자신들의 수업에 영향을 주는 데 반드시 필요한 지식, 통찰력, 지원망을 획득하지 못했다.

결론적으로, 미국원주민보호 프로젝트에 관한 연구의 결과로 Zeichner와 Melnick(1996)은 "[미국원주민보호 프로젝트에서] 세밀하게 구조화된 지역사회 경험은 대부분의 교생들에게는 자기 이해와 문화적 학습을 향상시키는 데 기여하였다"고 요약하였다. 이와 더불어, "지역사회 참여가 최대화될 때 교생들은 문화적으로 관련된 수업을 더 잘 수행하는 경향이 있다"(192)라고 덧붙였다. 연구자들은 직전 교육을 하는 교육자들은 지역사회에서의 현장 경험들을 포함할 수 있는 방법을 반드시 강구해야 한다고 제안하였다. 또한, 만약 교사들의 다문화적 역량 개발을 실현시키고자 한다면, 현장 학교들과 대학 사이의 동반자 관계가 지역사회로까지 확대되어야 한다는 것을 제안하였다.

미국원주민보호구역 프로젝트 참가 교생들의 보고 결과

국제교육실습(외국교육실습 프로젝트)의 지원자에 비해 그 규모가 훨씬 작은 미국원주민보호 프로젝트는 매년 약 30~40명의 교생들을 나바호 인디언 보호구역 내의 27,000평방마일 내의 학교와 지역사회에 분산 배치한다. 나바호 인디언 보호구역에서 교생 실습에 참가한 사람들의 경험은 국제교육실습 프로젝트에 참여하는 교생들만큼이나 도전적이고 중요하며 삶을 변화시킬 수 있는 능력을 가진 경험들이다. 보호구역 내의 학교에 배치된 교생들은 종종 서로 연결되지 않은 학교 환경 속에서 두 세계의 경계에 서 있는 청소년들, 즉 원주민으로서의 정체성과 주류 문화의 세계에 갇혀 생활하는 청소년들을 이해해야 하는 어려움이 있다. 이 학생들 중 일부는 그 행동을 이해하지 못하고 화를 내고 공격적으로 변하기도 한다. 교생들은 거의 대부분의 교실에서 아직 글을 떼지 못한 학생들로부터 나이에 비해 매우 높은 수준에 있는 학생들에 이르기까지 다양한 학생들에게 의미 있는 수업을 제공하려 한다. 학교, 기숙사, 지역사회에서 교생들은 자신들의 삶에서 처음으로 민족, 언어, 문화적으로 소수자가 된다는 것이 무슨 의미가 있는지에 대해 경험하게 되며, 필사적으로 그 사회에서 호감과 인정을 받기 원하지만, 관계와 소통을 위해서 사회 자체가 갖고 있는 사회적 신호, 풍습, 암묵적 규칙 등을 어떻게 처리해 나가야 할지에 대해서는 확신이 서지 않는다. 교생들은 20대라면 누구나 끌릴 만한 재미있는 일을 할 수 있는 보호구역 밖 가장 가까운 마을에서도 몇 시간 떨어진 지역사회 속에서 지리적으로 고립되어 생활한다. 간단히 말하면, 원주민보호 프로젝트가 전통적이고 평범한 교생실습의 쉬운 대안이 아니라는 점이다. 이 사실은 프로젝트에 참가하는 교생들이 실습이 시작될 때 숙지하고 있어야 한다. 단순히 학교에만 초점을 맞추지 않고, 교생들은 교실에서의 경험을 배치된 지역사회에서 참여, 문화 연구, 지속적인 반향과 학술보고 등에 통합시켜야 한다.

수년 동안 미국원주민보호 프로젝트 교생 실습의 다양한 결과가 문서로 만들어져 축적되어 왔다. 교생들의 현장 보고서, 지도교수들의 방문, 프로젝트에 참여하고 있는 교생들과 졸업생들이 지속적으로 주고받은 문서 등을 통해 수집된 자료들이 나바호 보호구역에서 가르치고 살아온 결과로부터 많은 새로운 것을 배웠으며, 나바호 교사들, 학생, 지역사회 구성원들과의 증진된 협력이 교생실습 하나만으로 이룰 수 있는 범위를 훨씬 넘어선 새로운 경험과 통찰력을 낳았다는 것을 지지해 주고 있다. 지난 8년 동안 이 자료를 토대로 많은 보고서가 만들어졌으며, 참가자들에 의해 문서화된 결과를 설명하는 논문들이 출판되었다. 봉사학습으로부터 문화적 가치의 영향에 이르는 다양한 주제를 다루었고, 전달하는 메시지는 지역사회 참여와 비판적 성찰이 요구되는 과제와 결합된 다문화 경험이, 교실 수업에 중요한 시사점을 주는 것도 있지만, 학급 경계를 넘어서 새로운 학습과 그와 관련된 통찰력을 함양하도록 했다는 것이다. 이와 관련된 일부 보고서들의 개요는 다음에 이어진다.

원주민 보호구역에서 봉사학습

앞서 언급한 바와 같이, 원주민 보호구역 프로젝트 참가자들은 지역주민이나 지역기관의 도움을 받아 지역사회에서 일어나는 봉사학습 프로젝트 중에서 적어도 하나를 함께 계획, 수행, 조사해야 한다. 학생들이 선택한 봉사학습 프로젝트들은 읽기 · 쓰기 · 셈하기가 중심이 된 실제적이고, 반성적이며, 상보적인 프로젝트여야 한다. Stachowski와 Frey(2005)는 최근 학기 중에 봉사학습 프로젝트를 완료한 39명의 교생들의 생각이 반영된 총 53개의 봉사학습 프로젝트들을 분석했다. 프로젝트는 가족 중심 프로젝트(예를 들어, 양, 염소, 소 등의 목축과 같은 가축 관리 돕기, 집수리, 추수 돕기, 건초와 물 운반, 장작 쪼개기, 전통 의식 준비 등)와 공동체 중심 프로젝트(예를 들어, 지역사회 기금 모금행사 돕기, 마을 추수감사절 만찬 준비와 음식 배정, 장례식 접수처 준비와 음식 배정, 기숙사 학생들과 함께 '지구의 날' 공동체 대청소 조직 등)였다.

교생들이 보고한 봉사학습 프로젝트들에 대한 성찰에 의하면, 그들이 수행한 봉사학습 프로젝트들은 그들의 눈을 뜨게 하는 경이로운 경험이었으며, 그 결과 다른 곳에서는 절대로 얻을 수 없는 중요한 새로운 학습이자 통찰력을 갖게 되었다는 것이다. 이들의 봉사학습 경험 보고서들로부터 다섯 가지 주제를 추출할 수 있다. 첫째, 많은 교생들은 그들과 함께 생활하고, 일하고, 도움을 준 나바호 사람들이 보여준 문화와 사회의 수혜자였다는 것을 새롭게 알게 된 점을 고맙게 생각했다. 예를 들어, Leana는 사람들의 일반적인 행복을 기원하는 전통 의식인 "축복제(Blessingway)" 에 도우미와 참가인 역할을 하면서 배운 모든 것을 깊이 되새겼다. 이 의식은 기숙사 직원 중의 한 사람과 그와 깊은 유대감을 형성한 가족들을 위한 것이었다. "사람, 그들의 문화 그리고 전통에 대해 직접적으로 배우는 것은 인생의 유일한 경험이 되었다."라고 썼으며, "이러한 경험은 책에서 읽거나 교실에서 배울 수 없는 것이다."라고 했다(Stachowski & Frey, 2005, p. 111).

교생들의 봉사학습 프로젝트 성찰로부터 나온 두 번째 주제는 교실의 학생들과 학교의 동료들에 대한 보다 깊은 이해를 포함한 다른 사람들의 삶에서 환경에 대한 더 깊은 감사의 발달이다. 예를 들어, Annie와 Beth는 원주민 보호구역에 있었을 때, 양을 유목하기를 고대했다. 그리고 Annie의 학생인 Nate 가정을 도울 수 있는 기회를 가졌을 때, 그들은 효과적으로 양을 치는 데 필요한 기술과 인내심을 과소평가했다는 것을 깨달았다. 열두 살인 Nate와 그의 할머니는 선생님이 되었고, Annie와 Beth에게 양을 어떻게 치는 것인지를 보여주었다. Annie는 자신의 5학년 학생들에게 새로운 감사의 표시를 곁들였다.

> Beth와 내가 Emma의 집에 갔을 때, 나는 Emma네 모든 집안일을 하는 환경 속에 있는 Nate를 볼 기회를 가졌다. 나는 그를 더욱 존중하

> 고, 보살피고, 이해하려는 마음을 느꼈다. 나는 마치 내가 그 나이에 했던 것처럼 그가 매일 집에 갈 수도 없고, TV 앞에 느긋하게 앉아 있다는 것을 알았다. 그런데 나와는 다르게 그는 벌목이나 유목을 하고 그 밖의 일을 해야 했다. 내가 열두 살 때 할 수 있는 것보다 훨씬 어려운 일이었다. 솔직히 말해서, 그 나이 때 나는 이기적이고 게으른 사람이었음을 알게 되었다. Nate와 그의 어머니, 할머니, 그리고 형제들을 보면서 그의 책임이 이러한 일을 하는 막중한 사람이라는 것을 알게 되었다. 그의 생활에 대해 아는 것은 쉽지 않지만, Nate가 학교에서 피곤해하거나, 기분이 나쁠 때를 살펴본다면 나는 그에 대해서 더 자세히 알 수 있었다. 그는 집에서 책임져야 할 일에 과제가 하나 더 더해지는데, 나는 어떻게 열두 살 아이가 이러한 일들을 이겨내고 성장할지 상상하기 힘들다. (Stachowski & Frey, 2005, p. 112)

세 번째 주제는 교생들에게 주어진 일과 상관없이 지역사회 주민들이 이들의 일하고 배우려는 의도를 인정해 줌으로써 이들의 봉사학습 노력이 교생들의 지역 배치를 보다 적극적으로 수용하도록 하는 결과를 가져왔다는 교생들의 신념과 관련되어 있다. 예를 들어, Rachel과 Maggie가 갑작스레 죽음을 맞이한 안타까운 학교 버스 기사의 장례식에 다양한 방식으로 기여했다. 학교 구내식당에 장례식장이 차려졌기에, 교생들은 음식 준비와 제공, 마무리 정리까지 도왔다. 그들은 지역사회에 받아들여지는 전환의 계기가 되었음을 느꼈다. Rachel은 이에 대해 다음과 같이 말했다.

> 원주민 보호구역에서의 나의 모든 경험들과 특히 이번의 경험을 통해 원주민 사람들의 삶에 익숙해지기까지는 시간이 좀 걸린다는 것이 갈수록 더 분명해졌다. 원주민들과 혼연일체가 되기 위해서는 지역사회 내에서 적극적인 참여를 통해 자신이 누구이며 왜 이곳에 와 있는지를 보여주는 의도적인 노력을 기울여야 한다는 것을 알게 되었다. 직접적인 활동을 통해 자신의 의도를 보여 주어야 한다. (Stachowski & Frey,

2005, p. 115)

넷째로, 몇몇 교생들은 봉사학습 프로젝트들은 새로운 경험들로부터 도전을 받았을 때, 종종 자신의 능력 범위를 훨씬 넘어섰을 때 개인적으로 중요한 통찰력을 가져다주었다고 믿었다. 예를 들어, Kathleen은 식당 직원 중 한 사람이 가족을 위해 베푼 하와이 풍의 생일 파티에 도움 요청을 받았다. 그녀는 그 경험이 자신에게 미친 영향에 대해 "심오하다"고 묘사하면서 "그 파티는 나를 소수 인종인의 상황으로 몰아 넣었다. 이전에 이런 상황에 있었던 적이 없다."라고 보고했다. 처음에는 남의 시선을 의식했던 그녀는 "사람들이 어떻게 나를 바라볼까에 대해 매우 민감했다. 그들이 나에 대해 어떤 이야기를 나누지나 않을까, 내가 멍청한 행동을 하지나 않을까와 같은 생각을 했다."라고 당시를 기록했다(Stachowski & Frey, 2005, p. 116).

Rachel은 버스 기사였던 Charley 씨의 장례식 접수원 역할을 함으로써 얻은 지대한 개인적 통찰력을 통해 그녀의 "백인"으로서의 문제를 해결하려 했다.

> 장례식 손님들 대부분은, 특히 가족들은 줄을 서서 지나면서 서빙하는 사람 각각에게 감사의 말을 전했다. Charley 씨 부인은 우리들의 노력에 대한 고마움을 표시하기 위해 포옹해 주었다. 그녀 말고도 감사의 말은 매우 진심어린 것이어서 나는 거의 울 뻔했다. 이러한 상호 인사는 내가 왜 그랬는지 확신할 수 없지만 나를 불편하게 만들었다. 내가 옳다고 생각하고 있는 것들이 있는데 그 중의 하나는 하찮은 자리에서 일하는 사람이나 식당 직원에게 감사의 말을 전하고 지나가는 것은 미국의 주류 문화에서는 일반적으로 하지 않는 것이다. 내가 옳다고 믿는 또 다른 하나는 손님들이 비교적 밝은 내 갈색 눈동자를 들여다보고 흰 피부를 보았을 때 내게 감사해하지 말았어야 한다는 것이다. 이 경험이 어떤 역사적 사건과도 닮은 점이 없지만 난 역사와 대치된다고

> 느꼈다. 여기서 나는 나바호 원주민들 사이에 두 명의 백인 중 한 명이었고, 백인과 나바호 원주민 사이에 우호적 관계를 형성하기 위해 노력하였으며, 이러한 노력의 목표는 역사를 통해 추구되어 왔지만 쉽게 잊혀졌다. 이러한 지역사회 행사에 참여한 한 자원봉사자로서의 매우 사소한 참여로서는 그렇게 고귀한 높은 목표를 성취할 수 없었을 것이다. (Stachowski & Frey, 2005, p. 117)

마지막으로, 많은 교생들은 그들의 봉사학습 활동들이 나바호 원주민 보호구역에서 그들의 역할을 분명히 하는 데 도움을 주었다고 보고했다. 그렇다. 그들은 가르치기 위해 그 곳에 있었지만 가르치는 일 이상의 역할을 했다. 일부 교생들에게 있어서는 봉사학습 프로젝트가 그들이 배치된 지역사회에서 현지 사람들과 함께 하는 다른 서비스나 사회적 활동들로 자연스럽게 이어졌다. Leana는 기숙사에서 아이들을 가르치는 일, 식당에서 음식을 나르는 일, 무도회에서 댄스를 가르쳐 주는 일, 다른 학교 또는 숙소 행사 등에서 보호자로서 하는 일, 또는 단순히 방과 후에 아이들과 "놀아주는" 일 등 여러 역할을 맡을 수 있는 선택의 자유를 높이 평가했다. "이러한 일들이 개인 시간에 부담을 주는 것처럼 느껴지지만, 그에 대한 보상은 이루 말할 수 없다. 우리는 교내와 교외에서 학생들을 알 수 있다. 그것은 대부분의 교사들이 가질 수 없는 관점을 가져다준다. 정말 귀중한 선물이다."라고 회고했다(Stachowski & Frey, 2005, p. 118).

교생의 교실활동과 지역사회 관여에 대한 문화적 가치의 영향

학생들의 다양한 문화적 가치, 패턴, 자질에 대해 연구하는 교육자들의 요구에 관한 Merryfield(1997), Sleeter와 Grant(1999), McLaughlin(2000)의 권고에 이어 Stachowski, Richardson과 Henderson(2003)이 원주민 보호구역과 외국 지역사회에서 교생들의 교실 활동과 지역사회 참여에 문화적 가치, 신념, 전통의 영향과 관련된 생각을 적은 보고서를 분석했다. 원주민 보호구역 프로젝트의 총 28명의 참가자는 183가지의 가치들을 생성해 냈으며, 이러한 가치들은 다음과 같은 주제에 따라 분류할 수 있었다: 전통적 생활양식, 씨족/가족, 지역사회/집단의 조화, 미신/금기, 시간에 대한 인식, 노인층, 유머, 나바호족 언어, 공유/호혜, 겸손 그리고 교육. 더 나아가, 교생들은 다양한 전문적, 사회적, 개인적 방식에서 자신들이 찾아낸 원주민들의 가치 적용을 서술했다.

예를 들어, 원주민 보호구역의 교생들은 나바호족 원주민 교사들과 숙소 직원이 그들의 부족 구성원에 대하여 직접 소개할 때 부족 소속이 중요한 개인 식별자라는 것을 현장에서 일찍 배운다. 그들은 또한 "가족"이라는 복잡한 개념은 부족 구성원과 먼 동족 · 친척을 포함한다는 것을 알게 되었다. Kate는 다음을 관찰했다.

> 나바호족 사람들은 가족이 가질 수 있는 유대감을 보여주었다. 나바호 부족들은 그들의 친척들과 거미줄을 만들어 내는 강한 밧줄에 의해 연결되어 있으며, 서로 얽혀 있으며, 책임과 의무의 교환을 허용한다. 젊은 사람들은 작물, 잣나무 열매와 겨울에 장작을 모음으로써 노인들을 돕는다. 노인들 또한 젊은이들을 기르고 삶의 방식을 가르친다(Stachowski, Richardson, & Henderson, 2003, p. 58).

나바호족의 가족과 부족 체제에 놓인 중요성에 대한 반응으로 많은 교생들은 학생들에게 가계도보다 부족 계보로 만드는 학습활동을 계획하게 했다. 몇몇 교생들은 학생들의 어린 시절에 대해 더 많이 알고, 젊은 층과 노인층 사이의 관계를 강화하기 위해 학생들이 조부모 및 다른 가족 구성원들과 인터뷰하도록 제안했다. 다른 교생들은 교실과 기숙사 활동에 가족 구성원의 참여를 높이기 위한 방법을 모색했다.

"전통 생활방식"에 관해, 많은 교생들은 나바호족의 굳건한 구전(口傳) 전통과 이야기 즐기는 것에 대해 기술했으며, 그러한 것을 그들의 가치, 전통, 역사를 사람들에게 전승시키는 방식으로 인식할 뿐만 아니라 웃음, 괴롭힘, 타인에 대한 감사함을 표하는 수단으로 설명했다. 교생들은 이러한 것을 수업에 적용하기 위해 교실로 노인들을 초대해 학생들과 함께 전래되는 이야기를 나누는 시간을 갖게 하고, 학생들로 하여금 지역의 노인 복지회관에서 봉사하도록 하며, 나바호족 전래 동요에 나오는 코요테 이야기와 다른 여러 측면에 대한 수업을 계획하였다. "집단의 조화"의 가치에 유의하여, Debra는 집단의 조화와 지역사회의 의식을 증진시키기 위해 연령층이 다양한 여학생 그룹들을 위한 기숙사 프로젝트들을 계획했으며, 이들은 서로 돕고 가르쳐 주도록 하였다. Debra는 "이러한 활동은 그들 서로가 책임감을 갖도록 장려할 것"이라고 생각했다(Stachowski, Richardson, & Henderson, 2003, p. 60). 무엇보다도, 나바호족 원주민 보호구역의 교생들은 그들이 배치된 학교와 지역사회에서 그들과 생활을 같이함으로써 이해된 가치에 근거하여 사람들에 대한 자신들의 예민한 감수성을 보여 주었다. 이러한 가치들을 발견하고 명확히 함과 더불어 다양한 교실과 지역 상황에서 적절한 활용 방법을 탐색함으로써, 교생들은 그들이 습득한 통찰력이 학교와 지역사회 생활에서 스스로의 행동을 판단하고 수정하는 데 도움이 될 수 있다는 것을 보여 주었다.

전문적 학습과 문화적 학습에 대한 교생들의 회상

Zeichner는 교생실습을 포함한 대부분의 예비교사들의 현장 경험은 교실 환경에 초점이 모아져 있으며, 보다 큰 맥락에 대한 관심이 부족하고, 그 결과로 인해 "전반적인 영역에 걸친 교사의 역할을 위한 교생들을 준비시키는 데 실패한다."고 했다(1996, p. 216). 원주민 보호구역 프로젝트에서 참가자들은 교실과 지역사회의 역동성, 쟁점, 경향 등을 모두 탐구할 것을 요구받으며, 그 결과로 Zeichner가 기술한 것보다 넓은 범위에서 전문적이고 문화적인 학습을 한다. Stachowski와 Frey(2003)는 교생들로 하여금 구체적이며, 전문적이고 문화적인 학습의 결과물을 확인하도록 안내하기 위해 활용된 현장 과제 질문들을 분석했다. 교생들이 원주민 보호구역 학교에서 한 학기 동안의 현장 실습기간을 통해 배운 "수업의 전문성" 측면에 의하면, 이들은 수업의 본질, 학습 경영, 개인적-전문적 특성, 학교 학생들, 교육과정, 관계 형성, 그리고 학교 문화와 관련된 통찰력을 기술했다. 물론 그들이 인용한 많은 구체적 예시들, 즉 일일 · 장기간 학습계획 개발, 수업과 활동에 다양성을 결합시키는 일, 개별화된 지도 방법과 같이 전통적인 교생실습 과제의 학습 결과라고 할 수 있다. 그러나 나머지는 나바호족 원주민 보호구역 학교에서의 현장 교생실습이 반영된 것들이다. 예를 들어, Helen의 중요한 전문적인 통찰은 그녀가 가르친 초등학교 학생들은 이중언어를 사용하는 학생들이 많았지만, 이들은 영어도 능숙하지 못할 뿐만 아니라 나바호족 언어도 능숙하지 못하다는 것을 알게 된 사실이다. 그러한 학생들은 글과 말로 제시된 지시사항들을 따르는 데 어려움을 겪었다. 마침내 그녀는 학생들이 "말로 할 수 없더라도, 나바호족 언어로 설명했을 때 어떻게 하는지에 대해 더 잘 이해한다."는 것을 알게 되었다(Stachowski & Frey, 2003, p. 40). 그래서 지시사항과 설명을 두 언어로 제시하기 위해 나바호 지도교사와 교실 도우미로 구성된 팀을 만들었다.

이와 대조적으로, 교생들이 기술한 "문화 수업"은 현장 경험의 요소로 지역사회 참여와 문화 연구가 부과되었을 때 교생들의 학습은 교실과 학교 영역을 훨씬 뛰어넘어 더 잘 이루어짐을 뒷받침해 주었다. 기숙사와 식당의 직원들과의 교류를 통해서, 그리고 지역사회 기관과 지역 가정들의 관계를 통해, 교생들은 전통과 현대 사이의 관계, 현 나바호족 사회, 문화 사이의 소통, 문화 경쟁, 나바호족의 교육 도전, 학생 생활환경 그리고 역사적 이해와 관련된 인식을 기술하였다. 비록 공간의 제약으로 이러한 모든 주제들을 현장 가까이서 검증하지 못하였지만, 향상된 문화감성과 문화들 사이 교육 경쟁력의 시사점은 확실히 드러난다.

예를 들어, 원주민 보호구역 프로젝트에서 지역사회 참여를 강화시키는 주요 이유 중 하나는 교생들로 하여금 그들의 학생들 가정환경에 대해 보다 잘 이해하여 더 효과적으로 가르칠 수 있도록 하기 위함이다. 많은 비원주민 교사들에게 있어서, 문화적 차이, 물질적 빈곤과 나바호족 아이들에 대한 독특한 사회적 기대는 수용하기 어렵거나 심지어 이해하기 어렵다. 더 나아가, 많은 나바호족 젊은이들에게 있어서는 가정의 책임들이 종종 학교의 기대들과 대립하기도 한다. 원주민 보호구역 학교에서는 학생들의 결석이 잦은데, 그 한 가지 이유는 많은 젊은이들과 그들의 가족들은 학교 출석과 중요하지만 가끔 기나긴 문화 행사나 활동 사이에서 종종 선택을 강요받기 때문이다. 교생들 중의 한 사람인 Aaron은 5일간의 축복제(Blessingway) 기간 중 첫째 날 밤에 가족들이 하룻밤 내내 드나들었던 기억을 떠올렸다. 비록 많은 학생들이 방과 후에 이러한 의식 행사에 참석할 것이지만 나머지 학생들은 행사에 참여하기 위해 일주일 또는 행사 내내 학교에 결석할 것이다. 학생들의 학업 성공을 위해 정기적인 출석이 매우 중요한 것과 같이 나바호족 학생들에게 있어서는 정기적으로 행사에 참석하는 것이 나바호족 문화를 배우는 데 필수적이다.

고향 문화에 대한 교생들의 인식 변화

약간 다른 방식에서, Stachowski와 Brantmeier(2002)는 총 60명의 교생들(원주민 보호구역내 30명과 해외 지역 30명씩)에게 대부분 미국 문화의 주류인 그들의 "고향" 문화에 대한 변화된 인식을 분명하게 하는 방법의 하나로 현장 경험을 생각해 보도록 했다. 교생들 대부분에게 있어서, 현재의 사람들과 현재의 사물들이 있게 만든 요인들과 그들 자신들과 주변 사람들을 인식하게 하는 방식을 형성하도록 영향을 준 가족, 민족성, 지역사회 그리고 국가의 힘을 검증하도록 요구받은 것은 처음이었을 수도 있다. 원주민 보호구역 프로젝트에 참여한 30명의 교생들은 나바호족 보호구역에서 겪은 문화 경험에 따른 결과로 "고향"의 인식에 대한 111가지 변화를 보고하였다. 이 변화들은 각각 긍정적 관점과 부정적 관점으로 분류되었고, 더 나아가 주제들로 구조화되었다. 원주민 보호구역 프로젝트 참가자들에게 있어서, 자신들의 고향 문화에 관해 알게 된 새로운 인식을 긍정적으로 간주한 여러 개의 주제들이 나타났다. 이들을 살펴보면, 교육체제, 더 나은 소통, 고향 문화에 대해 더 알고 싶은 욕구, 편리함(물질적인 것과의 접근성), 가족과 대인관계에 대한 높아진 고마움, 환경문제에 대한 높아진 관심(재활용 정책을 포함), 더 나은 반려동물 양육과 대우 등이다.

이와는 대조적으로 고향 문화에 대한 교생들의 인식에서 더 많은 변화는 부정적인 측면에서 나타났다. 문화적으로 다른 환경 내에서의 교생실습은—심지어 국경 내에서도—아마 자신의 가치와 관행이 보편적으로 공유되었다는 믿음을 가지고, 주어진 것을 항상 가정해 왔던 그들 삶의 많은 측면들에 대해 질문하고 분석하도록 하였다. 이 분류에 속한 주제들에는 삶의 속도, 나바호족으로의 동화과정 인식, 가족과 대인관계에 대한 중요성 저하, 지역사회 지원 부족, 전통 · 유산 의식 결여, 물질주의, 에너지 · 자원 낭비 등이다. 예를 들어, 몇몇 참가자들은 주류 문화에 대해 나바호족 국가 내에서의 상대적 빈곤의 경험에 비추어 지나친 물질만능주의로 여겼다. 한 교생은 이렇게 적었다. "이곳에서의 생활은 손가락 끝으로 행복하게 해주는 온갖 편의 시설이 필요하지 않다는 것을 알게 해주었다."(Stachowski & Brantmeier, 2002, p. 17). 부정적인 측면에서 가장 중요한 인식 변화 중 하나는 교생의 고향 문화 속의 전통의식 결여를 인식하게 된 것이다. 한 학생이 지역사회 유대에서 느낀 것과 참석한 원주민 집회에서 본 것을 회상했다: "나는 저런 것과 같이 우리를 결속시키는 것을 우리 문화 안에서는 하나도 찾아볼 수 없다."(p. 17). 또 다른 학생은 문화가 "결여되었다"는 인식된 의식에 의해 속았다고 느끼는 것같이 보였다: "내가 나바호 원주민들 사이에서 느끼고 관찰한 문화, 전통, 단결과 같은 느낌이 들지 않는다. Rez(원주민 보호구역)에 온 첫째 주에, 내가 문화를 가졌다고 볼 수 없는, 비디오 게임과 물건을 찾아 상가를 돌아다닐 필요가 없는, 예상치 못한 현실이 다가왔다."(p. 17).

Adler(1975)가 제안했던 바와 같이, 비록 비교문화 경험은 다른 문화로 향하는 과정의 시작일지라도, 그것은 결국 자신과 자신의 문화에 대한 높아진 인식 및 이해의 과정이 되며, 교생들의 경우는 더욱 그러하다. 본질적으로, 교생들에게는 "타인을 통해 자신을 바라보는" 기회가 주어졌고, 그렇게 함으로써 나바호족 학교와 지역사회에서 함께 살고 가르치고 참여하는 생활을 통해 그들 자신들과 타인을 보다 폭넓게 이해할 수 있었다.

나바호족 학생들의 자긍심 향상을 위한 교생들의 노력

여기서 마지막으로 분석하고자 하는 마지막 보고서는 보호구역 내의 초·중등학교 교실에서 나바호족 젊은이들의 자긍심을 촉진하고, 증강시키고, 향상시키기 위해 43명의 교생들이 기울인 노력에 초점을 맞추었다(Stachowski, 1998). 교생들은 모두 304가지 전략과 기술, 프로젝트와 활동, 그리고 구체적인 서적과 자료들을 기술한 후, 이러한 것들을 다음과 같은 주제로 묶었다. 이들을 살펴보면, 문화와 관련된 수업단원, 재료 및 자료의 활용, 학생들의 성취를 도울 수 있는 경험 제공, 학생들의 삶과 정체성 탐구 장려, 대안적인 수업·학습·평가 모형 활용, 교실 공동체 의식의 증진, 학생 각자의 요구를 수용하기 위한 개별화 노력, 학생들의 학습 결과물을 다른 반에게 보여 주거나 전시하는 것 등이다.

교생들은 "만약 여러분이 문화를 학습 활동에 포함시키지 않는다면, 미국 원주민들은 여러분이 그들과, 그들의 문화, 그들의 아이디어, 그리고 원주민들을 정말로 존중하고 있다는 것을 어떻게 믿겠는가?"와 같은 Gilliland의 도전에 반응하면서 수업의 일부를 문화와 관련된 수업으로 만들기 위해 놀랄 만한 노력을 보였다(1995, p. 94). 교생들은 문화와 관련된 단원과 자료를 국어, 과학, 수학, 미술, 음악, 사회 등 전반적인 교육과정 영역에 접목시키기 위해 활용한 75가지의 서로 다른 접근법을 찾아냈다.

예를 들어, 한 교생은 "내 학생은 Luci Tapahonso라 하는 나바호족 여인이 지은 이야기를 발표했다."라고 보고했다. 수업시간에 이와 같은 이야기들을 활용함으로써 그러한 이야기들이 공부할 만한 가치가 있는 정당한 자료로서 학생들의 눈에 비치게 된다. 나바호족 이야기들은 주류 사회 문학에서는 크게 부각되지 않기 때문에 학생들이 그들의 문화에 존재하는 좋은 작품들에 대해 아는 것이 중요하다(Stachowski, 1998, p. 342).

특별나게 창의적인 한 교생은 자기 학생들을 위해 "나바호 제퍼디 퀴즈쇼" 게임을 개발했다. 그 활동에 대해 "부족 대표, 가치 체계, 지역사회 지도자들, 신화로부터 나바호족 (사투리) 언어에 이르는 질문"이라고 설명했다. 학생들은 제1언어로 말하고, 긍지를 갖고 자기 부족들의 이야기를 술술 풀어내고, '나바호 제퍼디 II'에 활용할 질문을 창안해내기 때문에 기막히게 좋은 시간을 보냈다(Stachowski, 1998).

자기 학생들에게 문화와 관련된 교육을 제공하기 위한 교생의 노력은 그녀의 최종적인 사고에서도 찾아볼 수 있다. "학생들은 나의 교실이 그들의 문화와 같고 후손으로서 갖추어야 할 지식을 보상하는 환경으로 구조화되어 있고, 따라서 자기 자신과 학습의 긍지를 증진시킨다는 것을 깨달았다."(Stachowski, 1998, p. 344). 전체적으로, 교생들은 Gilliland의 권유, 즉 "미국 원주민 문화는 기본적인 수업의 가장 중요한 부분이 되어야 한다."(1995, p. 11)는 것에 주의를 기울였으며, 그렇게 함으로써 교생들 또한 실습 과정에서 종종 나바호족 학생들을 그들의 방식으로 지도하면서 학습자들이 되었다.

비구조화된 개인적 표현과 보호구역 프로젝트가 성공했다는 추가적 증거

앞부분에 요약하여 제시한 출판된 보고서들 이외에도 미국 원주민 보호구역 프로젝트가 우수한 다문화 경험을 제공함으로써 문화적 민감도, 문화적으로 우수한 교육, 넓어진 세계관을 향상시키는 데 성공했다는 것을 뒷받침하는 풍부한 자료가 있다. 앞서 교생들의 격주(bi-weekly) 보고서에서 언급되었던 비구조화된 개인적인 표현, 실습 말미에 작성된 프로젝트 평가서, 1년 후에 발송된 연례 "고용인 설문조사"에 나타난 회고 글, 그리고 전·현직 참가자들—종종 졸업 후 수년—사이의 개인적인 편지와 같은 여러 종류의 "체계화되지 않은 개인적 표현"들은 미국 원주민 보호구역 프로젝트가 교생들의 인생을 변화시키고 마음을 넓히는 데 개인적·전문적인 깊은 영향을 준다는 것을 알 수 있다.

예를 들어, Sandra는 소수 민족이 된다는 것이 어떤 것인가를 경험하면서 자기 고향에서 나바호 부족 사람들과 매우 친밀히 지낼 수 있는 기회를 갖기를 소원하였다.

> 보호구역 프로젝트 참여와 관련해서 많은 이점이 있습니다. 다른 이들의 문화에 몰입할 수 있는 방법 중에서 이보다 더 좋은 방법은 없습니다. 우리는 나바호 부족과 함께 살고, 함께 먹고, 함께 일하고, 그리고 그들의 자녀들을 돌봅니다. 우리는 다른 어떤 교생들에 비해 차원이 다른 수준에서 학생들을 잘 알게 되었습니다. 소수민족이 된다는 것이 어떤 것인가에 대해 느낄 수 있는 것이 중요합니다. 나는 학교에서 이와 같이 느껴본 적은 결코 없으며, 축제와 같은 실외 문화행사에서도 마찬가지입니다. 나에게 가장 도움이 되었던 것은 나 혼자 누리는 우물 안에서 나갈 수 있었다는 것이었습니다.

이와 유사하게 Bill은 "다른 문화를 가진 친구를 사귄다는 것은 엄청난 이점이 있다"고 보고하였다. 그가 열거한 이점은 다음과 같다.

- 나바호 문화에 대한 보다 완전한 이해
- 세계와 미국에 대한 전체적인 이해도 증가
- 교육자로서의 나의 믿음에 대한 깊은 이해
- 다른 삶의 방식과 인생관에 대한 학습

● 미국에 아직도 존재하고 있는 문제점들을 눈으로 직접 확인

보호구역 프로젝트를 통해 자신의 지식이 넓어지고 세계에 대한 이해도가 증가되었다고 제안한 교생은 Bill뿐만이 아니다. Tammy도 다음과 같이 진술하였다.

> 나는 내가 나바호 부족 보호구역에서 같이 생활하기 전에는 기대하거나 상상하지도 못했던 변화를 일부 체험했다. 그동안 뉴스나 정치에 대해서 나와는 동떨어진 것으로 생각했는데, 최근에는 우리나라와 세계 곳곳의 일들이 나의 일인 것처럼 느껴진다. 세계 곳곳의 일들을 축소하여 모두 한눈에 보는 듯한 생각이 든다. 물리적으로 내가 사회에서 매우 동떨어진 곳에 있는데, 세계 곳곳에서 일어나는 일들이 과거에 비해 더 가깝게 느껴진다.

Nelson 또한 나바호 보호구역 프로젝트가 그의 세계를 보는 안목에 커다란 기여를 하였다고 보고했다. 그가 배치된 곳은 두 개의 애리조나 북부 고속도로의 교차지점에 자리 잡은 지역이었다. 북쪽으로는 애리조나 주와 유타 주 경계에 Monument 산맥이 있고, 서쪽으로는 아마 몇 시간만 운전해 가면 그랜드 캐년에 도달하는 곳이다. 다른 보호구역들과는 달리 이 지역적 위치 때문에 그 지역에는 3개의 호텔체인, 주유소, Bashas' 슈퍼마켓, 맥도날드와 버거킹, Radio Shack(전자제품 마트)가 들어선 오래된 교역소가 있음을 자랑거리로 삼는다. Nelson과 최근 대화에 의하면, 이러한 요소들로 인해 "외국에서 온 많은 손님들로 북적댄다."고 한다. Nelson은 다음과 같이 기록하였다.

> 사람들이 종종 [북미 원주민 보호구역] Rez에 대해 생각할 때, 그들의 마음에는 실제와는 매우 다른 상상들로 가득 채워져 있다. 실제로는 [이 지역은] 세계 곳곳에서 온 관광객들과 소통하기 위해 수많은 언어들로 말하는 사람들로 가득 찬 국제적인 마을이다. 이러한 사실만으로

> 도 이 마을에 대한 인식을 넓게 하며, 수많은 사람들에게 영향을 미치는 많은 대규모 쟁점들에 대해 깨어있다. 예를 들면, 9/11 이후 국제 관광객들의 감소로 이 마을의 관광산업은 고난을 겪었다. 이 마을의 특정 상점들과 지역 산업들이 외국인들과 관련된 서비스를 하기 때문에 이러한 국제관광객들의 영향력은 무시될 수 없다.

Nelson은 그가 교생실습 배치를 받아 거주했던 마을에서 일어난 문화들 사이의 만남, 즉 미국 원주민 땅의 경탄할 만한 자연적인 아름다움을 즐기기 위해 온 서부유럽인들의 문화들 사이의 만남이 가져오는 결과에 대해 생각하면서 보고서를 다음과 같이 마무리지었다. "이것은 가끔 서구문화들에서 존중된 옛날 문화와 더 오래되었지만 서구사회에서 존중받지 못한 원시문화 사이를 연결하여 최고점에 이르는 분위기를 창출한다."

Jayson에게 있어서 그가 보호구역에서 경험한 가장 중요한 결과는 한 사람이자 한 교사로서 자신을 발견한다는 것이다. 그는 "하나의 새롭고 다른 문화에 빠져든다는 것은 나로 하여금 내 자신과 나의 수업 스타일을 발견하게 하는 가장 좋은 방법이었다. 새로운 얼굴들, 새로운 아이디어들, 새로운 환경들, 새로운 사람들 모두가 나로 하여금 나 자신을 정말로 알게 하였고, 한 교사로서 내가 누구인지를 알게 하였다."라고 썼다. 나중에 "비구조화된 개인적인 표현"의 하나로서 Jayson은 다음과 같은 시를 제공했다. 그는 이 시를 "보호구역 지층 위에 있는 자신의 반영"이라고 불렀다.

> 책장 위에 있는 거울은 나의 마음을 빼앗았다. …
> 여기 이곳, Rez에서 살면서
> 나는 종종 가장 아름다운 곳과 시간에 나 자신을 본다.
> 그리고 미소를 지으면서, 아주 크게, 나의 이를 드러내지 않으려 하면서
> 여기 이곳, Rez에서 가르치면서,
> 나는 나의 선생님 의자에 느슨하게 앉아, 내 학생들이 그들의 목표를

성취하는 것을 바라본다.

그리고 울면서, 정말 소리 없이, 나의 눈물을 보여주지 않으려 하면서
여기 이곳, Rez에서 배우면서,
나이 든 나바호족 노인이 그들의 지혜를 말하는 것을 듣는 동안 나는
열 살 먹은 소녀처럼 느낄 것이다.
그리고 숨을 쉬면서, 아주 조용히, 나의 하얀 피부를 보여주지 않으려
고 노력하면서
여기 이곳, Rez에서
내 이웃의 존중하는 눈들을 통해 나 자신을 본다.
내 학생들의 사모하는 눈들을 통해 나 자신을 본다.
책장 위의 거울에 비쳐진 결연한 눈들을 통해 나 자신을 본다.
그리고 나는 내가 되어야 할 사람, 내가 항상 되고 싶은 누군가를 보며
웃는다.

흥미롭게도, 이 글에서 이야기와 말이 인용된 많은 교생들은 그들의 첫 발령지로 그들이 학생들을 가르쳤던 학교이든 아니면 보호구역의 다른 부서이든 간에 여기 나바호 보호구역에 남는 것을 선택했다. 지역적으로 고립된 지역에 남아 자신들의 직업 생활을 시작하고, 보호구역 마을에서의 교육과 생활에 대한 도전과 보상을 이해하며, 그들의 보호구역 생활의 핵심 부분이 되게 하기 위하여 문화적이면서도 지역사회 참여가 계속되도록 결정하려는 젊은 대학 졸업생들의 결심에 기여하는 요인들을 탐구하는 연구가 최근 수행되고 있다. 그러므로 매우 흥미로운 초기 연구 결과이지만, 지금은 교사자격증을 취득하였지만, 사전에 이러한 보호구역 프로젝트에 참여한 교사들은 교생으로서 배웠던 많은 전문적이고 문화적인 수업을 실제로 내면화했다. 그리고 초등학교와 중등학교 교사들로서의 자신들의 역할 측면에서 지속적으로 성장 · 발전하고 있다.

국내의 다문화교육 경험 프로그램 개발자들을 위한 제언

미국 원주민 보호구역 교육실습 프로젝트는 국내의 다문화교육을 경험해 보는 좋은 모델이며 다른 대학교나 대학캠퍼스에서 교사교육 프로그램으로 활용될 수 있다. 이 프로젝트가 생겨난 지 30년이 넘는 세월 동안 이 프로젝트가 지속될 수 있었던 것은 매년 대학 예산을 책정해 주는 교육대학의 행·재정적인 지원 덕분이었다. 하지만, 이 프로젝트의 초기에 시행되었던 가장 중요한 특성들은 지금도 강조되고 있으며, 이런 특성들이 프로젝트가 장기적인 성공을 거둘 수 있도록 기여하였다. 이러한 특성에 기초하여, 새로운 프로그램의 개발과 구조를 안내하기 위해 6가지의 중요한 제언을 제공한다.

첫째, 교생들은 자신들의 제 역할을 발휘해야 하는 다문화 학교와 그 사회에 대해서 사전준비를 철저히 해야 한다. 교생들은 자기들이 배치될 학교의 교육 쟁점, 도전, 우선순위, 의무사항 그리고 그 외의 실제에 대한 실질적인 지식을 가지고 있어야 한다. 또한, 교생들은 적어도 실습 배치 지역을 이끌어 가는 정치, 역사, 사회, 경제, 문화적인 힘에 대한 기본 정보를 가지고 있어야 할 뿐만 아니라, 그 지역사회 생활에 영향을 주고 있는 최근의 쟁점들에 대해서도 이해해야 한다. 우리는 만약 학생들이 실습지로 출발하기 전에 기본적인 준비가 되어 있지 않으면, 교생들과 초청 학교 및 지역사회도 제재를 가하고 있다.

둘째 제언은 참가자들이 그들의 교생실습 기간 동안 그들이 가르칠 지역사회에 살도록 의무화하는 것이다. 보호구역 프로그램이 성공할 수 있었던 이유는 교생들이 보호구역과의 경계선 위에 있는 마을인 갤럽(Gallup), 플래그스탭(Flagstaff), 파밍턴(Farmington)과 같은 마을이 아닌 보호구역 안에 거주했기 때문이다. 문화적 몰입이 일어날 수 있는 정도를 최대화하기 위해서는 다문화 지역 경험에 참여하는 교생들은 자기 자신들의 안락하고 친숙한 환경으로 돌아오는 마지막 날까지 자신들의 학생들의 세계를

"떠나서는 안 된다." 앞서 한 교생이 기술한 바와 같이 참가자들은 초청 문화 집단의 구성원들과 함께 "살고, 먹고, 일할" 필요가 있다. 즉, 지역 상점에서 물건을 사야 하고, 그들의 가정을 방문해야 하고, 지역사회의 활동이나 행사에 참여해야 한다. 예를 들어, 만약 참가자가 하루 일과가 끝난 후 시 외곽에 있는 자기 집으로 돌아가기 위해 시내 중심에 있는 학교를 나설 때에는 중요한 문화적 학습, 즉 지역사회에 지속적으로 참여함으로써 일어나는 종류의 학습은 성취하기 힘들다.

참가자들이 배치된 지역사회 내에서 살기 위해 손에 손을 잡고 함께 할 필요가 있다는 것이 셋째 제언이다. 지역사회 참여가 다문화 실습 과정에서 핵심 요소이다. 교생들에게 교실, 학교 건물, 거주지의 벽을 넘어 다양한 연령층과 사회 각계 각층의 지역민들과 접촉하도록 하는 과제들은 교실의 학습활동으로 전이될 수 있는 문화적 학습이 일어나도록 하는 데 매우 중요하다. 교생들로 하여금 서비스 학습(전공지식을 사회봉사에 접목) 프로젝트에 참여하도록 할 수 있으며, 지역민들의 시각을 알기 위한 인터뷰, 지역사회와 교류를 통해서만 얻을 수 있는 지식으로 완성할 수 있는 에세이 등을 요구할 수 있다. 지역사회 참여를 통한 소산물은 값을 따질 수 없으며, 보호구역 프로젝트가 보여준 바와 같이, 이러한 것들은 교생들에게 아주 강력하고 깊은 영향을 준다.

넷째, 다문과 경험은 체계적이고 집중적이어야 한다. 교생들은 특정의 기대치와 책임감을 갖고 실습에 임해야 할 뿐 아니라, 새로운 학습에 대한 반성과 절차 등을 기록하도록 해야 한다. 그렇게 하지 않으면, 중요한 행사, 경향, 가치, 그리고 학교와 지역사회 환경에서의 교류 등에 피상적으로 노출시켜 심오한 학습과 중요한 통찰력을 잃을 수 있는 위기에 처할 수 있다. 예를 들어, 보호구역 학교와 지역사회에 얽혀 있는 정교하고 전문적이며 문화적인 학습은 교생들로 하여금 이어지는 상황으로 이르게 하거나 따라할 수 있도록 할 것이다. 즉, 문화적 차이에 대한 인식과 감각이 있는 상황, 이러한 차이에 기초한 학생들의 요구를 수용한 수업, 그리고 학교와 지역사회 참여에 대한 사려 깊은 반성 등은 학생들의 장기 목표를 성취하는 데 기여할 것이다. 실질적으로, 우리의 참여자들을 위한 다음 단계는 대학을 졸업하는 것이고, 교사 자격증을 받고, 자신들의 초등학교와 중등학교 교실에서 가르치는 것이다. 다문화적 실습 배치는 교생들이 다양한 형태의 개인적인 책임감을 받아들이고, 미래에 전문가로서의 기능을 할 수 있도록 요구한다. 이들에게 이러한 것들을 요구하지 않으면, 교실에서 다른 사람들의 자녀들을 위한 책임감을 효율적으로 감당하지 못할 것이다.

다섯째, 프로그램 개발자들은 배치 학교의 직원들—학교 관계자, 교사, 공공 기관과 그 외에 교생들의 현장 경험에서 적극적인 역할을 책임질 다른 관계자들—과 좋은 관계를 향상시켜야 한다. 이러한 관계자들은 프로그램의 목표와 요구사항들을 이해할 필요가 있다. 또한 이들은 이 프로그램 준비단계에서부터 포함해야 할 적절한 학습활동과 읽기자료를 추천할 수 있는 기회를 가져야 한다. 교사 양성 과정에서 학기마다 프로그램 참가자들을 배치하고 지도감독하기 위한 노력을 극대화시키기 위해 학교 관계자들은 긴밀한 협력자들로서 인식되고 대우될 필요가 있다. 문제들이 일어날 때면 이들에게 대학이나 대학의 프로그램 개발자들이 옆에서 도울 수 있다는 확신이 필요하다. 또한, 교생들이 머나먼 문화적 장소를 향해 대학 캠퍼스를 떠났다고 할지라도 교생들은 항상 함께하고 있다는 확신이 필요하다. 학생들을 맡는다는 것은 학교와 관계자들에겐 부과적인 일이라는 것을 의미한다. 그러나 그들의 다문화적 배치 장소에서 성공적으로 잘 준비된 교생들은 맨 처음에 교생 실습 배정을 받아들인 바로 그 학교들에서 교사 자리를 받을 수 있는 후보가 될 수 있다.

마지막으로, 처음부터 새로운 프로그램을 개발하는 것보다 기존 프로그램을 활용하는 것이 좋다. 예를 들어, 미국 원주민 보호구역 프로젝트는 다른 대학교의 학생들에게도 문이 열려 있다. 그리고 실제로 매년 인디애나 주와 그보다 더 먼 거리에 있는 몇몇의 다른 기관에서 참여자들이 나바호족 보호구역에서 교생실습과 지역사회 관련 경험을 위해 인디애나대학교의 다른 프로그램에 참여한다. 함께 일을 함으로써 각자가 단독으로 할 수 있는 것보다 더 많이 할 수 있고, 자료, 아이디어, 절차, 연계들을 공유할 수 있는 것은 값으로 측정할 수 없는 가치가 있다.

결론

이 장에서는 학생들이 관심이 없거나 해외 현장실습을 갈 수 없는 경우 대체 실습의 하나로서 미국 원주민 보호구역 프로젝트라는 하나의 다문화 교육실습을 몇 개의 차원에서 탐구해 보았다. 가장 좋은 사례의 시나리오로서 국내 다문화 교육실습 배치를 외국교육실습과 함께 제공함으로써 학생들이 추구하는 현장실습에 선택권을 줄 수 있다. 보호구역 프로젝트에 참여한 교생들은 그들의 경험들은 중요한 교훈을 가지고 있다는 결론을 내렸다. 그러한 교훈은 다양한 문화에 존재하는 교육, 학교 교육, 문화, 지역사회, 삶에 관한 것으로서, 그들에게 이러한 것이 남아 있기를 바라고, 오늘날 그들이 교육자로서, 일반 시민들로서 계속해서 성장하기를 바란다. 이와 같은 많은 교훈들은 의심할 여지도 없이 시행착오를 통해 배우게 되고, 종종 눈물과 좌절을 동반한 시행착오를 통해 배우기도 한다. 보호구역 프로젝트 참가 결과로 그들이 얻은 통찰력은 나바호 보호구역의 경계를 넘어 교생들의 삶에 영향을 주고 안내를 하면서 훨씬 높게 도달할 것이다.

교생들에게 지역봉사활동을 교생실습에 접목시키고 과제를 통해 실습에서 배운 것들을 기록하도록 했고, 이를 통해 전문적인 교육실습과 문화적, 사회적 참여를 결합시켰기 때문에 필자는 보호구역 프로젝트가 성공적이었다고 믿는다. 이러한 과제들은 교생들로 하여금 수많은 새로운 경험을 추구하고, 새로운 아이디어들을 개발하고 조직하며, 그들이 배치된 학교, 사회, 문화 환경을 반영하고 이해할 수 있는 수단을 제공한다. 지역사회 내에서의 활동과 구조화된 과제를 통한 사고를 결합함으로써 교생들은 오늘날 우리 학교가 필요로 하는 문화적으로 민감하고 다문화적으로 경쟁력 있는 교육자가 된다.

Matthew의 다음과 같은 말은 다문화 교생 경험을 통해 얻을 수 있는 통찰력을 잘 정리해 주며, 학생들을 위해 하나의 선택으로서 지속적으로 다문화 체험 기회들을 만들려는 우리와 같은 교육자들에게 동기부여 원동력을 제공해 준다. "나는 두 개의 전혀 다른 문화가 같은 가치관, 도덕, 아이디어, 유사성을 가질 수 있다는 것을 배웠다. 다른 두 문화는 노력과 투지를 통해 모두에게 도움을 주는 뭔가 특별한 것을 만들기 위해 연합할 수 있다."

참고문헌

Adler, P. S. 1975. The transitional experiences: An alternative view of culture shock. *Journal of Humanistic Psychology* 15, no. 4:13-23.

Banks, J., M. Cochran-Smith, L. Moll, A. Richert, K. Zeichner, P. LePage, et al. 2005. Teaching diverse learners. In *Preparing teachers for a changing world: What teachers should learn and be able to do*, ed. L. Darling-Hammond and J. Bransford, 232-74. San Francisco: Jossey-Bass.

Brown, S. C., and M. L. Kysilka. 2002. *Applying multicultural and global concepts in the classroom and beyond*. Boston: Allyn & Bacon.

Cleary, L. M., and T. D. Peacock. 1998. *Collected wisdom: American Indian education*. Boston: Allyn & Bacon.

Darling-Hammond, L. D., and S. P. Garcia-Lopez. 2002. What is diversity? In *Learning to teach for social justice*, ed. L. Darling-Hammond, J. French, and S. P. Garcia-Lopez, 9-12. New York: Teachers College Press.

Fedullo, M. 1992. *Light of the feather: Pathways through contemporary Indian America*. New York: Morrow.

Gilliland, H. 1995. *Teaching the Native American*. 3rd ed. Dubuque, IA: Kendall/Hunt.

Heuberger, B. 2004. *Cultural diversity: Building skills for awareness, understanding and application*. 3rd ed. Dubuque, IA: Kendall/Hunt.

Howard, G. R. 2006. *We can't teach what we don't know: White teachers, multiracial schools*. 2nd ed. New York: Teachers College Press.

Kissock, C. 1997. Student teaching overseas. In *Preparing teachers to teach global perspectives: A handbook for teacher educators*, ed. M. M. Merryfield, E. Jarchow, and S. Picked, 123-42. Thousand Oaks, CA: Corwin Press.

Knighten, B. n.d. The importance of a global education: Interview with Dr. Merry Meriyfield. At www.outreachworld.org/articleprint.asp?articleid=77 (accessed February 26, 2006).

Lenski, S. D., K. Crawford, T. Crumpler, and C. Stallworth. 2005. Preparing preservice teachers in a diverse world. *Action in Teacher Education* 27, no. 3:3-12.

Mahan, J. M., and L. L. Stachowski. 1993-1994. Diverse, previously uncited sources of professional learning. *National Forum of Teacher Education Journal* 3, no. 1:21-28.

McLaughlin, T. H. 2000. Values in education. In *Key issues in secondary edocation*, ed. J. Beck and M. Earl, 109-17. London: Cassell.

Merryfield, M. M. 1997. A framework for teacher education in global perspectives. In *Preparing teachers to teach global perspectives: A handbook for teacher educators*, ed. M. M. Merryfield, E. Jarchow, and S. Picked, 1-24. Thousand Oaks, CA: Corwin Press.

——. 2000. Why aren' t teachers being prepared to teach for diversity, equity, and global interconnectedness? A study of lived experiences in the making of multicultural and global educators. *Teaching and Teacher Education* 16, no. 4:429-43.

Moll, L. C., C. Amanti, D. Neff, and N. Gonzalez. 1992. Funds of knowledge for teaching: Using a qualitative approach to connect homes and classrooms. *Theory into Practice* 31, no. 2:132-41.

Reyes, S. A., N. Capella-Santana, and L. L. Khisty. 1998. Prospective teachers constructing their own knowledge in multicultural education. In *Being responsive to cultural differences: How teachers learn*, ed. M. E. Dilworth, 110-25. Thousand Oaks, CA: Corwin Press.

Rhodes, R. W. 1994. *Nurturing learning in Native American students.* Hotevilla, AZ: Sonwai Books.

Sleeter, C. E., and C. A. Grant. 1999. *Making choices for multicultural education: Five approaches to race, class, and gender*. 3rd ed. New York: John Wiley & Sons.

Stachowski, L. L. 1998. Student teachers' efforts to promote self-esteem in Navajo pupils. *Educational Forum* 62, no. 4:341-46.

Stachowski, L. L., and E. J. Brantmeier. 2002. Understanding self through other: Changes in student teacher perceptions of home culture through immersion in Navajoland and overseas. *International Education* 32, no. 1:5-18.

Stachowski, L. L. and C. J. Frey. 2003. Lessons learned in Navajoland: Student teachers reflect on professional and cultural learning in reservation schools and communities. *Action in Teacher Education* 25 no. 3: 38-47.

Stachowski, L. L., and C. J. Frey. 2005. Student teachers' reflections on service and learning in Navajo Reservation communities: Contextualizing the classroom experience. *School Community Journal* 15, no. 2:101-20.

Stachowski, L. L., J. W Richardson, and M. Henderson. 2003. Student teachers report on the influence of cultural values on their classroom practice and community involvement: Perspectives from the Navajo Reservation and abroad. *Teacher Educator* 39, no. 1:52-63.

Utter, J. 2001. *American Indians: Answers to today's questions*. 2nd ed. Norman: University of Oklahoma Press.

Zeichner, K. 1996. Designing educative practicum experiences for prospective teachers. In *Currents of reform in preset-vice teacher education*, ed. K. Zeichner, S. Melnick, and M. L. Gomez, 215-34. New York: Teachers College Press.

Zeichner, K., and S. Melnick. 1996. The role of community field experiences in preparing teachers for cultural diversity. In *Currents of reform in preservice teacher education*. ed. K. Zeichner, S. Melnick, and M. L. Gomez, 176-96. New York: Teachers College Press.

6

이중 언어 교사의 양성:

교사교육에서 문화와 언어의 국제 경쟁력을 제고하는 방향으로

Reyes L. Quezada, Cristina Alfaro

국제 B/CLAD 교사교육 프로그램을 통하여 나는 특정 국가에 편중되지 않는 즉 "국경에 얽매이지 않는 교사처럼" 예리하게 비판하고 사고하는 방법을 얻었다고 생각한다. 또한 전 지구적인 관점에서 보면 세계는 언어, 문화, 사회, 교육 정책적인 면에서 상호 연결되어 있음을 알게 되었다.

— 멕시코 케레타로에서 활동 중인 미국의 이중 언어 예비교사

국제 교류에 따른 인구 이동은 다양한 인종, 민족, 종교, 계층, 언어를 가진 국제 학생들의 증가를 낳고 있다. 이 장에서 기술하고 있는 내용은 학교에서의 다양성 교육의 중요성을 토론하는 것이 아니다. 공교육에서의 다양성 교육은 피할 수 없는 당연한 교육 현실인 것이다(Quezada and Osajima, 2005). 이 장에서는 교사교육의 국제화 관점에서 볼 때 중요하고 가치 있는 것들을 찾아 제공함으로써 교사교육을 담당하는 사람들이 보다 넓고 통합적인 방법으로 세계적인 다양성을 갖도록 도와주려는 것이다. 우리는 문

화적 능숙함을 토론하는 것에서부터 시작하고자 한다. 또한 이것의 가장 중요한 첫걸음은 세계적인 안목을 가지고 문화와 언어적인 능숙함과 연관되어 자신의 위치와 교육 기관의 역할에 관하여 깊게 사고하는 것에서 출발한다. 국제교사교육 프로그램에서 하고자 하는 의지, 개방성, 세계적인 관점에서의 다양성 등을 신장시키는 것은 바람직한 이중 언어 교사 배출을 위한 중요한 기반이 될 것이다.

이 장은 다음과 같은 중요 분야의 개요를 설명하도록 구성되었다: 인구학, 교사교육에서의 문화적 · 언어적 능숙함, 교사교육을 국제화하려는 움직임, 유연성 있는 교사교육 프로그램의 예시를 위한 해외 이중 언어 교사교육, 국제적인 교사교육 프로그램의 개요, 프로그램 평가, 프로그램 발달의 핵심 부분, 제한적이고 어려웠던 요소들, 프로그램의 성공. 또한 이 장에는 관련 의문사항들의 논의와 국제 학생 교육 분야에 관한 선별 자료의 요점도 기술되었다. 각각의 섹션에서 필자는 국제 이중 언어 교사교육 프로그램과 관행, 이와 관련한 기본 구조 형성의 주요 이론, 연구 성과 등에 관하여 토론하고자 한다. 필자는 교실 내에서의 학습과 학교 환경, 지역사회적 요소들 간의 관계를 엿볼 수 있는 다양성 이해가 중요함을 강조하고자 한다. 지역사회의 영향은 학생들의 모국에서 시작되기 때문에 미래의 국제 이중 언어 교사들을 학생들의 모국에서 미리 훈련시킴으로써 예비교사들이 학생들의 모국 문화를 배우고 경험할 수 있게 한다. 학생들의 모국에서 예비교사들이 그 나라의 문화와 교육적인 관습, 체계 등을 직접 습득하는 것이 이중 언어 교사들을 배출하는 데에 있어서 가장 좋은 방법이라고 생각한다. 영어를 사용하는 예비교사들을 위한 해외 국제학생 교육 프로그램은 많이 있었지만 그들 중 스페인어를 중점으로 한 이중 언어 자격증명서를 가지고 있는 예비교사들은 찾아보기 힘들었다. 이중 언어 자격증명서 수여에 관련한 프로그램은 캘리포니아주립대학에 있는 국제교사교육 프로그램(CSU-ITEP)이 유일했다. 이 프로그램은 캘리포니아주립대학의 교사자격 이수 위원회로부터 인정받은 과정으로서 고등교육을 받은 교사들과 문화적, 언어적인 차이를 좁히는 것을 돕고, 교사와 학생 모두의 요구에 부응하기 위해 운영되고 있다.

초기 과정에서 양 국가의 인구통계자료

국제적 인구통계자료는 공교육에서 21세기에 교육자들이 당면한 심각한 어려운 상황을 보여준다고 할 수 있을 것이다. 우리는 인구의 다양성이 인종, 민족, 문화, 그리고 언어계통에 따라 크게 증가하고 있음을 볼 수 있다. 예를 들어, 1990년과 2000년 사이에 라틴계와 아시아인의 인구는 각각 61퍼센트와 69퍼센트로 증가했다. 이것을 토대로 계산하면 2025년쯤에는 학생들의 절반 이상이 유색 인종일 것이라고 예측할 수 있다(McFalls and Cobb-Roberts, 2001, 164). 벌써, 대도시 부근의 공립학교의 재학생 대부분이 "소수민족" 이다. 캘리포니아 주는 2004~2005년 동안 6,322,083명의 재적 학생 중에서 K-12반의 65퍼센트 이상의 학생이 소수민족이고, 전체 학생의 46.8퍼센트를 히스패닉 학생이 차지하고 있다고 발표했다(CDOE 2006). 또한 로스앤젤레스의 통합된 학교 구역에서 700,000명의 학생들의 70퍼센트가 히스패닉이었다. 이중에서 거의 절반정도는 가난한 가정에서 왔고, 삼분의 일 이상의 학생들이 영어에 익숙하지 않아 추가적으로 영어를 학습하고 있었다(Zhou, 2003, 216). 마이애미에서는 18세 이하 인구의 80퍼센트 정도가 히스패닉이거나 흑인이다(216). 뉴욕에서는 18세 이하 인구의 70퍼센트 정도가 히스패닉, 흑인, 또는 아시아인이었다. 또 다른 한편으로, 인구통계의 개요에 관해서 교사들과 행정부는 날카롭게 대립하고 있다. Hodgkinson(2002)은 전국적으로 교사의 86퍼센트와 교장의 84퍼센트는 백인이라고 발표했다. 미국 학교에서 영어 학습자를 위한 교육과정(ELLs)의 재적 학생 수는 몇 년 사이에 급증했다. 2003~2004년 인구조사에서 5,013,539명의 K-12 학생들의 9.19퍼센트가 ELLs에서 학습하고 있었다(OELA, 2006). 캘리포니아 주 한 곳에서만 2004~2005년 사이 재적 학생 중

25.2퍼센트인 1,591,525,000000명이 ELL에서 학습하고 있었다(CDOE, 2006). 이 학생들은 스페인어를 비롯한 다양한 언어 배경을 가졌다.

문화적으로 능숙한 표본을 통해 국가 경계 뛰어넘기

국제교사교육 프로그램에 대해서 이야기하자면, 학교와 교육대학들이 그들의 영역에서 국제교사교육 프로그램의 지지기반을 어떻게 유지하고 발전시키느냐가 첫째로 고려해야 할 관건이다. 다문화에 대한 이해와 언어 습득에 관한 교육 이론을 증진시키는 프로그램들은 영어를 학습하는 학생들의 다양한 요구에 부응할 수 있고, 이는 이중 언어 교사 지원자들을 최선으로 준비시키려는 교사교육자들의 노력을 뒷받침해주고 있다. 문화적으로 능숙한 이중 언어 국제교사교육 프로그램을 실행하는 것은 미국 학교의 이주민 자녀들을 가르치고 도와줄 수 있는 높은 문화 이해력과 언어적 경쟁력을 가지고 있는 교사를 창조하는 데에 한 발 더 나아가는 것이다.

Linsey, Robins, 그리고 Terrell(1999)이 발표한 문화적 숙련도의 표본은 국제교사교육 프로그램 발달의 개념적 뼈대로 사용될 수 있다. 이 표본은 국제교사교육 프로그램이 문화적, 언어적으로 다양한 국제 환경에서 원활하게 상호작용할 수 있도록 도움을 주는 이론적인 틀을 제공해 준다. 이 표본의 강조점은 교사교육 프로그램과 교수진들의 다양성과 관련한 능력을 평가하는 인사이드 아웃(inside-out) 접근에 있다. 인사이드 아웃 접근에서 대학들, 교육대학들과 교사교육자들이 국제교사교육 프로그램과 실습과 관련하여 문화적, 언어적인 차이점을 어떻게 다루는지를 살펴보면 교육자들과 그들의 교육기관이 어느 곳에 위치해 있는가를 평가해 볼 수 있다(Quezada and Osajima, 2005). 문화적 숙련 표본은 비교를 통한 상대 평가를 하는 데에 있어서 유용한 틀을 제공한다. 아래의 도표에서 명시하고 있는 문화 숙련 연속체는 좀 더 능숙한 국제교사교육을 준비하기 위해 국제교사교육 프로그램을 계획할 때 고려해야 하는 여섯 가지 요소를 보여준다.

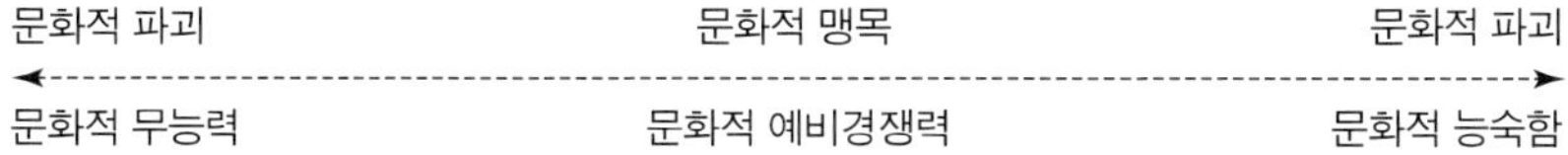

그림 6-1 문화적 숙련도 연속선

문화적 파괴성

Linsey, Robins, 그리고 Terrell(1999)은 태도, 정책, 문화적 관습 파괴와 같은 파괴성을 연속선상에서 가장 낮고 부정적인 요소로 설명했다. 문화적 파괴성의 대표적인 예들은 오로지 영어만을 쓰게 하는 규칙(English-only policies), 2개 국어 교육 프로그램 폐지와 같은 것인데 이것은 근본적으로 학생들이 학교에서 그들의 모국어를 사용하는 것을 금지하고 있다. 주 전체의 수준에서 시행되는 이러한 규범들은 학교 수준에서 큰 반향을 불러일으킬 수 있고 영어를 능숙하게 사용하지 못하는 학생들이 효과적으로 영어를 학습하는 데에 장애가 될 수 있다(Quezada and Osajima, 2005). 교사교육 프로그램에서 문화적 파괴는 2개 국어 사용이 가능한 교사를 배출하는 프로그램이 없어졌을 때 나타난다. 필자는 지금까지의 통과된 계획들이 문화와 언어적 다양성을 가진 학생들을 고려해 최선으로 교육하는 것에 중점을 둔 것이 아니라 "누가 투표할 수 있는가", 그리고 대부분 법의 영향을 적게 받는 사람들 위주였다고 생각한다. 문화적 파괴는 교육기관들이 국가의 권한을 증명하는 데에 부합하지 않다는 이유로 교사 지원자들이 해외 학생들을 가르치는 것을 제한할 때 또한 나타난다.

문화적 무능력

문화적 무능력 집단은 "극단적인 편견을 보이면서 지배적인 그룹의 우세함을 믿고 소외된 집단에게 강압적인 자세를 취하는 기관이나 개인들"을 일컫는다(Linsey, Robins, and Terrell, 1999, 34). 이러한 상태에 있는 기관들이나 개인들은 새로운 변화를 위한 기회를 제한하는 고집스러운 편견과 두려움을 가지고 있다. 교사교육 프로그램에서 이러한 편견들은 오직 미국에서 받은 교사 준비과정만이 가치 있고 반면에 다른 나라의 교사 자격증은 그보다 못하기 때문에 국제 프로그램과 호혜성을 가질 수 없다는 인식에서 비롯되며 이러한 인식은 대화나 프로그램 계획을 실행하는 과정 등에서 드러난다.

문화적 무분별성

세 번째 주제인 문화적 무분별성은 Linsey, Robins, 그리고 Terrell에 의하면 "피부색과 문화가 전혀 차이를 만들지 않고 모든 사람이 같다고 생각하는 것" 이다(1999, 35). 이것은 이 책의 다른 장에서 다루고 있는 이중 문화간의 발전을 설명하고 있는 Bennett의 최소의 단계와 유사하다. Linsey, Robins, 그리고 Terrell은 더 나아가 도표에서 가장 문제가 되는 부분은 문화적인 이해가 부족한 교육자들의 편견인데, 이러한 편견은 문화와 민족의 차이에서 비롯되는 다양한 문제들을 지속적으로 이해하기 어렵게 만든다고 한다. 문화적 무분별성이 발생하면 교수진들과 국제교사교육 프로그램에 참여하고 있는 예비교사들 사이에서는 상반되는 관점이 나타날 수 있다. 문화적 무분별성의 한 예는 문화적으로 그리고 언어적으로 다양한 아이들을 사회경제적 요인과 공동사회의 영향, 가정환경, 또는 각 나라의 프로그램과 교육 활동에서의 구조적인 불공정성을 고려하지 않은 채 교육하는 것이다.

준비를 통한 문화적 경쟁력 함양

네 번째로, 준비를 통해 발전된 문화적 경쟁력은 "여러 문화들 사이의 소통과 지원에 대한 한계를 인식하는 것" 이다(Linsey, Robins, and Terrell,

1999, 36). 사람들은 대부분 공평한 대우를 제공받기를 원하지만 자주 그들은 그들에게 가능한 선택의 범위를 인식하지 못한다. 국제교사교육 상황에서, 지원자들은 해외에서 학생들을 가르치고 있는데, 종종 어려운 상황에 부딪친다. 그것은 해외의 교육시스템에서 공부하는 예비교사들이 미국의 지도교수들로부터 우수한 관리를 받지 못하고 있을 것이라는 믿음과 편견에서 비롯되고 있고 그런 이유로 미국의 교육적 구성 요소들을 계속 반복하게 될 수도 있다.

문화적 경쟁력

이 장의 다섯 번째 주제는 문화적 경쟁력인데 이것은 대학들과 교육대학교들이 다름을 받아들이고 존중하며, 역동적인 차이를 주의 깊게 살필 때 나타난다. 또한 그들 자신만의 지식과 믿음을 계속적으로 평가하며, 그들의 문화적 지식과 원천을 지속적으로 확장시켜 나가고, 그들 자신만의 믿음체계나 정책 관습을 다양하게 적응시켜 나갈 때 뚜렷해진다(Linsey, Robins, and Terrell, 1999, 37). 이러한 것들을 기반으로 해서 예비교사들은 해외에서 학생들을 교육하는 데에 참여할 수 있어야 하고 교수진들은 이러한 해외에서의 교육 경험을 받아들이고 존중해 주어 미국으로 도입시킬 수 있는 해외의 교육과 지식을 가치 있게 여겨야 한다.

문화적 능숙함

이 장의 마지막 주제는 문화적 능숙함이다. 문화적으로 능숙한 대학들과 교육대학교, 그리고 그 대학교의 교수진들은 학습과 교육과정의 모든 방면에서 높은 문화 수준에 도달할 수 있도록 노력할 것이다. 교수진과 교사 지원자들은 문화적인 다양성을 잘 이해하고 있고, 새로운 그룹과 상황에 직면했을 때, 익숙하지 않은 문화에 대해서 학습하기 위한 연구 조사 결과들을 어떻게 모아야 할지 알고 있다. 문화적으로 능숙한 교육자들은 문화적 지식들을 체계화하고 이를 그들의 교육기관에서 실행하려고 노력한다. 그들은 폭넓게 다양한 분야의 사람들을 교육 분야에 참여시키기 위해 미리 실천적인 단계를 준비한다(Quezada and Osajima, 2005). 효과적인 국제 교사교육을 위해서 교수진들은 그들의 예비교사들이 해외의 다른 교사 지원자들과 협력한다면 예비교사들이 해외에서 학생들을 가르치는 활동이 보다 효과적일 수 있을 것이라 믿고 있다. 교사 지원자들은 학생들을 가르치거나 양쪽 나라에서 실습 과목과 관련된 분야에 대한 경험을 습득할 수 있고 현지의 공동체 지원 프로젝트에도 참가할 수도 있다. 덧붙여서, 문화적 능숙함의 향상을 위해서 양국의 교수진들은 교수 학문 교류 프로그램을 통해 학생들을 교육하고 관리한다.

문화적 능숙함은 교육자들의 준비성과 의지를 확인할 수 있고 고등교육기관이 국제교사교육의 맥락에서 문화적 이해도를 향상시킬 수 있다는 점에서 매우 중요한 요소이다. 우리는 교사와 교육자들이 고등교육기관에서 문화적인 측면의 이해를 능숙하게 하는 데에 큰 관심을 가지고 있다면, 예비교사들이 자신의 지식을 넓히고 다양한 토의 활동에 참가하는 것이 바람직한 교육 환경 구축에 큰 도움이 되어 줄 수 있을 것이라고 믿는다. 결과적으로 이러한 활동들은 예비교사들이 세계적인 안목을 갖출 수 있도록 교육하고, 교사들이 다양한 방법으로 학생들을 교육할 수 있도록 격려함으로써 결과적으로 매우 효과적인 교육 방법을 제공할 것이다(Quezada and Osajima, 2005). 예비교사들이 문화적 능숙함을 신장시키기 위해 노력할 때 다양한 언어와 환경을 가진 학생들을 교육하는 헌신적인 의지도 증가할 수 있고, 각국의 학생들을 효과적으로 교육할 수 있는 다양한(문화적 그리고 언어적으로) 교육 이론과 실습 능력을 키울 수도 있다.

교사교육을 국제화하려는 움직임

우수한 국제교육 경험을 가지고 있는 교사를 준비시키려는 교사교육 프로그램을 만들 때, 교육기관들은 경제적 자원과 본보기가 될 수 있는 프로그램 양쪽 모두를 고려하여 체계를 구축해야 한다. 교사교육자들은 미국의 현지 아이들과 문화, 인종, 언어적으로 다른 아이들을 효과적으로 가르칠 수 있는 교사교육을 고려해야 한다. 교육기관들은 대부분 전통적인 교육과정을 따르고 있기 때문에 교사 자격 과정은 사회 주류 계층들에게 중요시되는 태도와 가치에 중심을 두고 있고 획일적이고 배타적인 규범들을 재생산하는 체계들을 갖고 있을 뿐이다(Bell and Munn, 1999~2000). 사회 주류의 가치를 중심적으로 고려하다 보면, 교사교육은 우세한 다수의 세계를 보는 관점을 타당화할 수 있는 도구가 되고 유색인종의 관점을 무시하게 된다(Deplit, 1995; Smith and Zantiotis, 1989). Freire(1997)는 두 개 이상의 언어를 사용할 수 있는 예비교사 프로그램이 상황적인 학습 경험과 대화를 통한 상호 작용을 제공해야 한다고 강조한다. 이 경험은 예비교사들이 다양한 현실과 문화를 아우르는 시각을 갖출 수 있게 함으로써 예비교사들은 명료하고 효과적으로 학생들을 교육할 수 있는 능력을 신장시킬 수 있다.

문헌에 따르면, Quezada(2005)는 해외에서 학생들을 가르치는 두 개의 본보기 프로그램을 확인했다. 첫 번째 모델은 교육대학교의 기존에 있었던 프로그램과 2개 국어를 사용하는 학생들을 가르치는 프로그램을 스스로 발전시키는 "진취적인 교수진, 대학의 지원"을 구축하거나 세계 각국의 교육 프로그램과 협력하는 것이다. 두 번째 모델은 "제휴 프로그램"인데 미국의 다양한 학교를 포함하고 있는 대학 연합의 일부로서 교육대학을 포함하고 있고 해외의 여러 대학들과 협력하고 있다. 후자의 프로그램의 경우에는 학생들이 실제로 교육현장에서 학생들을 가르칠 수 있는 네 가지의 가능한 경우가 있다. (1) 미국방부 k-12(유치원에서 고등학교까지의 교육기간) 학교, (2) 해외 학교의 미국인들을 지원하는 미국부서, (3) 독립적인 국제/미국인 학교들, (4) 현지국의 공립 또는 사립학교들이다.

미국방부 k-12 학교는 해외에 파견된 군복무 가족들을 위해 운영되고 있다. 교육하는 언어는 영어이고 교육과정도 미국식이다. 이러한 학교들은 유럽, 아시아, 괌, 푸에토리코, 파나마, 쿠바에서 찾아볼 수 있다.

해외 학교의 미국인 학생들을 지원하는 미국 부서의 경우에는 수업료를 지불하는 한 모든 학생들에게 열려 있는 사립학교가 대부분이다. 이러한 학교들은 국부무로부터 지원을 받으며 해외의 미국 교육의 본보기로서 역할하고 있다. 어떤 것은 미국 대사관에 있기도 한데 많은 미국인 이주민들이 살고 있는 지역에 대부분 위치하고 있다. 외교관의 자녀들은 이 학교를 다니곤 한다. 대부분의 경우 교육하는 언어는 영어지만, 때때로 영어와 현지어 두 가지를 교육하기도 한다.

세 번째 학교의 경우는 국무부로부터 지원받지 않는 사립학교인데 국제적인 교육과정을 가지고 있고 미국인이나 영국인, 캐나다인 학생을 대상으로 하고 있다. 교육하는 언어는 영어다. 하지만 이 학교들은 대부분 두 가지 언어를 교육하는 데 하나는 영어이고 또 다른 하나는 현지어이다. 미국인에게 지원받으며 독립적인 국제/미국인 학교로 불리는 학교들도 늘어나고 있는데 이들은 IB(국제대학 입학자격) 프로그램을 제공하고 있다.

네 번째 경우는 현지의 학교를 말하는데, 현지의 표준어를 교육받는 현지의 아이들이 다니고 있는 공립학교를 말한다. 국제 학생 교육 기회를 제공하기 위해서 어떤 대학들은 해외의 대학들과 미국의 대학들의 국제 협력 프로그램에 참가하기도 한다. 예비교사들을 위해 필수적으로 고려해야 하는 학습 경험의 필요성을 명심하면서 우리는 이제 미국의 다양한 학생들을 문화적으로도 언어적으로 능숙하게 교육할 수 있는 이중 언어 교사들을 준비시키기 위한 현존하는 교사교육 프로그램을 보완할 것이다.

국제교사교육 프로그램(ITEP): ITEP를 위한 본보기

캘리포니아 주의 교사교육 프로그램은 예비교사들이 최고의 교육 전략을 능숙하게 준비할 수 있도록 한다. 이러한 전략은 캘리포니아 주의 표본인 전문적 교육 프로그램 CSTP나 최상 수준의 레벨을 겸비한 교사를 확인하는 과정, 또는 국제 위원회 무대에서의 전문적 교사 기준(NBPTS)에 따른다. 매우 놀랍게도, CTSP나 NBPTS 양쪽 프로그램 모두 교사들이 문화적, 언어적 경쟁력의 필요성을 말하고 있지 않다. 그러나 두 개의 언어를 사용할 수 있고 두 개의 문화를 이해할 수 있는 경험과 지식을 가진 교사들은 사회 내에서 다양한 언어와 문화를 이해하는 데에 매우 중요한 역할을 하고 있다. 이것을 명심하고, 우리는 우리 사회에서 스페인어를 비롯한 다른 다양한 언어를 쓰는 매우 많은 학생들을 효과적으로 가르칠 수 있는 교사를 준비시킬 필요가 있다.

ITEP는 캘리포니아주립대학(CSU)에서 2개 국어(스페인어/영어) 자격증을 부여하는 프로그램인데 이것은 다양한 과목을 가르치는 초등예비교사를 위한 것이다. 이 프로그램은 캘리포니아주립대학교의 국제 프로그램 부서를 통해 관리되고, 캘리포니아 교사 자격증 수여 위원회(CCTC)의 승인을 받았으며 다양한 과목에서 스페인어와 영어를 사용할 수 있는 능력을 인정받은 예비교사들에게 자격증을 부여했다. 이 프로그램은 멕시코시티에서 처음으로 시작되었고 1998년에 미국과 멕시코의 케레타로(Queretaro)로 확장되었다. 이 프로그램이 처음 개시된 샌디에이고주립대학교를 제외하고서도 다른 아홉 개의 CSU 캠퍼스가 참여했다: San José, Hayward(지금은 East Bay Campus), Long Beach, San Bernardino, Sacramento, Sonoma, Bakersfield, Fullerton.

ITEP의 목표는 Hollins, King, 그리고 Hayman(1994)에 의해 만들어진 성과를 바탕으로 예비교사들을 효과적으로 준비시키는 것이다. 다양한 학생들을 효과적으로 교육할 수 있는 교사들을 준비시키는 과정에서 문화적,

사회정치적 문제는 중심적인 고려사항이 된다. 문화적 그리고 언어적으로 세심한 교육, 소수를 위한 체계적 전략, 인류의 경험을 통한 문화적 중요성과 다양성이 교육과 학습에 주는 영향력, 공동체를 기초로 한 예비교사의 다양한 문화적 경험에 초점을 맞추어 예비교사들을 훈련시킨다. 이 프로그램의 우선적인 임무는 예비교사들이 이중 언어와 이중 문화에 대해 갖고 있는 선입견을 해소할 수 있게 할 뿐만 아니라 "두 개의 분리된 사회의 문화적 환경(학생들의 모국 문화, 그들이 거주하는 사회의 지배적인 주류 문화)에서 개인이 어떻게 작용하는지" 에 대한 과정을 이해하는 방법도 배울 수 있게 한다(Darder, 1992, 48). 몇몇 학자들은 이러한 과정을 2개 문화 공존(biculturalism)이라고 불렀다. 두 개의 문화가 상호작용을 하며 문화에 대한 개개인의 이해가 뒷받침되어야 하기 때문이다(Darder, 1992; Ramirez and Castaneda, 1974).

국제교사교육 프로그램(ITEP)은 교사들에게 초청 강연을 통하여 그들이 일하게 될 환경의 민족언어학적인 지식의 이해를 신장시키고 문화적 이해도를 높일 수 있는 기회를 제공함으로써 예비교사들이 전문성을 가질 수 있도록 도와준다. 이 프로그램에 참여한 예비교사들은 종종 그들 자신을 사회적이고 정치적인 상황에 노출시키는 경험을 하게 된다. 이 프로그램은 개개인에게 앞으로 그들이 곧 가르치게 될 학생들을 이해할 수 있는 기회를 제공할 뿐만 아니라 역사적, 문화적, 사회적 존재로서의 자기 자신의 이해 증진에도 도움을 주고 있다.

이 프로그램은 최근 CSU에서 시작하여 샌디에이고주립대학교(SDSU)까지 미국 전역에 걸쳐 예비교사들을 봄과 여름의 북엔드(bookend) 과정의 기간 동안 연구하게 하고 학생들을 가르치게 했다. 이 프로그램의 예비교사들은 다른 해의 여름, 가을, 봄 기간 동안 멕시코에서 1년의 기간을 보낸다. 지원자들은 이 연구과정에 참여하면서 멕시코에서 총 9개월 동안 그리고 샌디에이고, 캘리포니아 지역에서 세 달 동안 학생들을 가르친다. 그들은 멕시코에 머무는 동안 그 지역의 사립, 공립학교에 출입할 수 있다.

자격 과정을 끝마친 지원자들은 초등학교에서 여러 과목을 두 개의 언어로 교육할 수 있고 높은 문화적 이해도를 가지고 있음을 인증받는 학습발달 자격증(B/CLAD)을 캘리포니아 교사 자격 위원회(CCTC)(CSUS n.d)로부터 받는다. 이것은 CCTS로부터 인증받는 캘리포니아의 유일한 국제 자격 프로그램이다. 이 프로그램은 처음에는 스페인어가 그들의 모국어임에도 불구하고 스페인어를 능숙하게 하지 못하는 예비교사들을 위해 만들어졌다. 지난 5년 동안, 스페인어를 능숙하게 사용할 수 있는 많은 지원자들이 그들의 단어를 전문화하고 언어적인 지식을 확장시키기 위해서 참여했다. 부록은 멕시코와 미국 양국에서 B/CLAD 교사 지원자들이 참여했던 일련의 과정들을 설명한다.

최근의 프로그램은 Sevretaria de Education Publica(Queretaro State of Education)와의 상호 협력관계를 발전시켰는데 약 1,000,000명의 인구가 거주하고 있고 멕시코시티에서 북쪽으로 약 125마일정도 떨어진 곳에 위치하는 조그만 도시들에서 2개 국어를 사용할 수 있는 예비교사들이 학생들을 가르치도록 한다. SDSU에서의 프로그램 오리엔테이션이 끝난 뒤 2개 국어를 사용하는 예비교사들은 Esculela Normal del Estado de Queretaro(Queretaro의 보통 교육대학교)에서 공부를 하면서 9개월을 보내고 세 부류 학교(사립, 공립, 현지의 학교들)에서 학생들을 가르친다. 그들의 현지에서의 경험은 멕시코의 오악사카(Oaxaca)에서 아틀라코물코(Atlacomulco)까지 멕시코 전역의 학교들을 포함한다. 2개 국어 사용 예비교사들은 8주 동안 공립학교에서, 2주 동안 사립학교에서, 그리고 3주 동안 현지의 학교에서 교사교육 실습과정을 수행하며 멕시코 교수들과 대학의 지도교수들로부터 교육 훈련 방법을 학습한다. 그들이 미국으로 돌아오면 2개 국어를 사용하는 예비교사들은 SDSU에서 교사 자격 훈련 과정을 끝마치고 이미 B/CLAD 자격증을 가지고 있는 다른 교사들과 협력하여 추가로 10주 동안 2개 국어를 사용하여 학생들을 가르치게 된다(Alfaro, 2003).

멕시코에서 머무는 9개월 동안 2개 국어를 사용하는 예비교사들은 현지의 가족들과 살게 되거나 때로는 프로그램 교수진들의 가족들과 생활하거나 아니면 교육, 문화적, 언어적 연수회에서 다른 멕시코 국제 교사 지원자와 교류할 수도 있다. 그래서 지원자들은 캘리포니아의 교육 기준과 멕시코의 교육 기준을 모두 학습할 수 있으며 다양하게 조성되어 있는 교육 기회 경험을 풍부하게 할 수 있다. 반면에 멕시코에서는 예비교사들이 멕시코인 교수진들에게 언어와 문화적 과정을 배운다. 서로 다른 사회문화적 상황과 여러 문학적 배경을 가진 학생들을 가르치는 경험은 예비교사들이 문화적, 교육자적, 이념적 충돌을 경험하게 한다(Alfaro, 2003). 여러 다른 종류들로 이루어진 경험은 예비교사들이 그들의 개인적인 신념과 멕시코와 미국 양국 사회의 지배적인 사상들을 모두 소화할 수 있도록 도와준다. 결과적으로, 예비교사들은 미국과 멕시코 양 국가의 사회적으로 소외된 계층의 교육에 대해 정치적 · 이념적 관점으로 날카롭게 검토할 수 있다. 이러한 경험은 문화적 학습에서 큰 역할을 한다(Cushner and Brislin, 1996).

프로그램의 영향

1994년에서 2006년까지, 약 200명 가까이 되는 예비교사들이 ITEP 프로그램에 지원하고 졸업하였으며 이 중 80퍼센트는 최근에 2개 국어를 기반으로 학생들을 가르치고 있고 나머지 20퍼센트는 미국의 영어 교실을 기반으로 학생들을 교육하고 있다. 물론, 이것은 이 프로그램으로 인해 모든 참가자가 자동으로 변화되었다는 것을 나타내지는 않는다. 지원자들의 성찰적인 기록들과, 프로그램 평가들, 일화들이 담긴 기록들, 그리고 의문점들이 변화를 만드는 데에 큰 도움이 된다. 처음으로 프로그램에 참여한 사람들 중 교육에 관한 문제들에 관해 비판적으로 분석하려는 성향을 가진(80퍼센트) 사람들 또는 양 두 가지 측면의 경계 모두에서 다양한 관점을 얻으려는 의지를 가진 사람들은 이 프로그램에서 이념적 명료함과 교육 분야의 전문성을 갖게 되었다(Alfaro, 2003).

Quezada와 Alfaro(2007)는 CSU의 국제교사교육 프로그램(ITEP)의 네 명의 교사들의 체험 과정을 조사하는 연구를 실행했는데 그들의 경험은 그들이 세계적인 안목에서 2개 국어를 사용하는 교사들이 될 때 기존에 자리 잡고 있던 그들의 문화와 협상하는 과정에서 그들이 겪게 되는 이념적인 충돌과 관련한 경험이었다. 이 연구는 국제 학생 교육의 기반을 다지는 다양한 문화, 언어적, 사회경제적 배경을 가진 초등학교 학생들을 교육할 때 2개 국어를 사용하는 교사들의 경험의 중요함을 알려준다. 이 연구는 교육상의 이념적 지도, 중요한 실용적 경험, 그리고 2개 국어를 사용하는 교사들의 이념적인 명료성과 국제적인 안목을 바탕으로 한 교육 신념의 기반을 조사한다.

이 조사에서 네 가지 주제를 살펴볼 수 있는데 (1) 불공정함의 인식, (2) 변화의 대리인으로서의 교사, (3) 학생들의 친밀감, (4) 내부와 외부의 관계이다. 이 네 가지 현상은 멕시코의 ITEP 프로그램에서 제안한 학습 결과에 관한 발견이다. 충돌에 관한 설명은 2개 국어를 사용하는 교사로서의 역할과 영어를 학습하는 학생들을 교육하는 개인적인 신념에서 비롯된 것이라고 인식될 수 있는데 이것은 이 연구를 위해 시행된 면접 조사의 중심 내용이었다. 2개 국어를 사용하는 교사들은 그들의 교육자적 의지를 확실히 하거나 그들 자신만의 교육과정을 통해 그들의 신념을 알렸다.

불공정함의 인식은, 이 연구의 가장 첫 번째 주제인데, 양 국가의 측면에서 언어와 출신국가, 피부색, 또는 사회경제적 지위에 영향을 미치는 불공정함을 반영할 수 있는 이중 언어 교사들의 능력과 관련된다. 두 명의 라틴계 참가자들은 그들의 행동이 아이들에게 큰 영향을 미칠 수 있다고 생각했고, 따라서 그들은 불공정성에 대해 조심할 필요가 있음을 알게 되었다.

'변화의 대리인으로서의 교사' 부분에서는 예비교사들이 직면하게 되는 갈등들과 2개 국어를 사용하려는 노력으로 그들 자신이 교실에서 변화의 대리인이 될 수 있는 힘을 가지고 있다는 것을 말하려고 한다. 2개 국어를 사용하는 교사들은 ITEP 프로그램이 현재의 교실 안에서만 한정적으로 교육적인 요구에 부응한다고 느꼈다. 2개 국어를 사용하는 교사들은 "교류"에 관한 논점에 대해 이야기하고 그들이 해외에서 학생들을 가르칠 때에 의사소통을 보다 쉽게 할 수 있게 했던 방법과 그들이 새로운 상황에서 전문적으로 그리고 개인적으로 교육에 관한 내용을 어떻게 학습할 수 있었는지 이야기한다.

학생들의 친밀감과 중요성의 주제에서는 학생들과 그들의 공동체가 2개 국어를 사용하는 교사들에게 어떠한 영향을 주었는지가 매우 중요하다. 이번 주제는 학생들과의 강한 친밀감과 결속력을 구축하는 것이 교사들의 삶에 얼마나 큰 영향을 미치고 그들의 신념을 명확히 발전시키는 데에 얼마나 도움이 되었는가에 관한 것이다.

네 번째 주제인, 내적인 그리고 외적인 압력은 2개 국어를 사용하는 교사들이 현재의 교육 위치에서 느끼는 부담에 관한 것인데 영어를 학습하는 학생들과 맞지 않는 표준에 기초한 교육과정의 결과로 나타난다. 2개 국어를 사용하는 교사들은 최근의 시스템이 효과적인 교육을 위해 부적절하다고 믿고 있으며, 아이들의 사회경제적, 문화적, 언어적 조건을 고려하지 않은 것이라고 생각한다. 그래서 분명한 교육 이념을 발전시키는 데에 있어서 학교에서 원하는 방식과 2개 국어를 사용하는 교사들이 아이들에게 맞다고 생각하는 방식은 차이를 보이고 있다. 이러한 차이는 2개 국어를 사용하는 교사들이 자신들의 교육 신념을 확고히 할 수 있도록 도움을 준다.

우리는 또한 이 프로그램에 참가했던 예비교사들의 목소리를 모았다. 이들의 뚜렷한 신념은 프로그램의 다양한 경험을 토대로 한 것이었고 그들의 용기와 열정, 고독, 도덕성이 담겨 있었다. 그들의 설명은 그들이 이 프로그램을 통해 배운 것들이 이미 그들이 알고 있었던 것들과 2개 국어를 사용하는 교사가 되기 위한 과정에서의 발전과 밀접한 연관이 있음을 보여줬다. 아래 서술되어 있는 것들은 모두 멕시코의 케레타로에서 공부한 미국인 이중 언어 예비교사 학생들의 것이다.

"이 프로그램의 참여는 제가 다양한 시각을 통해 삶을 볼 수 있도록 해주었습니다. 전 처음에 마치 두 개의 창문을 갖고 있는 집과 같았어요. 하지만 지금 전 매우 많은 수의 창문을 가지고 있습니다."

"이 프로그램은 제가 다정다감하고 세심한 선생님이 됨으로써 학생과의 관계를 고려하면서 가르치는 것에 대해 알 수 있게 해 주었습니다. 이러한 과정은 제 자신과 학생들뿐만 아니라 그들의 언어와 문화, 부모, 그리고 그들의 공동체를 모두 포함해 관심을 가질 수 있도록 해 주었습니다."

"사립, 공립 그리고 현지 학교에서 교실 안과 밖에서의 경험은 제게 가르침의 숭고함을 깨달을 수 있도록 도와주었고 교육이 학생들 그리고 그들의 공동체와 인간적인 관계를 만드는 것이라는 사실을 알 수 있게 해 주었습니다."

"프로그램의 모든 과정은 저에게 멕시코와 캘리포니아라는 두 세계에서 "교사처럼 생각하는" 과정을 알려 주었습니다. 이것은 또한 교육과 관련한 지적, 영적, 감정적, 사회적, 도덕적 요소들의 상호 연결 관계를 깨닫게 해 주었습니다."

"전 일이 힘들어질 때, 이 프로그램에서의 달콤하면서도 씁쓸한 방식을 기억하곤 합니다. 저는 익숙하지 않았던 나라에서 나의 언어 능력을 발전시키기 위해 노력하고 내가 인간 그 자체로서 누구인지 먼저 알아야만 했고 그 다음으로는 직업적으로 누구인지 알아야만 했습니다. 당신이 진짜 누구인지 알게 되는 순간은 불편할 것입니다. 난 완전히 새롭게 바뀌었어요!"

"전 교육과 학습에 관해 매우 많은 것을 배웠습니다. 이 경험은 "비판적인 교육학"에 대한 제 눈을 뜨게 해 주었습니다. 전 계속해서 2개 국어 교육 현실에서 어떤 일이 일어나고 있는지에 대해 의문을 가졌습니다. 이것 때문에 저는 정치적 명료함을 발달시킬 수 있었고 2개 국어 교육에서 선두적인 자리를 계속해서 진행할 수 있게 되었습니다."

"또 다른 매우 중요한 경험은 2개 국어를 사용하는 학교인 오악사카에 있는 현지의 사람들과 함께 일하는 것이었습니다. 여기서 어떻게 시작해야 할지 모르겠네요. 음… 뭐랄까, 글쎄요, 좋아요. 이곳에서의 일들은 모두 캘리포니아의 제 교실까지 이어져 왔으니까요."

"전 매우 초라한 조건들(제가 물질적으로 빈곤한 배경을 가지고 있다는 것을 말하는 것이 아닙니다)에서 살아가는 방법을 배웠습니다. 전 초라한 상황이라고만 생각했던 멕시코에서의 생활과 일들이 Masahua 현지 공동체에서 일할 때의 삶과 비교했을 때 아무것도 아니라는 것을 깨달을 수 있었습니다. 전 제가 매우 물질 만능주의적으로 변화하려 했었다는 것을 고백하는 것과 지배적 문화의 가치를 다소 완전히 이해했다는 것을 부끄럽게 생각합니다. 하지만 이 공동체에서 살고 일하면서 "$" 표시를 동반하지 않는 삶을 보는 관점을 기를 수 있었습니다."

"현지 공동체에서의 문화적 경험에서 제가 개인적으로 중점을 두는 것은 이 경험이 문화적 차이의 가치를 두는 관점에서 인식하고 인지할 수 있게 해 주었다는 것입니다. 저는 학생들과 그들의 지역 공동체와 소통할 때면 참조자료의 큰 틀을 바꾸어 사용하기 시작했습니다."

"제가 현재의 공동체에서의 문화적 경험에서 가장 중점을 두는 것은 이 경험이 제게 고비를 넘길 수 있게 해 주었다는 것입니다. … 그러니까 … 당신도 변화에 대해서 알 것입니다. 저는 제가 그 당시 살고 있고 일하고 있는 문화와 다른 제 모국의 문화를 내면화하기 시작했습니다. 쉽고 즐겁게 이 공동체로 편하게 들어오고 나갈 수 있다는 사실을 아는 것은 매우 강력한 느낌이었습니다! 전 어떻게 겸손해질 수 있는지 배울 수 있었고 이러한 겸손은 그전의 저의 소심함과는 다른 것이었습니다."

"제가 멕시코와 미국에서 가르치는 학생들은 오로지 라틴계 학생

> 들뿐이었습니다. 하나도 이상할 것은 없지만, 현재의 교육 상황에서 저에겐 다양한 인종적인 배경을 가지고 있는 유색인종 학생이 많이 있습니다. 그래서 저의 또 다른 렌즈는 다양한 문화를 볼 수 있는 관점을 포함하고 있고 이 관점은 두 개의 문화만을 볼 수 있었던 제 시각의 확장이라고 할 수 있습니다."

위의 이러한 목소리들은 기존의 캘리포니아에서 제공했던 교사교육 프로그램을 넘어서 이 프로그램이 어떻게 새로운 교사들을 발전시킬 수 있었는지를 설명하게 하고 있다. 이 프로그램을 통해서, 교사들은 멕시코와 캘리포니아의 교육 표준을 경험할 수 있었다. 가장 중요한 것은 예비교사들이 2개 국어를 학습하는 학생들을 위한 교육전략, 내용 부분의 기준, 교실 경영뿐만 아니라 "자기 이해"의 부분을 발전시킴으로써 성찰하는 실천자가 될 수 있었다는 점이다. 자기 이해를 얻기 위해서는 지속적인 참여가 요구되었고 지식과 인식, 지혜 그리고 이 프로그램을 통해 그들에게 제공된 경험을 성찰할 수 있는 능력이 요구된다. 교사들은 그들의 교육이 지금까지 이어져 온 위대한 인간사의 한 부분이라는 인식을 통해서 힘을 갖게 된다. 그들은 그들 자신의 시각을 확장하는 방법을 배우고 그들의 헌신적인 교육 자세를 통해 기존의 한계가 있었던 캘리포니아의 표준 규범들을 뛰어넘을 수 있었다. 그들은 교육자들이 이야기하는 수준에 다다른 것이다 (Alfaro, 2003).

역사적 관점에서의 국제교사교육 프로그램

CSU-ITEP 예비교사 프로그램은 세계적인 안목을 가진 이중 언어 교사들의 수와 질을 높이기 위해서 고안되었다. 이 프로그램은 2개 국어를 사용하는 교사들이 각 지역에서 학생들을 잘 교육할 수 있도록 훈련시키는 데에 중심이 맞추어져 있다. 약 12년 전, Richard Sutter 박사는 캘리포니아주립대학교(CSU)의 국제 프로그램(IP) 부서의 총책임자였다. Richard Sutter 박사는 몇몇의 교수진과 함께 CSU의 이중 언어 교사를 준비하는 지원자들을 자격증 준비 과정에서 멕시코로 보내는 것의 가능성을 조사하기 시작했다. 이러한 시도는 지원자들의 언어적 그리고 문화적 경험들을 증진시키기 위한 노력이었다. 이러한 노력은 이중 언어 교사를 희망하는 지원자들의 요구에는 부합하지만 언어적으로 충분히 능숙하지 않거나 학문적으로만 스페인어를 학습해서 실제 대화에는 능숙하지 않은 지원자들로 이루어진 그룹에게는 어려움이 뒤따른다. 또 다른 그룹은 모국어가 스페인어지만 기본적인 대화정도만이 가능하고 스페인어의 학문적 기술은 발달되지 않은 지원자들로 이루어졌다. 세 번째 그룹은 멕시코 현지 학교에서 상당한 기간 동안 학교를 다녔거나 미국에서 잘 발달된 2개 국어 프로그램의 혜택을 받아 스페인어를 모국어처럼 사용하는 집단이다. 맨 마지막 그룹은 완벽하게 2개 국어 사용이 가능하고 학문적인 측면에서도 완벽하다는 측면에서 크게 주목받는다. 첫 번째 그룹이 언어를 사용하는 집단의 문화에 대해 폭넓은 경험이 전혀 없는 반면에 두 번째 그룹은 가정에서 라틴계 문화를 경험해 보았지만 낯선 환경에서 새롭게 적응해야 하는 캘리포니아의 많은 라틴계 이주민 학생들의 입장을 제대로 이해하기는 힘들다. 세 번째 그룹은 멕시코의 예비교사 프로그램을 연구할 수 있는 기회를 갖지 못했다는 한계가 있다(Kuhlman, et al., 2003).

멕시코 2개 국어 문화교류 프로그램을 고안하는 과정에서 언어적 그리고 학문적 발전 인증(B/CLAD) 프로그램은 많은 난관에 부딪쳤다. 첫 번째로 이러한 프로그램의 가능성 있는 교육과정에 대해 토의하기 위해 CSU 시스템의 핵심 그룹이 모였고 그들은 공식적으로 협력하기 위해 국제교사교육 위원회(ITEC)를 결성했다. ITEC는 멕시코가 B/CLAD의 숙련된 체계를 본받아야 한다고 생각했지만 학생들이 수강할 과정들은 이 프로젝트에 참가한 네 개의 캠퍼스(San Diego[SDSU], Long Beach[CSULB], Fresno [CSUF]와 Sacramento[CSUS])의 본래의 그것(수강과정)과 정확히 맞지 않았다. 또한 일부 과정은 캘리포니아에서 시행되지만 나머지는 멕시코에서 시행될 것이었기 때문에 이러한 수강과정의 차이는 해결되어야만 했다. 이러한 과정의 진행은 Linsey, Robins, 그리고 Terrell이 설명한 좌표의 문화적 선능숙함(precompetence)와 처음으로 만나는 때이다. 참여하고 있는 캠퍼스마다의 문화적 경쟁력(이해도)이 다르다는 것을 감안했을 때, 교육과정을 만드는 것 자체가 시작부터 어려운 일이었지만 이 작업이 창조적이고 소통적인 과정이었기 때문에 대학 캠퍼스의 대표자들은 결국 합의점에 도달했다. 내용 측면에서 이들은 학생 중심적이고 학생 개개인의 가능성을 발견할 수 있도록 교육과정을 만들어 나갔다. 캘리포니아에서 교육과정의 자세한 부분들이 결정되고 난 뒤, 그 다음 단계는 멕시코에서 프로그램의 허가를 받는 것이었다.

CSU 국제 프로그램이 이미 학부생들을 위해 준비가 되어 있었기 때문에 처음에는 멕시코시티의 Universidad Iberoamericana를 사용하려고 했고, 멕시코 교육부와 Iberoamericana 간에 몇 달에 걸친 협상이 이루어졌다. 1994년에 승인된 멕시코의 B/CLAD 인증을 위해 캘리포니아의 교사자격 위원회(CCTC)에게 협상을 통해 만들어진 안이 제출되었다. 제출된 문서는 B/CLAD 증명 프로그램으로부터 입증된 대학 CCTC의 관계된 모든 사람들에게 제공된다. 여름 과정(또는 "북엔드(bookends)")이 캘리포니아(샌디에이고대학교에서)에서 개최되는 반면에 학술적인 해(academic year)는 멕시코에서 열리게 될 것이다. 문화를 아우르는 언어적 그리고 학술적인 발전을 도모하는 학생 교육 경험(CLAD)은 샌디에이고의 두 번째 여름 기간에서 교육하지만 학생들을 가르치는 경험은 멕시코의 공립과 사립학교 양쪽에서 현지의 언어로 수시로 시행될 것이다. 캘리포니아의 특정한 방법론, 기준, 그리고 틀이 SDSU에서 수행되는 반면에 이 과정의 포괄적인(예를 들면, 기초수학과 교육의 기초 심리학) 내용은 멕시코에서 교육받는다.

변화를 거친 10여 년의 기간

국제교사교육 프로그램은 11년 전의 시작부터 지금까지 꾸준하게 발전되고 향상되어 왔다. 다음 장에는 우리가 그 과정을 통해 배우고 발전시킬 수 있었던 프로그램의 한계점, 성공에 중점을 두어 수정한 각종 프로그램의 시작에서부터 마무리까지의 내용 요약이 담겨 있다. 특정한 분야(교수진, 교육과정, 언어적 능숙함)의 발전을 토의하는 것은 매우 중요하고 2개 언어가 발전되는 분야(공식적인, 비공식적인 intercambios[교류들]), 캘리포니아 교실의 각양각색의 문화를 가지고 있는 학생들을 이해하고 수업하는 현장에서의 경험, 그리고 졸업생들의 전반적인 경험에서 나온 목소리에 주목하는 것은 중요하다.

CSU 시스템에서 프로그램의 국제 기반이 이미 준비되어 있다면 여행은 시작된 것이다. 1994년 6월 첫 번째 그룹이 멕시코시티에 도착했다. 그리고 그들은 곧 프로그램의 긴장과 복잡함에 직면하게 되었다. 지원자들 중 일부가 향수병으로 힘들어하고, 현지의 가족들과 생활하고 적응하는 데에 어려움을 겪기도 했다. 게다가 멕시코에서 모든 과정을 스페인어로 작업하는 것은 매우 어려운 일이었다. 예를 들어 스페인어로 교실에서 토의에 참여하고 이해할 수 있는 능력과 추가로 스페인어로 보고서를 읽고 쓰는 작업은 학생들에게 큰 부담으로 다가왔다. 이 과정에서 예비교사들은 학생들이 다른 나라에서 새롭게 적응하는 데 겪게 되는 어려움을 이해할 수 있게 되었고, 스페인어를 제2의 언어로 하여 교육과정에 적용하는 것이 얼마나 어려웠는지에 대해 생각해 볼 수 있었다.

1995년 1월, 예비교사들은 스페인어를 사용하는 사람들에게 스페인어로 멕시코 공립학교에서 8주 동안 학생들을 가르치기 시작했다. 예비교사들이 캘리포니아의 학교와 멕시코 학교의 교육과정에서 많은 차이점이 있을 것이라고 생각한 반면, 멕시코인 교수진과 지도교수들도 커리큘럼에 따라 교육받는 미국인 예비교사와 멕시코인 예비교사의 모습이 달랐기 때문에 새롭게 적응해야만 했다. ITEP 첫 번째 그룹의 9명의 지원자들은 5월에 캘리포니아로 돌아왔고 2개 국어와 문화를 아우르는 데에 필요한 수업을 들으며 언어, 학문적 발전 자격증(B/CLAD)을 완료했다. 그들은 또한 또 다른 8주 동안 학생들을 교육했는데 이번에는 언어적, 학문적 발전 자격증(B/CLAD)을 가진 영어만을 사용하는 교사(CLAD)와 협력하여 2개 국어를 사용하는 교실에서 수업을 했다. 이러한 과정들은 약간의 수정을 통해 5년 동안 이 프로그램의 본보기로 사용되었다(Kuhlman, et al., 2003).

양 국가에서의 교육기관의 변화

첫해의 프로그램 평가가 양 국가의 교수진과 학생들, 학교 연합에 의해 이루어지고 난 후에, ITEC는 또 다른 변화를 만들어야 한다고 결정했다. 두 번째 해의 그룹은 멕시코시티의 Universidad Pedagogica National(UPN)로 옮겨졌는데 이번에는 예비교사를 위한 과정의 필요성을 고려하지 않고 오로지 교육 프로그램에서 졸업에만 치중했었던 Universidad Iberoamericana에 비해 교육적 논점에 더 많은 중점을 두었다. 이 프로그램은 UPN에서 1996년부터 멕시코시티에서 케레타로로 옮겨진 2000년까지 유지되었다.

ITEC는 두 번째 해에 CSU 헤이워드(Hayward: 지금은 East Bay 캠퍼스)와 샌버너디노(San Bernardino)를 추가하기 위해 확장했다. 더군다나 푸에블로(Pueblo)와 오악사카(Oaxaca) 주에 위치하고 있는 현지의 학교 중 하나에서 3주 동안 교생실습을 할 수 있는 기회도 추가되었다. 모든 학생들이 한 해 동안 현지에서의 경험이 가장 중요하고 변화에 큰 도움을 줄 것이라고 생각했다. 예비교사들은 마을에서 가까운 교외의 기숙학교에 머물렀고 그들이 학생들을 가르치는 공동체에서 프로젝트를 완료했다(예를 들어 벽화 칠하기, 도서관 정리하기). 이러한 방법으로 진정한 변화의 경험은 이루어졌고, 이 경험은 이 프로그램의 가장 중요한 부분이 되었다.

세 번째와 네 번째 해에서 이 프로그램은 프로그램, 교수진, 그리고 캘리포니아와 멕시코 양쪽에서 수정되었던 교육과정과 함께 Universidad Pedagogica National에서 유지되었다. 다섯 번째 해가 끝나갈 무렵(1999년 6월), 약 55명의 지원자들은 이 프로그램을 모두 끝냈다. 1998년에서 1999년까지의 기간 동안 ITEC는 프로그램의 가능성에 대해서 토의하고 의논하기 시작했는데 결국 멕시코시티에서의 건강과 안보문제 때문에 2000~2001에 케레타로로 프로그램을 옮기기로 결정했다. 식민도시인 케레타로는 인구 약 천 명(멕시코시티가 2천2백만 명인 데에 비하여)으로 멕시코시티에서 약 125마일 정도 북쪽으로 떨어져 있으며 매우 깨끗하고 무공해 지역인 데다가 소음지역으로부터 멀리 떨어져 있어 훨씬 조용했다.

CSU의 프로그램을 위해 현지에 거주하는 관리자는 원활한 교류를 위해 예비교사들을 교육하는 데에 필요한 케레타로의 교수진들을 찾고, 예비교사들이 Escuela Normal에서 학습할 수 있고 교생실습을 현지의 학교에서 계속할 수 있도록 Secretaria de Educacion de Queretaro(office of the Secretary of Education in Queretaro)와 협상하는 데에 한 해 동안 부지런히 일했다. 이 프로그램은 1999~2000년에는 Secretaria de Educacion de Queretaro 기관과의 협정이 완료되게 하기 위해 그리고 멕시코시티로의 이전 때문에 시행되지 않았었다. 이는 ITEC가 초반의 5년 동안 성찰해 볼 수 있는 시간을 주었고 계속해서 유지하거나 수정해야 할 부분들을 결정하게 해 주었다. 발전할 수 있는 기회를 더욱 견고하게 하기 위해 ITEC는 5년 동안의 Title VII Professional Development grant를 미국의 교육부로부터 받았는데 이제는 Title III로 불리는 2개 국어 교육과 소수의 사건을 담당하는 부서(OBEMLA), 영어 언어 획득 부서(OELA)로부터 약 150만 달러를 지원받는다. 이 지원금들은 이 프로그램에 참여하는 교사들을 위해 우선적으로 사용된다.

1999~2000에는 학술 토론회와 2000년 4월의 convenio가 마무리되었고, CSU와 Secretaria de Educacion de Queretaro 사이의 공식적인 조약이

체결되었다. 학술 토론회는 Estado de Queretaro의 교육 임원과 Escuela Normal 그리고 스페인어 강의가 열렸던 the Instituto Tecnologico de Monterrey-Campus Queretaro(ITESM), CSU의 국제 프로그램 부서의 임원, CSU의 총장과 교수진들, 미국과 멕시코에서 온 고위관리들의 참여하에 이루어졌다. 발표와 연구회는 이 프로그램과 관련하여 다양한 주제와 논점으로 이루어졌고 양 국가의 미래 교육에 관한 주제들을 중심으로 한 것이었다. 학술 토론회는 교수진과 교실의 교사들에게 국경 양쪽의 아이디어와 방법론을 교환하고 양 국가의 학생들이 직면한 중요한 문제들에 대해 토론하는 기회를 제공했다.

일곱 번째 해: 교육과정의 변화와 케레타로에서의 첫해

프로그램이 2000년에 재개되면서 몇 가지의 것들이 변화했다. ITEC는 이전 집단에서 해왔던 것처럼 샌디에이고에서 6주간의 여름 과정을 곧바로 시행하기보다는 SDSU에서의 일주일간의 간단한 오리엔테이션 이후에 학생들을 케레타로로 옮겨오기로 결정했다. 이것은 샌디에이고에 거주하고 있지 않는 학생들의 경제적 부담을 덜어줄 수 있었고(케레타로의 숙소에서 일주일 동안 생활하는 것은 상대적으로 비싸지 않았다.), 학생들은 빨리 멕시코에서의 살아있는 경험을 시작할 수 있었다. 또 다른 변화는 CSU 교수진들이 케레타로 구역에 가서 SDSU에서 이전에 제공했던 중요한 강의를 하게 된 것이다. CSU의 교수진들은 멕시코의 교수진들과 만남을 갖고 상호작용을 할 수 있었으며, 학생들이 멕시코 교육과정에 잘 적응할 수 있도록 도왔다. 매년 예비교사들은 멕시코에서 7월에서 3월 말까지 남아 있을 것이고 샌디에이고에서 연장된 기간 동안(약 10주) 캘리포니아 주의 방식에 기초하여 학생들을 가르치는 과정을 완수하게 될 것이다.

교육과정에서, Senate Bill 2042의 감독 아래에 최근에 입증된 국가 기준 자격을 확실히 하기 위한 교육과정이 캘리포니아의 자격증 프로그램에 추가되었는데 이것은 B/CLAD 예비교사들에 의해 다루어졌다. 많은 교사들이 영어를 기본으로 하여 학생들을 소그룹으로 가르치도록 요구해 왔던 만큼, 영어능력 발달을 위한 부서가 추가되었고 특별히 고안된 영어 학습 구조 기술(ELD/SDAIE)이 멕시코의 프로그램에 추가되었다. 예비교사들은 교실에서 올바른 영어를 사용하는 본보기로서 역할을 하는 반면에 Esculea의 일반 학생들은 캘리포니아로부터 온 예비교사들의 스페인어 실력을 향상시키는 것을 도와줌으로써 이에 화답하였다. 이 기회는 캘리포니아의 예비교사와 멕시코의 학생들의 진정한 교류를 가능하게 했고 매우 효과적이었음을 증명했다.

멕시코의 B/CLAD 프로그램은 2000년 7월에 9명의 예비교사들과 새로운 환경에서 시작되었다. 새로운 장소는 아틀라코물코(Atlacomulco)에서의 현지경험을 위해 선정되었는데, 이곳은 멕시코의 Estado do에 있는 케레타로에서부터 약 두 시간 떨어져 있는 곳이다. 샌디에이고에서 막바지쯤에는 학생들에게 좀 더 많은 시간이 필요했기 때문에 프로그램은 6월 말에 시작되었고 학생들은 3월 말에 샌디에이고로 돌아왔다. 첫 번째 여름기간 동안, 그들은 ITESM에서 집중적인 스페인어 강습을 받았는데, 이곳은 학부생들의 프로그램이 개최되었던 곳이고, Esculea의 일반 교수진들에 의해 B/CLAD 체계적인 코스가 Escuela Normal에서 이루어졌다. 이 프로그램에 참가한 예비교사들은 다른 일반 예비교사들과 다양한 방법으로 통합되었다. 또 다른 하나의 변화는 이 프로그램의 지원자들이 멕시코시티에서 기존부터 있었던 집단의 지원자들보다 스페인어에서 더욱 능숙함을 보였다는 것이다. 프로그램에 참여한 예비교사들의 스페인어 수준과 공동체에 대한 이해 그리고 문화는 케레타로의 경험에 의해 확실히 향상되었다.

여덟 번째 해: 케레타로에서의 두 번째 해

2001년 많은 변화들이 있었다. 대부분의 예비교사들은 도심 부근의 공립학교에서 교육 경험을 쌓았고, 교외에 거주하는 많은 학생들이 이곳에서 교육을 받게 되었다. 교외 지역 학교에서의 교육 경험은 가을 학기 말쯤부터 시작되었고 케레타로에서 약 네 시간 정도 떨어진 시에라 고르다(Sierra Gorda) 시에 있는 얄판(Jalpan)의 일반 교사들과 B/CLAD 학생들이 거주하고 함께 일할 수 있도록 했다. 예비교사들은 또 한 번 이것을 아틀라코물코의 경험처럼 이 프로그램의 최고의 장점이라고 생각했다. 또한 B/CLAD와 일반적인 예비교사들의 협력을 위해 수학적 방법 교육과정에서도 그들이 함께 연구하고 학생들을 교육하려는 시도가 이루어졌다. 이 시도는 두 그룹 간에 발생한 불일치로 인해 큰 성공을 거두지는 못했지만 프로그램은 두 그룹 간의 효율적인 교류를 위해 또 다른 방안을 살피는 계기가 되었다. 그러나 아직까지 캘리포니아의 학교들은 그 프로그램의 졸업생들을 많이 필요로 하고 있고 졸업생들은 미국의 이중 언어 교실의 요구에 완벽히 부응할 수 있도록 준비되어 있다. 그 해의 졸업생 중의 한 명은 케레타로에 남아서 사립학교 중 하나에서 교육자적 태도를 함양할 수 있었다(Kuhlman et al., 2003).

아홉 번째 해: 케레타로에서의 세 번째 해

2003년의 예비교사들 중 그들 자신을 (열정을 가진) "Con Ganas"라고 부르는 특정한 그룹은 지난해 동안 얻은 경험들로부터 혜택을 받았지만 아직까지는 어려운 과제들이 그들 앞에 남아 있다. 이전 그룹의 경험을 기록한 것과 자기성찰적인 보고서 모음을 간추리면서 관리자는 아주 중요하게 다루어져야 할 프로그램의 중심 요소는 캘리포니아로 다시 돌아가는 예비교사들이라는 점에 주목했다. 그리고 이 사실은 이 프로그램에서 모든 그룹을 효과적으로 연결할 수 있는 강력한 연결고리라고 생각되었다. 그들은 심도 깊은 방법으로 발전할 공간이 필요했고, 멕시코에서의 좋은 기억과 좋지 않았던 기억을 통틀어 풍부한 경험이 필요했다. 이러한 피드백이 주어지고 미국에서 현지의 언어를 쓰는 공동체 학습계(Dine or Navajo)의 전문가의 도움으로 프로그램 관리자들은 두 가지의 기간을 계획했는데 이 기간은 학생들이 교육상의 그리고 관념적인 방향을 수립하고 건설하고 복원할 수 있는 시간이 되어 주었다(Alfaro, 2003). 또한 예비교사들은 중요한 프로그램의 피드백을 제공할 수 있었고 다음 집단을 위해 프로그램을 향상시킬 수 있는 제안을 제공할 수 있었다.

전략적으로 포함된 또 다른 프로그램의 요소는 졸업생 집단과 신입생 집단 사이의 멘토링 기간이었다. 이 기간은 매우 생산적이고 유용했고, 더 중요한 것은 새로운 집단에게 졸업생 집단과의 개인적 친밀감과 함께 어느 정도의 전문성 또한 제공해 주었다는 점이다.

열 번째, 열한 번째 해: 케레타로에서의 네 번째, 다섯 번째 해

2004년부터 2006년까지 캘리포니아 전역의 총 35명의 학생으로 이루어진 두 그룹(각각 17명, 18명으로 이루어져 있음)은 여정을 시작했다. 그들의 프로그램 방향은 비판적 탐구, 성찰, 조사 그리고 그들의 관념적인 방향에 대한 질문에 집중되어 있었다. 예비교사들은 공동체 구축 활동을 공동체의 목표와 신뢰 구축 및 유지를 위해서 정기적으로 발전시켰다. 예비교사들은 공동체에 집중하기로 결정하고 그들 자신을 믿었기 때문에 스스로가 고난을 이겨내고 다가오는 각종 경험에 대처해 나가는 모습을 상상해 볼 수 있었다. 협력자들은 예비교사들이 개인적 판단을 피하고, 깊숙이 내재되어 있는 편견들이나 모순적인 상황, 또는 그들 자신만의 이야기와 긴장감으로 인해 큰 부담을 느끼지 않도록 도와주었다.

프로그램이 성공하기까지의 10여 년의 기간

10년의 기간은 프로그램에 있어서 그동안의 진행 결과들을 다시 돌아보고 그 기간 동안 2개 국어를 사용하는 세계적인 안목을 가진 교사를 준비시킨다는 점에서 중요했다. 프로그램의 피드백은 어떤 것이 성공적으로 수행되어 왔는지 그리고 어떤 점에서 발전이 필요한지를 비판적으로 분석하는 데에 있었다. 참가자들은 매일 매일을 기록하고, 개개인의 평가와 전문적인 경험들에 반응했고, 각 과정의 평가를 완수했다. 참가자들은 두 개의 언어를 평가받았는데, 하나는 학년이 시작할 때쯤에 시행되었고 다른 하나는 끝날 때쯤에 시행되었다. 교수진의 경쟁력은 첫 번째 여름 학기가 끝날 무렵에 평가되었고 각 기간이 끝날 때마다 반복되었다. 비공식적인 그리고 공식적인 그룹 토의는 주기적으로 이루어졌고 이러한 토의는 전반적인 프로그램의 적용에 도움이 되었다. 부가적인 평가는 매년 연말에 이루어졌다. 첫 번째 해가 끝날 무렵에 9명의 모든 참가자들은 B/CLAD 자격증을 수여받았다. 그 중 네 명은 현재 새로운 집단의 예비교사들을 위한 master teacher로서 역할을 하고 있다. 또 다른 세 명은 이제 SDSU에서 석사과정을 끝냈고 2개 국어 프로그램에서 학생들을 교육하고 있다. 그 외의 다른 몇 명은 교장이 되거나 캘리포니아에 위치하고 있는 학교들의 교육과정 책임자가 되었다.

이 프로그램의 11년 동안 약 200명의 지원자들이 자격증을 획득했고 많은 수의 지원자들이 캘리포니아의 학교에서 학생들을 가르치고 있다. 만약 매년 한 명의 교사가 25명의 학생들을 교육한다면, 이 교사들은 매년 수백 명의 아이들에게 영향을 주게 되는 것이다. 11년이 주어졌을 때, 이 프로그램은 5,500명이 넘는 학생들에게 영향을 미칠 것이라고 예상된다. 배정받는 수는 매년 낮아지지만 교사들의 질과 학생들의 다양한 문화에 대한 이해도는 예전보다 훨씬 높다. 그들이 말하는 이야기는 매우 놀라운데 이러한 교사들은 다른 사람들과는 비교할 수 없는 변화를 경험했다고 말한다. 그들은 문화적, 언어적으로 매우 전문적인 교사가 되었을 뿐만 아니라 세계적인 안목으로 생각하도록 준비되었기 때문에 각 지역에 맞게 더 잘 교육할 수 있는 리더가 되었다(Alfaro, 2003).

프로그램의 난관, 어려움 및 이를 해결하기 위한 협의 과정

이 프로그램의 가장 힘든 난관은 양쪽 나라의 교수진들과 학술적 교류에 관련한 규범적인 문제에 있었다. 아래의 내용은 이 프로그램이 직면한 몇 개의 어려움을 설명해 준다.

교수진

동료 교수들과 함께 일하는 것은 양쪽 나라의 문화를 이해하는 데에 어려움을 보였다. 멕시코의 교수진들은 각각 재능이 있었고 학술위원이었으며 교육학에 있어서 유용한 배경지식이 풍부했지만 전문적 교육을 위해서 캘리포니아 주에서 요구하는 사항을 이해할 필요가 있었다. 이것은 초기에는 멕시코시티의 Universidad Pedagogia Nacional에 있는 교사교육자들과 함께 일하면서, 그 뒤에는 Escuela Normal del Estado de Queretaro의 교수진들과 교사 발달에 연관된 다른 이들과 함께 일하면서 해결되었다. 그렇기는 하지만 "캘리포니아 식 시스템"을 사용하지 않고, ITEP의 현지 관리인들은 미국 기관들이 요구하는 자격증 시스템을 조화시켜야 했는데 멕시코에서의 자격증 시스템과 기준이나 교육 방침, 교사 준비의 노력 정도에서 꽤 많은 차이를 보였다. 게다가 학교에서 교사들의 협력의 중요성을 강조하기 위해서는 많은 계획들과 토의가 요구되었고 멕시코에서의 다양한 교육 경험을 가진 대학의 지도교수들이 필요했다. 케레타로에서 프로그램이 시행된 지 6년 후에, 프로그램 지도부의 지속적인 변화로 인해 이러한 쟁점들은 정부 차원에서도 그리고 멕시코의 Secretaria de Educacion publica(교육 사무국 사무실)에서도 어려움으로 작용했다. 그러나 프로그램을 시행하는 데에 있어서 양국의 관련자들은 언제나 함께 일하고자 했고 프로그램의 가능성을 믿었다. 캘리포니아는 케레타로 연수에 교수진과 감독관들을 파견했고, 몇몇의 멕시코인 교수진들은 학교와 예비교사들의 교실을 방문하면서 캘리포니아에 있는 동료 교수들과 생각을 교류하고 함께 할 수 있는 기회를 가질 수 있었다. 캘리포니아는 멕시코에서 공부한 예비교사들을 통해 매우 큰 이득을 얻을 수 있었다. 미래의 해결해야 할 문제는 멕시코인 예비교사들에게도 어떻게 이러한 비슷한 경험을 제공해야 하는가이다.

교환 프로그램

멕시코의 B/CLAD 프로그램의 근본적인 안건은 양 국가에서 예비교사들뿐만 아니라 교사/교수들에게 교환 프로그램의 경로를 제공하는 것이었다. 또한 그 의도는 Estado do Queretaro가 우리의 예비교사들에게 독특한 기회를 제공한 것에 대해 감사하는 의미에서 멕시코에게 "다시 돌려주기" 위한 것이었다.

이것은 매우 다양한 방법으로 나타났다. 멕시코인 교수진은 캘리포니아의 상대편으로부터 문화적, 언어적 그리고 교육과정 연수와 현장에서의 경험을 제공받았다. 미국인 교사교육 참가자들은 멕시코의 교사교육 참가자들과 타에레스(talleres: 워크숍을 의미하는 라틴어)를 통해 조화될 수 있는 많은 기회들을 가질 수 있었는데 이것은 Instituto Tecnologico y Estudios Superiores de Monterrey(ITESM) 캠퍼스와 Escuela Normal에서 제공되었다. ITESM에서, 이러한 타에레스는 스포츠와 관련된 것이거나(예를 들어 축구, 농구) 또는 예술(예를 들어 Ballet Folklorico, 기타)과 관련된 것이었다. Escuela Normal에서 타에레스는 광범위한 분야를 아울렀지만 교육 분야에서 더욱 명확하게 적용되었다. 이것은 교실에서 미술이나 게임을 사용하는 것이나, 또는 인간의 성에 관련한 안건들을 논의하는 것을 포함했다. 한 연수회는 케레타로 지역에서 현지어인 Otomi 언어에 관한 설명을 제공했다.

SDSU에서 예비교사들은 그들 자신의 발자취를 남겼는데, 양쪽 나라의 음악을 공유하는 방법에서부터 시작해서 양쪽 국가의 학교 캠퍼스가 환경적으로 의식할 수 있도록 했다. 많은 캘리포니아의 학생들은 그들의 멕시코인 동료들과 주거지를 함께 사용했고, 몇몇은 멕시코에서 만난 멕시코인과 결혼했다. 현재 얄판과 아틀라코물코에 머물고 있는 예비교사들은 Escuela Normal의 참가자들이나 교사들과 함께 살고 있고 그들 삶에서 흥미로운 변화를 경험하고 있다. 그들은 또한 학교에서 공동체 프로젝트를 함께 완수했고, 이것은 이 프로그램의 가장 주된 목적이었다.

멕시코의 B/CLAD 프로그램의 가장 주된 목적은 예비교사들을 다양한 경험과 풍부한 자료들을 통해 학습하기를 요구하는 환경에 배치하는 것이다. 이러한 과정을 통해서 예비교사들은 총체적 인간에게 있어서 학습과, 비학습, 재학습, 학습 중인 행동의 중요성을 인식하게 될 것이다(Alfaro 2003).

멕시코에서의 경험은 예비교사들이 다음과 같은 문제들을 제기하도록 내재되어 있는 그들의 지성과 감정들을 이끌어낼 수 있게 하였다. 나는 어떤 교사가 되고 싶은가? 내가 아는 것의 원천은 무엇인가? 내가 지금까지 배운 것 중에서 어떤 것이 정치적, 사회적, 문화적, 언어적, 성별, 감정적 상황이었는가? 학생들의 학습능력을 발달시키기 위해서 내가 어떤 변화를 만들어야 하는가? 그리고 나의 맹점은 무엇인가?

교환(intercambios) 프로그램은 캘리포니아의 다른 어떤 학습 형태와도 다른 전문적 학습에 종사하는 교사를 포함한다. 그것은 규격화된 기준에 맞추고, 책의 추가된 장을 더 읽고, 소풍을 가거나 초청 연사의 연설을 듣는 것에 초점이 맞추어져 있는 기존의 전통적인 교사 준비 프로그램보다 더욱 심화된 것이다.

이중 언어 및 이중 문화를 깊게 이해할 수 있는 교사를 배출하는 프로그램의 핵심 요소

공식적인 설명

한 해 동안 계속되는 프로그램에서, 예비교사들이 멕시코에서 지내는 삼 주 동안 Instituto Tecnologico y Estudios Superiores de Monterrey (ITESM)에서 진행되는 집중적인 여름 학기 스페인어 강습을 시작했다. 이것에는 가을 학기에 스페인어로 학습하는 라틴아메리카의 문화와 스페인어 강습이 포함된다. 게다가, ITESM의 평가에서 "상" 수준을 평가받으면 심화과정(예를 들어, 스페인어 문학과 희곡)을 수강할 수 있다. 마침내, 짧은 겨울 학기 동안, 이들은 스페인어로 진행되는 어린이 문화 강의를 수강할 수 있었다. 이 과정은 멕시코에서 이루어지는 교육의 핵심적인 영향에 대한 토의를 포함하고 있고, 문학적인 관점에서 보았을 때 교육과정의 변화과정도 포함하고 있다. 또한 가을 학기에 Escuela Normal del Estado de Queretaro(ENEQ)에서 진행되는 거의 모든 기술적 강의들은 교재의 일부분이 영어로 되어 있을지는 몰라도 스페인어로 진행된다.

현장에서의 체험

가을 학기에 CSU B/CLAD의 교사 학생들은 멕시코의 사립학교에서 하루를 보내면서 교사들을 보조하고 소규모 그룹으로 수업하며 영어에 대한 약간의 수업을 하기도 했다. 그들은 스페인어로 교사와 학생 양쪽 모두와 대화할 수 있었고, 이것은 그들의 스페인어 실력을 향상시킬 수 있는 기회가 되었다. 봄 학기에, 예비교사들은 케레타로의 공립학교에서 공식적으로 학생들을 교육하는 것을 시작했다. 넷째 주와 다섯째 주에, 만약 그들이 준비가 되었다면, 그들은 교실에서 수업하는 총체적인 권한을 부여받을 수 있었다. 이것은 그들의 수업을 준비하고, 모두 스페인어로 학생들을 평가하고 가르치는 것을 포함한다. 이 과정은 예비교사들이 좀 더 높은 수준의 스페인어를 구사할 수 있도록 돕는다. 이러한 경험은 아틀라코물코에서 3주 동안 생활하고 현지 공동체에서 학생들을 가르침으로써 나타날 수 있다. 학생들이나 교사의 가족들과 함께 생활하면서 그들은 스페인어를 사용할 수 있었다. 이를 통해 예비교사들은 스페인어를 연습할 수 있는 충분한 기회를 얻을 수 있었고 매일 실생활에서 현지의 공동체에 대해 가르치고 학습할 수 있었다.

비형식적 경험

CSU는 예비교사들이 멕시코인을 심도 깊게 알아갈 수 있도록 격려했다. 그들은 한 달 동안 멕시코 가정에서의 홈스테이를 통해 이러한 경험을 시작했다. 이러한 비형식적인 환경에서, 예비교사들은 매일 매일 스페인어를 사용할 수 있도록 학습할 수 있었고 멕시코인 가정의 문화를 잘 이해할 수 있게 되었다. 그들은 케레타로에서 남은 시간 동안 그 멕시코인 가정과 함께 더 지내거나 ITES이나 Esculea Normal의 예비교사들과 함께 독립적인 주거지를 결정할 수 있게 되었다. 왜냐하면 CSU의 예비교사들끼리 주거지를 공유하면 의도치 않게 영어를 사용하게 될 것이기 때문이다. 학생들이 보통 사교적이고 젊기 때문에, 실질적으로 교육 현장에는 꼭 필요하지 않은 현지인들을 만날 기회를 가질 수 있는 축제에 참여하거나 현지의 디스코텍에 가기도 한다. 이러한 경험은 그들의 언어를 확장시키고 새로운 친구들을 만들 수 있는 좋은 기회가 된다.

스페인어 실력 향상을 위한 공식적 평가

캘리포니아의 학생들은, 시작할 때부터 언급했듯이, 스페인어에 관한 다양한 수준의 지식을 가지고 있다. 어떤 학생들은 2개 국어에 능통한가 하면

약 1/3에 해당하는 학생들은 구술에서는 경쟁력이 있지만 쓰고 읽는 부분에서 어려움을 겪고 있고, 적은 수의 학생들은 스페인어의 기초 지식조차 가지고 있지 않아 전반적인 부분에서 어려움을 느낀다. 예비교사들은 현재의 수준과는 무관하게 그들의 스페인어 실력을 향상시킬 수 있는 다양한 방법을 가지고 있다. 예비교사들의 스페인어 실력 향상은 참가자들의 구술 능력과 면접 평가를 토대로 하여 이 프로그램에서 분명하게 확인해 볼 수 있다.

프로그램의 향상에 필요한 요소

프로그램이 시작된 이후로, 경제적인 문제점, 돈, 채용, 양쪽 문화 간의 융화, 교육과정, 그리고 현지의 호혜에 관한 많은 논점이 제기되어 왔다.

Title VII이 승인되기 이전에는 채용문제가 주된 우려였다. 멕시코에서 일 년을 보내는 것은 매우 매력적임과 동시에 비용이 많이 들었고 가족과 친구들을 떠나야 했다. 일 년 동안 모든 수업료와 교재비, 거주지와 식비를 포함해서 드는 비용은 약 14,000달러이고 이것은 예비교사들이 가정에서 멀리 떨어져서 일 년 동안 소비해야 하는 비용이다. 이 비용은 참가자들이 자기 대학에 재학 중이라면 경제적 원조를 받을 수 있지만, 멕시코에서 일할 수는 없다. Title VII 경제적 승인은 또한 한 해 동안 약 5,000달러를 각각의 학생에게 제공함으로써 경제적 비용을 줄이는 데 도움을 준다는 면에서 중요했다. 불행하게도, 현재 승인된 자금은 대폭 감소되었고 2005~2006년의 그룹은 장학금의 혜택 없이 참가하였기 때문에, 마지막 그룹에서는 더욱 적은 학생들이 참여했다.

우리는 또한 채용 문제에 있어서 좀 더 수준을 높였다. 학교 신문에 광고를 하고 광범위하게 공개된 정기적인 오리엔테이션 모임을 갖는 것도 모두 도움이 되었다. 그러나 우리의 채용문제에서 가장 요긴하게 쓰였던 것은 "저는 제가 현재 학교에서 교사로 계시던 분을 보조하면서 이런 이야기를 들었어요."라고 말하는 참가자들이 늘었다는 것이었다. 한 참가자는 자신이 스페인어를 가르치는 여성이 이 프로그램을 찾아서 오게 되었고 그 둘 다 프로그램에 참여하게 되었다.

교육과정 자체를 만드는 것은 시작할 때부터 어려움이 많았다. 초기에 네 명의 CSU 캠퍼스 대표들은 CCTC의 관리자와 ITEP 지도자가 함께 참여하고 있는 모든 캠퍼스의 요소들을 빌려 하나의 평범한 프로그램을 발달시키기 위해 시도했다. 이것은 장기적이고 창의적인 과정이었지만, 많은 만남 뒤에 의견을 합의할 수 있었다. 교육과정의 수는 캘리포니아의 SDSU와 (집중적인 언어 강습을 위한) 정규 IP 프로그램에서 결정되었다. 강의의 수는 계속적으로 변화되었고 캘리포니아의 기준요건에 맞추어 꾸준하게 발전되었다. 그러나 프로그램의 다른 부분들은 다시 재검토해야 할 필요성이 있었다.

첫 번째로, 전 그룹처럼 학생들이 6주 동안의 여름 학습 과정을 위해 샌디에이고에 머무르게 하기보다는 SDSU에서의 일주일 동안의 간략한 오리엔테이션 과정을 마친 뒤에 학생들을 곧바로 케레타로로 이동시키자는 결정이 만들어졌다. 그리고 또 하나의 차이점은 SDSU에서 원래부터 제공되었던 수업을 CSU 교수진이 케레타로에 가서 제공할 수 있다는 점이었다.

교육과정 그 자체에 있어서, ITEP 교수진들과 책임자들은 세 개의 단위로 이루어진 기준/체계적인 과정이 B/CLAD의 교사 참가자들을 위해 진지하게 재검토되어야 하고 이러한 과정들이 캘리포니아에서 이루어지는 프로그램에 더해져야 한다고 결정했다. 또한 Reading Instruction Competency Assessment(캘리포니아에서 초등교육 자격증을 위해 꼭 필요한 독해능력 평가) 과정은 학생들을 교육하는 학술 지도 세미나에 포함되었다. 영어 향상 프로그램과 특별하게 제작된 영어 학술 지도 기술 과정 (ELD/SDAIE)은 이미 세 번째 해에 더해진 것이었고 이 과정은 현재 캘리포니아에서 승인된 ELD 표준에 입증된 것이다.

CSU에서의 교수진 채용 문제는 그다지 큰 것은 아니었다. 대부분의 교육이 여름에 이루어졌기 때문에 SDSU에 있는 많은 사람들은 짧은 시간 내에 이동해야만 했고, 다른 대부분의 캠퍼스 수업은 4월과 5월에 걸쳐서 여전히 진행 중이었지만 교수진들은 봄 과정을 해낼 수 있었다. 이들에게 가장 큰 문제점은 멕시코의 B/CLAD 예비교사들의 특별한 요구에 맞추어 그들의 캠퍼스의 교육과정을 적응시키는 것이었다.

멕시코인 교수진들을 프로그램에 투입시키는 것은 매우 특별한 문제점을 낳았다. 교수진들은 유능한 교사였지만 프로그램의 교육과정이 캘리포니아의 요구사항에 맞추어진 것이기 때문에 멕시코와는 차이점이 있었다. 게다가, 대부분의 계획과 토의는 master teacher와 멕시코 대학 관리자의 학생 교육 이념에 맞추어 시행될 것을 요구하였다. 새로운 교수진을 찾는 과정에서, 교육과정 및 프로그램을 통해 기대하는 목적을 교수진들에게 명시하고 오리엔테이션을 제공했으며 관리자들은 모두 2005년 한 해 동안 많은 토의를 거쳤다. 새로운 교수진들과 케레타로의 관리인들은 이전의 경험을 통해 많은 혜택을 받았고 이미 간소한 몇몇의 연수회에 참여했다. 프로그램에 참가한 예비교사들의 기록들은 또한 이 프로그램에 참여하는 참가자들에게 매우 많은 도움이 되었다.

결론

우리는 발전된 교육기관으로의 발돋움, 세계화 시대에 맞춘 교육을 위해 노력하고 있고, 이 노력은 투입과 통합 그리고 국제 학생 교육 프로그램을 시행하는 데에 필요한 요소이다. 언어, 문화, 그리고 국제적 다양성을 이해할 수 있는 국제 시민을 배출시키기 위해서 필요한 문화적, 언어적으로 경쟁력이 있는 유능한 교사를 배출하기 위해서 대학을 비롯한 교육기관들은 어떤 역할을 해야 할까? 우리의 졸업생들은 21세기 시민에게 요구되는 지식과 기술, 그리고 교사의 자질을 가지고 있는가? 그들은 과연 인류의 존엄성에 대한 경외심을 갖고 세심하게 행동하며 현재와 미래의 상황을 향상시킬 수 있을까? 이러한 근본적인 의문들은 교육자로서 우리가 미래의 교사들을 준비시킬 때 직면하는 것들이다(Kirkwood, 2001).

이 장은 교육자들이 국제적이고 통합적인 안목에서 언어적이고 문화적으로 다양함에 대해 생각할 수 있는 예비교사 프로그램을 설명하기 위한 것이다. 교사, 지도자, 학교의 다른 인사들을 준비시킬 때에 언어적, 문화적 다양성에서 어려움을 겪는다면 우선적으로 가장 먼저 고려해야 할 것은 교육대학과 같은 기관들에서 시행되는 예비교사 프로그램을 문화적으로 능숙한 본보기와 비교하였을 때의 위치이다. 문화적 능숙함에 대한 토의는 교사들과 그들의 예비교사 프로그램이 문화적, 언어적으로 국제적인 경쟁력을 가질 수 있도록 하려는 희망에서 교사교육자들이 그들 자신과, 그들의 동료 그리고 예비교사 과정, 성찰과정을 통해 스스로를 평가할 수 있도록 도움을 주는 데에 그 목적이 있다.

세계 경쟁력의 문화적, 언어적 측면의 관심과 헌신을 바탕으로 이 장의 나머지는 교사교육자들에게 캘리포니아 주립대학교의 국제교사교육 프로그램(ITEP)에 대한 전반적인 개요를 제공했다. 이 개요는 통계자료를 포함하고 있고, ITEP 프로그램을 이중 언어 교사를 교육하는 프로그램의 변화 가능한 본보기로 보고 있으며, ITEP의 개요와, 프로그램 발달과정 그리고 평가까지 담고 있다. 이것은 또한 현지 국가의 정부와 교육기관들이 공동의 협력관계를 발전시킬 필요가 있다고 강조하고 있다. 더 나아가, 프로그램의 진행과정에서 직면하게 되는 어려운 요인들에 관한 해결 방법은 성공적인 국제 이중 언어 교사교육 프로그램의 전략을 위해서 소개되었다. 우리는 이러한 논의들이 국제교사준비 프로그램 발달과정에서 핵심적인 요소로서의 역할을 할 수 있기를 바라고, 문화적으로 언어적으로 유능한 국제 교사들을 준비시키기 위해 심도 깊은 이해를 바탕으로 한 기초 사항을 제공한다. 우리가 만약 미국의 교실에서 직면한 문제점을 유능하게 해결할 수 있는 언어적, 문화적, 국제적 안목으로 뛰어난 교사를 원한다면 국제적인 학생 교사 경험은 핵심 요소이다.

고려해야 할 몇 가지 의문점

아래의 대표적인 질문들은 교사교육자들과 프로그램 관리자, 교수진 그리고 국제 교사 해외 프로그램을 계획하고 발전시키는 데에 관련한 사람들에게 도움을 줄 수 있는 것이다. 이것은 세계화 시대에 걸맞은 문화적, 언어적으로 능숙한 전문적인 교사능력이 준비되어 있음을 보여줄 것이다.

- 당신은 당신 스스로를 문화적, 언어적 연속체의 어느 부근에 위치시킬 것인가? 또 당신의 동료들과 교사교육 프로그램, 그리고 당신이 일하고 있는 학교의 교육 시스템은 어디에 놓을 것인가?
- 어떠한 태도와 상황들 또는 어떤 상태(그리고 당신의 동료들과 교사교육 프로그램, 당신이 일하고 있는 학교의 교육 시스템)가 당신이 다양한 문화를 수용할 수 있는 관점과 언어적 능숙함을 향상시키는 데에 방해가 되었는가?
- 당신의 교육대학에서 교사교육을 받고 있는 인원수를 생각해 보았을 때, 어떠한 국제적 학습 노력이 교사교육 과정에 포함되어 있었는가? 당신이 일을 할 때에 이러한 노력을 수행하기 위해 어떤 기회나 도움이 필요할 것인가?
- 영어를 학습하는 학생들을 교육하는 이중 언어 예비교사들을 원조하기 위해 더 나은 방법은 무엇인가? 당신이 이중 언어 예비교사들을 더 잘 돕기 위해 추가적으로 더 필요한 지식, 자료, 지원은 무엇인가?
- 당신은 어떠한 방법으로 학교, 가정, 공동체, 학생들의 다양한 문화에 대한 이해도를 향상시킬 수 있을 것인가? 또한 국제 교육 경험을 통해 이중 언어 예비교사들은 더욱더 발전할 수 있을 것인가?
- 당신은 2개 국어를 사용하는 교사들에게 교사교육 프로그램을 통한 국제 교육 경험에 참여한 결과로서 어떤 성과가 가장 중요할 것이라고 생각하는가?

참고문헌

Alfaro, C. 2003. Transforming teacher education: Developing ideological clarity as a means for teaching with courage, solidarity and ethics. PhD diss., Claremont Graduate University and San Diego State University.

Bell, E. D., and G. C. Munn. 1999-2000. Can we create dreamkeepers for diverse classrooms? *National FORUM of Teacher Education Journal* (online journal), 1 1E: 3. At www.nationalforum.com/BELLte8e3.html (accessed May 24, 2003).

Bennett, M. J. 1993. Towards ethnorelativism: A developmental model of intercultural sensitivity. In *Education for the intercultural experience*, ed. R. M. Paige, 21-71. Yarmouth, ME: Intercultural Press.

California State University System (CSUS) B/CLAD Certificate Program, Mexico. n.d. *International Teacher Education Consortium Brochure* (online). At www.gateway.calstate.edu/csuinet/B/CLAD (accessed May 15, 2004).

California Department of Education (CDOE). 2006. *Data Quest: Educational demographics unit*. At www.datal.cde.ca.gov/Dataquest/(accessed May 25, 2006).

Cushner, K., and R. Brislin. 1996. *Intercultural interactions: A practical guide*. 2nd ed. Thousand Oaks, CA: Sage.

Darder, A. 1992. Review of the book "Pedagogy of the Oppressed." *Nation* 255:301-2.

Delpit, L. 1995. *Other people' s children: Cultural conflict in the classroom*. New York: New Press.

Freire, P. 1997. Letters to North American teachers. In *Freire for the classroom*, ed. I. Shor, 211-14. Portsmouth, NJ: Boynton/Cook.

Hodgkinson, H. L. 2002. The demographics of diversity. *Principal* 82:14-18.

Hollins, E. R., J. E. King, and W. C. Hayman, eds. 1994. *Teaching diverse populations: Formulating a knowledge base*. Albany: SUNY Press.

Kirkwood, F. T. 2001. Preparing teachers to teach from a global perspective. *Delta Kappa Gamma Bulletin* 67, no. 2:5-12.

Kuhlman, N., C. Alfaro, J. Attinasi, M. Driesbach, and R. Merino. 2003. Transforming California teachers: A biliteracy program in Mexico. *Mextesol* 26, nos. 3-4 (Winter/Spring).

Lindsey, R. B., K. N. Robins, and R. D. Terrell. 1999. *Cultural proficiency: A manual for school leaders*. Thousand Oaks, CA: Corwin Press

McFalls, E. L., and D. Cobb-Roberts. 2001. Reducing resistance to diversity through cognitive dissonance instruction: Implications for teacher education. *Journal of Teacher Education* 52:164-72.

Office of English Language Acquisition (OLEA). 2006. The growing number of limited English students, 1993/94-2003/04. At http://ncela.gwu.edu/stats/ 2_nation.htm (accessed August 6, 2006).

Quezada, L. R. (2005). "Beyond educational tourism:" Lessons learned while student teaching abroad. *International Education Journal* 5, no. 4:458-65.

Quezada, L. R., and C. Alfaro. 2007. Biliteracy teachers' self reflections of their accounts while student teaching abroad: speaking from "the other side." *Teacher Education Quarterly* 34(1) 95-113.

Quezada, L. R., and K. Osajima. 2005. The challenges of diversity: Moving toward cultural proficiency. In *Current issues in school leadership*, Ed. L. W Hughes, 163-82. Mahwah, NJ: Lawrence Erlbaum.

Ramirez, M., and A. Castaneda. 1974. *Cultural democracy, bicognitive development, and education*. New York: Academic Press.

Smith, R., and A. Zantiotis. 1989. Practical teacher education and the avant-garde. In *Critical pedagogy, the state, and the cultural struggle*, ed. H. A. Giroux and P. McLaren, 105-24. Albany: State University of New York Press.

Zhou, M. 2003. Urban education: Challenges in educating culturally diverse children. *Teachers College Record* 105:208-25.

부록

멕시코 여러 문화간의 이중언어, 언어적 · 학업적 발달 자격증을 수여함 (BCLAD) 2005~2006년

시작일: 2005년 6월 20일, 종료일: 2006년 6월 23일

2005년 여름: 멕시코 케레타로

과목 번호	과목 이름	과목 단위
SP 315	중급/고급 스페인어	3.0
PLC 911	이중언어를 사용하는 초등학생에게 사회 가르치기	2.0
PLC 932	이중언어를 사용하는 초등학생의 독해를 가르치는 능력	3.0
PLC 901	교수 포트폴리오 소개	2.0
		총 여름학기 단위: 10

2005년 가을: 멕시코 케레타로

과목 번호	과목 이름	과목 단위
PLC 923	교육 & 이중언어 사용 학생을 위한 심리적 토대	3.0
PLC 910	이중언어를 사용하는 학생에게 수학 가르치기	2.0
SP 351	스페인어 의사소통 능력의 발달	3.0
HS 316	멕시코 & 라틴 아메리카인의 사회와 문화	3.0
LI 430	스페인어 동화	2.0
PLC 960	이중언어를 사용하는 학생을 가르치기 위한 학생교육 세미나	2.0
PLC 961	이중언어를 사용하는 학생을 가르치기 위한 학생교육 세미나	3.0
		총 가을학기 단위: 18.0

2006년 봄: 샌디에고 대학

과목 번호	과목 이름	과목 단위
PLC 686	이중언어를 사용하는 초등학생 가르치기	3.0
PLC 963	이중언어를 사용하는 초등학생 가르치기	4.0
		총 단위: 7

2006년 여름:

과목 번호	과목 이름	과목 단위
PLC 931	초등학생들에게 언어학을 가르치는 기술	3.0
PLC 962	학생 가르치기(현장학습)	8.0
PLC 960	이중언어를 사용하는 초등학생 교육을 위한 토론	3.0
PLC 915	교과영역에서 가르치고 학습하기: 발달/SDAIE	3.0
PLC 912	이중언어를 사용하는 초등학생에게 과학 가르치기	3.0
PLC 902	전문 포트폴리오/RICA	1.0
		총 단위: 21

필수과정	과목 단위
특별한 인증을 위한 교실적응법	2.0
교육자들을 위한 건강	1.0
교육을 위한 기술	3.0
	총 필수과정 단위: 6

	과목 단위
2005년 여름	10.0
2005년 가을	18.0
2006년 봄	7.0
2006년 여름	21.0
필수과정	6.0
IP BCLAD 자격증 수여 프로그램 과목 총 단위	**62.0**

7

외국교육실습 경험에 대한 성찰:
한 대학의 이야기

Sharon Brennan
Julie Cleary

켄터키대학(UK)은 견고하고 오래된 국제교육에 관한 위원회를 가지고 있다. 이는 지속가능한 국제적인 프로그램을 일구어 내는 데 매우 핵심적인 요소 중 하나이며, 이에 대해서는 이 책의 2장에서 Mahon과 Espinetti가 밝힌 바 있다. 30여 년 전에 켄터키대학과 다른 몇몇 대학에 의해 만들어진 국제교육실습 프로그램은 제도화된 위원회의 많은 예들 중 하나이다.

1장에서 언급한 대로, 켄터키대학의 프로그램은 외국교육실습 컨소시엄(Consortium for Overseas Student Teaching, COST)의 후원 아래 교사가 되려는 학생들에게 문화 경험을 제공하기 위해 만들어졌다. 예비교사들이 문화적으로 다양한 그룹을 겪어보는 경험이 매우 제한되었다는 생각에서 이 기구가 만들어졌다. 켄터키대학의 담당자에 따르면, 교사교육 프로그램에 참여하는 예비교사들 중에서 상당수가 시골처럼 단조롭고 때로는 아주 외진 지역의 공동체 출신이었다. 프로그램을 세울 때 역점을 둔 목적은 이러한 예비교사들의 문화적 관점이 좀 더 넓어져 국제적인 안목을 갖도록 하는 것이었다. 프로그램 기획자들은 예비교사들이 오늘날 몇몇 학자들이 문화적 응답 실습(culturally responsive practices)이라고 지칭한 것을 개발하고(Gay, 2002; Hollins & Guzman, 2005; Ladson-Billings, 1999), Lindsey, Robins, Terrell(1999)이 설명한 바와 같이 문화적으로 숙달된 교사가 되기를 원하였다.

처음부터 켄터키대학 예비교사들을 위한 국제교육실습 프로그램을 고안하는 데 참여한 기획자들은 예비교사들의 문화적 역량을 높이는 데 목적을 두고 일을 진행하였다. 초기에 개발자들은 프로그램의 질을 확보하기 위해 높은 규준과 프로그램 구비요건을 설정하였다. 시간이 흐르면서 규준을 주기적으로 개선하였으며, 이는 경험의 효과를 최대화하고 프로그램의 질을 모니터하기 위함이었다. 이 '수정' 절차로 인해 이 프로그램은 새로움을 유지할 수 있었다.

이 장을 쓰는 우리의 목적은 켄터키대학의 국제교육실습 프로그램이 어떻게 개발되었는지를 설명하고자 하는 것이다. 이 장에서 우리는 참여자들이 다른 문화에 대한 자신들의 이해를 심화시키는 데 기여한 여러 가지 변화에 대해 논의할 것이다. 우리 논의의 상당부분은 문화적, 교육적 이슈에 관한 성찰을 고양하기 위해 최근에 만들어진 구조를 기술하고 그 절차를 통해 우리가 배웠던 것을 공유하는 데 초점을 둘 것이다. 우리는 이것을 여전히 진행 중인 이야기로 제시한다. 우리의 설명이 국제 프로그램을 창안하거나 기존 프로그램을 개선하고자 하는 대학의 동료 교수들에게 도움이 되길 바란다.

프로그램 참여, 규준, 구비요건

켄터키대학의 프로그램은 거슬러 올라가 1973년에 공식적으로 시작되었지만, 그에 관한 공적인 기록은 가지고 있지 못하다. 그럼에도 불구하고 참여 패턴은 지속적으로 강화되어 왔다. 이 프로그램은 지원자들의 다양한 흥미, 요구, 경험에 부응해 왔다. 지난 10여 년 동안, 열다섯에서 스무 명

정도의 예비교사들이 매년 참여하였으며, 실습 역시 세계의 많은 지역에서 행해졌다. 켄터키대학 학생들은 중앙아메리카, 남아메리카, 유럽, 호주, 뉴질랜드, 남아프리카 등에서 가르치는 것을 배웠다. 유치원에서 고등학교에 이르기까지, 음악에서 체육에 이르기까지, 대부분의 학과목과 학년을 경험해 보았다. 특수교육과 예술을 가르치기 위해 준비하는 예비교사들도 다른 나라에서 최종 실습을 마치곤 하였다. 참여자들은 다양한 인종의 남녀들을 포함하였는데, 유럽인, 아시아인, 아프리카계 미국인들이었다. 많은 사람들은 여러 지역을 여행해 본 적이 있었지만, 일부 사람들은 이 프로그램에 참여하기 이전에 자신의 집에서 50마일 이상을 벗어난 적이 없었다.

프로그램이 시작될 때, 대학 관계자들은 참가할 수 있는 규준을 엄격하게 정하였다. 이는 활동에서 충분한 효과를 거두고 외교 사절로서의 역할을 충분히 할 수 있을 정도로 성숙한 예비교사들을 뽑기 위해서였다. 이 규준은 오늘날에도 적용되고 있다. 학업 성적이 성숙의 정도를 나타내는 척도가 될 수 있다는 생각에서 높은 점수(4점 척도에서 최소한 3점 이상이 되도록)를 요구하고 있다. 지역을 정하기 일 년 전에 구비 서류를 제출하도록 하고 있는데, 이 서류에는 학업 성적, 개인 배경, 참여하는 목적, 소속 기관이나 교수, 지역 공동체 구성원들로부터의 추천서가 포함되어 있다.

일단 가입이 승인되면, 4장에서 Angene Wilson이 기술한 과정을 완성하도록 되어 있다. 이 과정에서 학생들은 간문화적 과제들(예를 들어, 국제적 의식, 애매함에 대한 관용, 열린 마음, 존경하는 마음, 위험 감수 능력)을 탐구하게 된다. 또한 기관에서는 지원자들의 성향이 이 활동에 적합한지 여부를 측정하게 된다. 더불어 준비 과정에서 완성된 활동들과 과제들은 예비교사들로 하여금, 그들이 외국에서 가르칠 때 유용한 성찰하는 습관을 기르게 할 것이다.

저널 쓰기를 통해 성찰력 키우기

최근까지도 저널 쓰기는 참여자들이 자신의 성찰 내용을 기록하는 데 사용하는 주요 도구였다. 프로그램 기획자들은 저널 쓰기가 참여자들에게 뭔가를 발견하고 자신의 생각을 기록할 수 있는 자유를 주는 길이라고 보았다. 따라서 과제를 구조화하지는 않았다. 각 참여자들에게 공책을 주고 일주일에 두세 번씩 관찰 내용과 생각한 것을 기록하도록 하였다. 또한 준비 과정에서 배운 내용을 그리도록 하였다. 실습 배정이 끝날 무렵에는 각 대학의 학장들에게 그 저널을 보내 검토를 받았다. 참여자들은 또한 해외에서 가르칠 때 그들이 받았던 지원, 안내 수준, 준비의 질 등을 포함하여 경험의 다양한 측면을 평가하는 조사를 마친다. 저널과 조사 내용은 최종적으로 반성적 자료의 기초로 쓰이며, 그들이 집으로 돌아왔을 때 교생들의 감독관과 면대면 브리핑을 할 때 쓰인다.

그런데 저널을 써야 한다는 필요조건이 실행과정에서 깊은 성찰을 독려하거나 성장을 모니터하는 데 믿을 만한 방식이라는 것이 항상 입증되는 것은 아니다. 저널은 여러 차원에서, 예를 들어 범위, 기간, 반응의 빈도에 따라 상당히 달라진다. 어떤 저널은 두껍고 멋진 장식으로 이루어져 있으며 그 통찰력도 깊은 반면에, 어떤 저널은 단순히 여행 기록문일 뿐이었다. 배정 이후에 보고하는 자리에서 감독관들은 참여자들이 좀 더 깊이 있게 경험의 의미를 전체적으로 생각해 보도록 도와줄 수는 있겠지만, 그들은 경험을 하는 도중에 성장을 독려하고 또한 성장할 수 있는 기회를 잃어버리기도 하였다.

여러 가지 결과들이 미리 예상되어야 했을 것이다. 출발 전에 주어지는 안내가 매우 일반적이고 과제는 상대적으로 구조화되어 있지 않았다. 배정이 끝난 후에도 저널을 검토하지 않았기 때문에 예비교사들은 최종 브리핑 세션이 될 때까지 의미 있는 피드백을 받지 못하였을 것이다. 소속 학교에서 담당 지도교수와의 관계에 의존하고 있긴 했지만, 학생들은 관점의 단순한 기술을 넘어서서 자신들의 생각을 구조화하고 비판적인 경험을 구조화하는 데 충분한 도움을 얻지 못했을 것이다.

교사의 성찰적 사고를 일으키기 위해서 비판적 경험(critical experience)을 활발히 사용하는 것의 중요성에 대해서는 21세기에 일찌감치 듀이(1933)가 제기한 바 있다. 듀이는 전제를 지속적으로 의심하는 것을 성찰 절차의 핵심으로 보았다. 최근에는 Yost, Sentner, Forlenza-Bailey (2000), Loughran(2002)과 같은 학자들이 듀이의 생각을 좀 더 확장하여, 비판적 성찰이 주의 깊은 안내를 위해 필요하다고 주장하였다. 최근 연구는 이 관점을 지지한다. 예를 들어, Hatton과 Smith(1995)가 시드니대학에서 예비교사들이 글로 쓴 성찰문을 분석한 결과, 대부분의 것들이 본질적으로 기술적인 글로 드러났다. Whipp(2003)은 뉴욕시에 있는 예비교사들이 쓴 성찰문을 분석하여 비슷한 결과를 얻었다. 우리 예비교사들과의 경험에 비추어 볼 때도 외국교육실습 참여학생들이 자신의 경험에 대해 비판적으로 사고할 수 있도록 도와줄 수 있는 방법을 생각해야 할 것이다.

성찰을 위한 구조 만들기

몇 년 전 전자메일의 도입으로 성찰 절차가 개선되었다. 예비교사들이 이메일에 접속할 수 있게 되자, 그들은 자신들의 경험을 지도교수와 비공식적인 방식으로 나누기 시작했다. 그런데 전자 매체에 의한 연결은 피상적인 성찰을 넘어서지 못하였다. 지도교수들은 밀도 있고 분석적인 성찰 내용보다는 사진이나 이야기를 더 받았던 것 같다. 이때 비로소 우리는 성찰 절차를 다른 방식으로 구조화해야 할 필요성을 알게 되었다.

깊은 성찰이 가능하도록 전자 통신 시스템을 만드는 과정에서, 절차상에 세 가지 중요한 변화를 만들었다. 성찰 내용을 기록하는 데 종이를 사용하는 것에서 상호작용이 활발하도록 전자 매체로 옮겨갔다. 실습 배정의 중요한 시기에 성찰을 할 수 있도록 시간표를 만들었다. 그리고 질문지를 만들어 예비교사들이 경험의 구체적인 측면에 초점을 두도록 하였다. 우리 상황에 맞도록 질문지를 만들기 위해 Cushner와 Mahon(2002)이 개발한 질문지를 사용하였다. 학생들의 실습 단계(오리엔테이션, 관찰, 교수, 전이)에 따라 대략적으로 네 개의 질문 세트를 만들어 그것을 일정한 주기로, 대략적으로 3주에 한 번씩 학생들에게 보냈다. 개략적인 조사와 브리핑 세션을 유지하였다. 그런데 우리는 개인적인 세션을 그룹 미팅으로 바꾸어 상호 접촉하는 기회를 늘려주고자 하였다. 이는 몇몇 지도교수와 예비교사들이 함께 브리핑을 할 수 있도록 하기 위함이었다. 또한 우리는 점심을 제공함으로써 그들을 환대한다는 것을 덧붙였다.

첫 번째 질문 세트의 목적은 참여자들이 도착하기 전에 자신들이 기대했던 것과 관련하여, 본 문화(학교와 공동체)에 대한 초기 인상을 성찰하도록 도와주는 것이다. 우리는 예비교사들이 배정된 학교와 일찍이 실습을 마쳤던 학교를 비교함으로써 문화적 이슈들에 관해 생각하기를 원하였다. 두 번째 질문 세트의 의도는 참여자들로 하여금 "미국인임"에 관해 무엇을 배웠는지, 그리고 협력교사로부터 무엇을 배우고 있는지를 성찰하는 데 도움을 주는 것이다. 세 번째 질문 세트는 예비교사들이 지도하는 학생들이 자신의(예비교사들의) 모국 문화에 친숙하도록 도울 것인지에 초점을 맞춘다. 네 번째 세트는 예비교사들이 자신에 대해 개인적으로 그리고 전문적으로 배운 것과, 국제적인 무대에서 배운 것을 어떻게 자신의 교육 상황에 적용할 것인지를 생각해 보도록 하는 것이다. 예비교사들이 실습 국가를 떠나기 직전에 실시한 조사는 실습기간 동안 제공된 준비, 지원, 안내, 경험의 전반적인 가치 등에 관련한 이슈들에 중점을 둔다. 보고의 목적은 돌아온 학생들이 귀국에 관련한 문제들에 관해, 즉 직업 인터뷰에서 경험의 가치를 어떻게 최대화할 것인지를 생각하는 데 도움을 주려는 것이며, 구조화된 성찰 절차의 가치에 대해 코멘트를 하려는 것이다. 우리는 또한 브리핑 세션을 통해 현지 실습 동안에 진행된 시도들과 불명확한 반응들에 대해 추적할 기회를 가지려는 것이다. 상황에 따라 질문들은 달라졌지만, 그것들은 각 세트의 목적과 관련이 있다. 부록 A에 대표적인 질문들을 포함하였다. 예비교사들이 그 절차를 완전히 알도록 하기 위하여, 우리는 출국 전에 열리는 오리엔테이션 기간에 그 질문들을 나누어주고 살펴보게 한다.

참여자들의 반응 요약하기

지난해(2005~2006)에 우리는 구조화된 성찰 절차를 본격적으로 시작하였다. 절차의 일부분으로서 실습 배정 말기에 이루어진 조사와 보고 세션 결과를 얻었기 때문에 우리는 이제 여섯 개의 데이터를 가지고 있게 되었으며, 이를 통해 성찰의 수준과 성장의 과정을 따라갈 수 있게 되었다. 그런데 우리는 여전히 질문들을 정련하고 있었기 때문에 체계적으로 정리된 데이터 분석을 실시하지는 못하였다. 여기서 우리가 보고하는 것은, 해외 경험을 통해 그들이 성장하면서 갖게 된, 문화적이고 교육적인 이슈에 대한 참여자들의 성찰 감각을 제공하려는 것이다.

일반적인 논의를 진행하기 위해, 우리는 COST 수료라고 쓰인 부록에 인식에 대한 논의를 포함시켰다. Rachael Humbert(부록 B)는 영국의 웨스트 서식스(West Sussex)에서 2004년 봄 학기 동안 초등학교에서 교육실습을 마쳤다. 그녀의 글, 즉 "떠남으로써 배우기: 영국에서 예비교사로서 무엇을 배웠는가?"는 2004년 가을에 뉴스레터에 발간되어 현지 관계자들에게 배포되었다.

15명의 참여자들이 2005~2006년 학기 중에 새로운 성찰 절차를 사용하였는데, 7명은 가을 학기, 8명은 봄 학기였다. 가을 학기의 7명은 모두 초등교육 프로그램에 참여하였다. 네 명은 영국에, 두 명은 호주에, 한 명은 아일랜드에 갔다. 봄에 참여한 8명 중에서 네 명은 고등 과정에서 가르치기 위해 준비하였고, 세 명은 초등 과정에서, 한 명은 중등 과정에서 참여하였다. 그 학기 동안에 중등과 고등 과정에 참여한 학생들은 남아메리카의 케이프타운(Cape Town)에서 가르쳤다. 초등학교에 참여한 학생들은 호주, 아일랜드, 뉴질랜드에서 참여하였다.

학교 환경 비교하기

학교 환경을 비교할 때, 가장 빈번하게 언급된 차이는 학교 출석일 중에서 쉬는 날의 빈도였다. 쉬는 주기에 관한 언급은 세 번째 질문 세트의 반응과 소개 세션에서 행해졌다. 휴식과 관련된 내용의 빈도와 강조의 정도는 이 실습이 예비학생들에게 깊은 인상을 주었음을 시사했다. 몇몇은 하루를 쉼으로써 학생과 교사들이 새로워지는 것 같았다고 적었다. 특히 미국 학교에는 없는 오전과 오후의 티타임을 통해 그러하였다고 한다. 초등학교에서 가르친 한 학생이 이 점을 설명하였다. 그녀는 학교에서의 짧은 쉬는 시간을 기술하였는데, 교사는 학생들에게 공부하는 것을 멈추도록 지시하고, 특별한 특징이 있는 방에서 파란색으로 칠해진 무엇인가를 만지도록 하였다. 몇몇 응답자는 긴 점심시간이 있어 학생들이 놀 수 있고 교사들이 서로 만날 수 있는 자유로운 시간을 가질 수 있었다고 적었다.

응답자들은 모교와 켄터키에 있는 학교 간의 교육과정상의 차이를 언급하였다. 예를 들어, 사회과를 가르쳤던 예비교사들이 날씨를 가르치게 되어 있었는데, 미국에서는 날씨가 과학 교육과정에 속하기 때문에 사회과에서는 그것을 다룬 적이 없었던 것이다. 다른 응답자들은 교실에서 사용하는 기술에서의 격차, 수업을 하는 교장, 때로는 공개적으로 창피함을 주는 엄격한 규율에 관한 강조, 어른에 대한 공경, 배움에의 열정, 그리고 용어에서의 차이점(스웨터를 점퍼로 부르는 것) 등을 지적하였다. 언어 사용에 관한 언급은 8장에서 Anderson이 논의한 것과 일치하는데 그것은 예비교사와 일하는 뉴질랜드의 협력교사와 학생들에 의해 나타난 언어 차이였다. 응답자는 관습에서의 차이점도 보았다고 하면서, 동시에 유사점도 지적하였다. 몇몇은 언급하길, 미국에 널리 퍼져 있는 "대중 문화"가 어디에

나 있다는 것이다. 어떤 응답자는 세계 어디에서나 아이들은 비슷하다고 언급하였다. 요약하면 다음과 같다: "아이들은 어디에서나 아이들이다. 같은 희망과 꿈을 가지고 있다."

"미국인 되기"와 협력교사로부터 배우기

"미국인 되기"에 대한 인식을 묻는 질문들은 다양한 부정적인 의견들을 끌어냈다. 다섯 명의 응답자는 세계에서 미국이 가지는 부정적인 이미지에 대해 당황했다는 점을 표현했다. 몇몇은 자신들이 만난 미국인들의 입장에서 친절함이 부족하다는 점과 세계에 대한 좁은 관점을 표현했다. 한 응답자는 즉각 미국인으로 인식되는 것에 대해 애석해했으며, 또 다른 사람은 미국인으로 정형화되는 경향에 대해 주목했다. 좀 더 긍정적인 의견으로는 뉴질랜드에 있던 한 예비교사가 자신이 가르치는 아이들이 좀 더 미국에 관하여 알려고 했다는 점을 지적했다. 이는 Anderson의 연구에서 학생이 제시한 의견과 일치하는 것이다. 이 질문에 있어 협력교사가 관찰한 바에 따르면, 매우 긍정적이다. 대부분의 응답자가 관찰과 회의를 통해 얻은 학급 운영 영역에서의 장점을 말하였다. 응답자들은 또한 전환기 동안에 '열광자'로서 특별한 기술을 언급하였다. 이는 학문적인 일들을 하는 강도 높은 기간이 짧은 기간의 육체적 활동이나 좀 더 일반적인 기술, 예를 들어 시간 운영과 같은 것들과 잘 어우러졌다는 것이다,

현지 문화와 본국 문화에 관한 가르침

모든 응답자는 학생들이 자신의 현지 문화와 미국 문화에 친숙해지도록 돕는 방법에 대해 이야기하였다. 몇몇은 학생들이 미국의 전통과 현지 나라의 전통을 비교하는 수업에 관하여 논의하였다. 언급된 또 다른 전략으로는 현지 나라와 본국의 공휴일과 다른 관습들에 관해 가르치는 것을 포함

하였다. 예컨대, 본국에서 온 공예품(예, 손으로 만든 도구)을 소개한다든지, 이야기를 한다든지, 게임을 한다든지, 미국에 있는 동료의 현지 학생들과 통신을 한다든지 하는 방법을 통해서이다. 한 학생은 자신의 일생에 관한 디지털 초상화를 만들었다. 이는 자신을 학생들에게 소개하기 위해 어린 시절의 사진을 포함하였다. 그녀는 그 초상화를 재조직하여 그 학기 동안에 그 아이들과 했던 일들에 관한 정보를 담고자 하였다. 그녀는 또한 학생들이 자신의 디지털 초상화를 만들도록 도와주었다. 중등 교사 중에서 두 명이 본국의 역사적, 지리적 측면에 관하여 가르쳤던 수업에 대해 이야기하였다. 이는 매우 도전적이고 스스로에게 유의미하였다. 또 다른 두 명은 학교의 방과 후 활동에 참여한 것이 어떻게 문화에 관해 배우고 학생들과의 관계를 돈독히 하는 데 기여했는지를 기록하였다.

가르침을 위한 도전, 성장, 적용

네 번째 질문 세트는 가르침을 위한 도전, 성장, 적용에 관한 것이었는데, 응답자들은 문화적 학습을 향상시키는 프로그램의 목표를 달성했다고 말한다. 응답자들은 다양한 도전, 예를 들어, 향수병 이기기, 문화에 적응하기, 상이한 기대와 자료에 적응하기, 훈육과 학급 운영에 관한 이슈를 다루기, 좀 더 유연한 사람이 되기 등을 언급하였다. 몇몇 예비교사들은 도전을 극복함으로써 성장의 기쁨을 맛보았다고 말하였다. 응답자들은 자신의 성장을 기술하기 위해 다양한 핵심어들을 사용하였으며, 많은 참여자들이 몇몇의 공통된 단어를 많이 사용하였다. 여기에는 독립성, 문화적 민감성, 열린 마음, 다른 문화에 적응하여 성공하기, 확신을 얻기, 다르다는 것이 '더 좋다거나 나쁘다는 것' 을 의미하지는 않는다는 것, '할 수 있다' 는 태도를 개발하기 등이 포함되었다. 참여자들의 응답에 따르면, 모든 사람들은 국제적인 인식에서 시야가 넓어졌음을 언급하였다. 응답들은 세상의 사람들의 유사점에 더욱 초점을 두는 것이 나라를 이해하거나 다른 문화를 새로운 시각에서 보도록 한다는 점을 지적하였다. 자신들이 실습 기간 동안 배운 것을 어떻게 적용할 것인지에 관해, 교사들은 "답을 구하기 위해 미국 밖을 바라보도록" 학생들을 도울 것이라고 말하였다. 이들은 국제교육을 강조하였으며, 문화적 실행의 복잡성을 검토하였으며, 세계의 다른 부분과의 연결성을 강조하였다. 응답자들은 그들이 실습 기간 동안 얻은 자료, 예를 들어 공예품, 책, 지도 등을 사용하여 다른 문화를 가르칠 것이라고 하였다. 어떤 사람들은 기온에 관해 가르치고, 이야기를 나누고, 영어의 다른 사용뿐만 아니라 다른 관점들도 검토할 것이라고 말하였다. 몇몇은 '아침 차 시간' 이 가능하도록 노력하겠다고 말하였다.

가치, 참여, 안내, 지원의 중요성

질문에 대한 응답들을 보면, 모든 사람들이 이 프로그램의 가치를 발견하였다. 몇몇은 가르칠 때 학생들로부터 많은 것을 배웠다고 하였다. (부록 B의 Rachael Humbert는 이에 관하여 잘 보여주는 예이다.) 모든 사람들은 다른 사람도 이 프로그램에 참여하도록 권유할 것이라고 하였다. 응답자들은 자신들이 해외에서 가르칠 준비가 잘 되어 있고 실습 기간 중에 본국과 현지의 모든 학교에서 지원을 잘 받았다고 진술하였다. 모두 3장에 기술된 준비 단계가 문화적 쇼크를 견디고 문화적 실행을 검토하는 데 도움이 되었다고 말하였다. 몇몇은 원주민 파트너와 일하면서 그들의 의사소통 기술을 배울 수 있는 기회가 되었다고 말하였다. 응답자들은 협력교사의 긍정적인 피드백과 효과적인 실습의 모델링을 도움이 되는 형태의 안내로서 언급하였다.

귀국에 대한 인식, 인터뷰 준비, 구조적 성찰

다시 본국으로 돌아온 학생들은 모두 그들이 본국에 돌아왔을 때 자신의 동료 미국인들에게서 차이점을 발견하였다. 어떤 학생은 미국 사람들이 소리가 크다고 말하였고, 또 다른 학생은 미국 사람들은 요구가 많으며, 이곳의 음식이 이상하다고 언급하였다. 몇몇은 많은 사람들이 자신들이 가르쳤던 나라의 사람들에 비해 뚱뚱하다고 지적하였다. 학생들은 그들이 가르치는 일을 얻기 위한 인터뷰에서 그들이 실습 국가의 문화에 대해 배웠던 것의 예를 사용하여, 실습 경험의 가치를 강조할 준비가 잘 갖추어져 있음을 느낀다고 말하였다. 부록에 포함된 글에서 기술하고 있는 예들은 브리핑 세션 기간 동안에 논의된 활동들을 보여준다. 몇몇은 그들이 외국에서 살고 가르치면서 얻은 자신감이 인터뷰에 도움이 될 것이라고 말하였다. 학생들은 구조화된 성찰 절차를 일반적으로 좋게 받아들였다. 몇몇은 그들이 집중할 수 있도록 도움을 받았다고 말했으며, 또 다른 학생들은 성찰 과정을 자극할 수 있는 구조가 필요했다고 설명했다. 그런데 몇몇 학생들은 성찰 과정의 질문지에 대답하는 것이 때로는 에너지가 고갈되었을 때, 또는 교수 상황의 어떤 요구로 압박감을 느낄 때, 어려움으로 다가왔다고 응답하였다. 참여자들은 질문지가 중요한 점들을 다루고 있으며 피드백이 도움이 되었다고 말하였다.

일관성을 찾고 연결성 만들기

명확하게 말해, 이 지점에서 성찰을 깊게 하는 것과 관련하여 구조의 효율성에 관한 명확한 결론을 이끌어 낼 수는 없다. 자료가 제한적이며 여러 가지 반응들에 대해 형식적이며 체계적인 분석을 하지 못하였기 때문이다. 그런데, 특히 문화적 학습과 관련한 분야에서 보여진 반응의 일관성은 고무적이다. 문화적 차이와 유사성에 대한 인식, 도전적인 상황을 극복하기, 실습에 적용하기 등에서는 강한 일치가 있는 것 같다. 흥미롭게도 이러한 참여자들에 의해 기술된 문화적 성장의 영역은 과거 몇 년 전 참여자들이 밝힌 것과 일치한다. 이전 연도에는 성찰이 문서화되지는 않았지만 요약문을 보면 폭넓은 일치를 나타내고 있다.

우리가 반응과 관련하여 특별히 흥미롭게 여긴 것은 우리 참여자들의 인식이 8장에서 다룬 Anderson의 연구에 참여한 뉴질랜드의 협력교사나 학생들의 것과 양립한다는 것이다. COST 참여자와 일하였던 그의 연구에서의 교사들은 예비교사들이 도착했을 때는 향수병과 싸우고 현지를 떠날 때에는 떠나는 것에 거부감을 가졌다. 전반적인 가치와 관련하여 우리의 참여자들은 성찰 과정을 거치면서 본국의 문화와 해외 경험으로 오는 자신의 삶의 방식 모두에 대한 이해에 있어 긍정적인 무엇인가를 얻었다고 언급하였다. 뉴질랜드의 입장에서 교사와 학생들에게서 나온 의견들은 실습 주최국도 비슷한 혜택을 얻었음을 나타낸다. Anderson의 보고서와 관련하여 COST 참여자들은 실습 주최국들도 그들의 가정을 검토하고, 미국뿐만 아니라 뉴질랜드에 대해서도 더 잘 알도록 도움을 주었다. "언어의 유사성"은 우리뿐만 아니라 Anderson 보고서의 응답자들도 지적한 불완전한 가정 중 하나였다.

예비교사들은 해외 경험을 통해 높은 수준의 문화적 능숙함을 확실히 획득한 것으로 보인다. 그들의 반응은 실습 국가 문화에서의 미세한 차이를 인식하게 하였고 Hanvey의 문화적 의식 척도(1975)에서 매우 높은 점수를 얻었다. 그들은 실습 학교와 공동체에 참여함으로써, Lindsey, Robins, Terrell의 용어(1999)에서의 문화적 숙달 범주에 속하였다. 참여자들의 반응은 문화적 반응 실행에 관한 Gay의 표준(2002)에 부합하였다. 이는 상이한 문화 집단의 가치, 전통, 소통 양식, 학습 스타일을 인지하고 존중하는 것을 포함한다.

절차 개선하기

참여자 반응이 풍부함에 따라 우리는 절차를 개선하는 과제를 더욱 진척시킬 수 있다. 질문지를 개정할 때, 우리는 구조의 어떤 부분들이 서로 부합하는지를 고려할 것이다(예를 들어, 준비 과정에서 언급한 내용들, 성찰적 시도, 조사와 질문들을 브리핑하는 부분). 3장에서 Wilson과 Flournoy는 철저한 준비의 중요성을 낮게 평가하였으며, 2장에서 Mahon과 Espinetti는 본국으로 돌아오는 단계에서 사후 조사의 가치를 강조하면서 그러한 절차가 참여자들로 하여금 자신들의 인식을 통해 생각하도록 도우며, 직업인으로 시작할 때 자신들의 경험을 사용하도록 도운다고 하였다.

참여자들이 해외에 있는 동안 성찰을 하도록 도와주는 포괄적인 절차를 가지고 있는 지금, 우리는 부분들을 잘 연결하면서 일할 수 있을 것이다. 예를 들어, 출발 전에 수집된 자료들을 포함하려고 한다. 이는 참여자들의 목적, 기대, 인식 등을 포함하는 서류이다. 현지에 머무는 동안 진행될 이메일 서신 교환을 통해 우리는 더 깊은 성찰이 가능하도록 독려할 것이다. 동시에 우리는 건방지게 행동하지 않으려 하며, 철저하게 진행하려고 할 것이다. 고국에 있는 다른 지원자들처럼 우리는 예비교사들이 외국에 있는 동안 그들의 성장에 방해가 되지 않도록 노력할 것이다. 이것은 참여자들이 향수병으로 곤란을 겪는 초기의 문화적 적응기에서 특별히 중요하다. 그들이 발견한 것을 검토하도록 도와줄 것이며, 동시에 그들 스스로 어려운 상황을 극복할 수 있는 여지를 줄 것이다. 그럼으로써 그들은 문화적으로 동화되고 독립성을 얻을 것이다.

예비교사들에게 숨을 쉴 여지를 주는 한 가지 방식은 성찰 구조를 미세하게 재조정하는 것이다. 우리는 조사를 질문지의 네 번째 세트와 연결시키는 것에 대해 심사숙고하였으며, 이는 그 목적을 위함이다. 조사에서 어떤 문항들은 마지막 세트에서 제안한 질문들과 겹쳐지기 때문에 어려움 없이 통합할 수 있었다. 이러한 통합과정을 통해 우리는 더 좋은 결과를 얻을 수 있었다. 참가자들은 상호 전자 시스템을 통해 그들이 해외에 있는 동안에도 모든 질문들에 응답할 수 있기 때문에, 조사는 생각들을 명확히 하고 확장하는 데에 사용될 수 있다.

연구 가능성과 미래의 방향

자료 축적 시스템으로 인해 우리나 다른 사람들이 연구할 수 있는 가능성이 많이 열린다. 예를 들어, 우리는 그 과정에서 만들어진 데이터를 사용하여 공식적인 연구를 수행할 수 있고, 우리의 첫 번째 프로젝트는 우리가 모은 데이터를 주의 깊게 점검하는 일이 될 것이다. 그렇게 하기 위해 우리는 공식적인 자료 분석 시스템을 사용하려고 한다. Hatton과 Smith(1995)의 것을 사용하려고 하는데, 그들의 범주는 우리가 하려고 하는 성찰의 종류에 부합하기 때문이다.

우리는 자료 분석으로부터 배운 것을 사용하여 해외 프로그램을 강화할 수 있고, 전반적으로 교사교육 프로그램을 강화할 수 있다. 자신의 역할을 완수하기 위해 외국 여행을 못해 본 예비교사들은 지역 학교에서 성찰 구조를 사용할 수 있다. 흥미롭게도 Whipp의 연구(2003)에서 국내 상황의 예비교사들도 교육실습 기간 동안에 지도교사와 인터넷상으로 대화를 진행하면서 자신의 성찰 능력을 키웠다. Whipp은, 우리가 했던 것처럼, 실습생들은 그들의 가정을 점검하고 실습에 관해 깊이 성찰하기 위한 빈번한 자극을 필요로 한다는 것을 알아내었다. 우리의 교사준비 프로그램은 문화적인 반응 실행을 촉진하는 데 크게 기여하는 성찰에 관한 이론적 모델에 근거하고 있다. 따라서 우리가 개선하려고 하는 질문들은 우리의 예비교사들을 도울 것이며, 그들이 어디서 가르치든지 간에 아이들을 가르치면서 문화적 문제들에 관하여 깊이 있게 성찰하도록 할 것이다.

물론, 우리 손 안에 있는 것을 들여다보는 것을 넘어서거나 우리 프로그램을 개선하는 데 사용할 수 있는 다양한 가능성들이 있을 것이다. 그 중 하나는 외국교육실습 프로그램의 실습생으로 지원할 때부터 적어도 그들이 가르치는 일을 시작하고 나서의 첫 번째 단계를 거칠 때까지의 교사의 성장을 전체적 연속체로 보는 것이다. 우리는 COST 졸업자들이 오랜 시간을 두고 문화적으로 풍부한 교실을 일구어 가는지를, 또한 학습에 실질적으로 영향을 미칠 세계적인 관점을 육성하는 데 어떤 노력이 필요한지를 더 잘 이해하게 될 것이다. COST 졸업자들이 지역 공동체 안에서 국제적인 계획에 동참하는지, 그리고 어떻게 동참하는지에 대해 알아보고자 한다. 우리의 졸업자 중에서 몇몇은 렉싱턴 지역에서 그러한 일에 참여하고 있는 것으로 알고 있다. 하지만 다른 공동체에서 가르치고 있는 사람들에 대해서는 잘 모르고 있다.

약간 다른 방향을 취하여, 우리는 참여자들과 실습 개최국의 주관자들 사이에서 발생할 수 있는 관계에 대해서 알아보려고 한다. Anderson의 보고서는 호기심을 불러일으키고 있으며, 참여자들이 배정받은 공동체에 어떻게 기여하고 있는지에 대해 아는 것이 적다는 사실을 실감하게 만든다. 우리는 COST 참여자들의 인식이 뉴질랜드에서의 협력교사나 학생들과 비교했을 때 유사성을 가지고 있다는 사실에 흥미를 느꼈다. 문화들 사이의 보편적인 특성에 대해 암시하는 의견들과 오해들에 대한 유사한 보고서들은 특히 흥미롭다. 우리는 공동 학습이 연결된 느낌을 얼마나 강화하는지, 그러한 감정이 미래 활동을 어떻게 바꾸는지에 대해 알아보려고 한다. 우리 그룹 중에서 누군가가 한 “아이들은 어디서나 아이들이다”라는 코멘트는 이러한 측면에서 다양한 가능성을 볼 수 있게 하였다.

우리는 지난 2년간 우리가 이룬 진전, 특히 성찰을 자극하는 구조를 만들어 낸 것에 대해 만족스럽다. 한 가지 분명한 이점은 우리가 이제 참여자들의 문화적 발달을 모니터할 수 있는 체계적인 방법을 갖게 되었다는 것이다. 이 장에서 우리가 시도한 것은 더욱 깊은 성찰이 이루어지도록 하는 변화의 이야기를 만드는 것이었다. 이야기함으로써 우리는 우리가 성취한 것과 우리의 방향을 생각할 수 있게 되었다. 우리는 발전할 수 있는 기반으로서 현재의 구조를 만들 수 있는 그러한 질문들을 사용할 것이다. 우리는 Mahon과 Espinetti가 2장에서 프로그램의 지속가능성의 열쇠는 지속적인 질문이라고 한 의견에 동의한다. 우리 대학의 프로그램 리더들은 프로그램의 오랜 운영을 설명할 수 있는 개선을 이끌어 내는 한 방법으로서 질문을 항상 사용할 것이다.

참고문헌

Dewey, J. 1933. *How we think*. New York: Heath.

Cushner, K., and J. Mahon. 2002. Overseas student teaching: Affecting personal, professional and global competencies in an age of globalization. *Journal of International Studies in Education* 6, no. 2:44-58.

Gay, G. 2002. Preparing for culturally responsive teaching. *Journal of Teacher Education* 53, no. 2:106-16.

Hanvey, R. 1975. *An attainable global perspective*. New York: Center for War/Peace Studies.

Hatton, N., and D. Smith. 1995. Reflection in teacher education: Towards definition and implementation. *Teaching and Teacher Education* 11, no. 1:33-49.

Hollins, E., and M. Guzman. 2005. Research on preparing teachers for diverse populations. In *Studying teacher education: The report of the AERA panel on research in teacher education*, ed. M. Cochran-Smith and K. Zeichner, 477-548. Mahwah, NJ: Lawrence Erlbaum.

Humbert, R. 2004. Learning by leaving: What I learned from student teaching in England. *Field Notes about Teaching and Teacher Education* (Fall).

Ladson-Billings, G. 1999. Preparing teachers for diverse student populations. *Review of Research in Education* 24:211-48.

Lindsey, R. B., K. N. Robins, and R. D. Terrell. 1999. *Cultural proficiency: A manual for school leaders*. Thousand Oaks, CA: Corwin Press.

Loughran, J. 2002. Effective reflective practice. In search of meaning in learning about teaching. *Journal of Teacher Education* 53, no. 1:33-43.

Whipp, J. 2003. Scaffolding critical reflection in online discussions: Helping prospective teachers think deeply about field experiences in urban schools. *Journal of Teacher Education* 54, no. 4:321-33.

Yost, D. S., S. M. Sentner, and A. Forlenza-Bailey. 2000. An examination of the construct of critical reflection: Implications for teacher education programming in the 21st century. *Journal of Teacher Education* 51:39-49.

부록 A

COST 참여자들의 구조화된 성찰 질문지 견본

세트 1: (3주) 당신은 실습국의 문화에 대해 무엇을 배웠습니까? 당신이 도착하기 전에 문화적 기대와 그것은 어떻게 관련됩니까?

당신이 고국에서 실습을 했던 학교와 이 학교는 다른 점은 무엇입니까? 또한 같은 점은 무엇입니까?

세트 2: (6주) 당신의 전문적인 성장을 도와주는 협력교사로부터 배운 것은 무엇입니까?

다른 유리한 관점에서 볼 때 "미국인 되기"에 관해 무엇을 배웠습니까?

세트 3: (9주) 아이들이나 다른 사람들에게 "고국의 문화"를 알려주기 위해 무엇을 하고 있거나, 무엇을 했습니까?

실습국의 문화와 특별히 관련된 내용을 가르쳤습니까? 그렇다면 무엇이었습니까?

세트 4: (12주) 실습국의 문화에서 가르침의 어떤 측면이 가장 도전적이었습니까? 그러한 도전을 어떻게 이끌어갔습니까? 그러한 경험을 완성함으로써 당신은 개인적으로 또는 전문적으로 어떻게 성장하였습니까?

그러한 경험이 당신의 세계적 안목을 넓혔습니까? 그렇다면 어떻게 넓혔습니까?

당신의 실습 기간 동안에 다른 나라의 문화에서 가르침으로써 배운 것을 어떻게 적용하려고 합니까?

조사: (14주) 당신이 준비한 것 중에서 문화 간 교육실습 경험을 위해 가장 도움이 된 것은 무엇입니까?

준비 과정(EDC 554) 중에서 문화 간 경험을 하도록 도와준 것은 무엇입니까?

실습 경험 중에서 당신이 받은 지원과 안내를 통해 도움을 얻었습니까? 어떤 것이었습니까?

실습 경험이 가치 있다는 사실을 알게 되었습니까? 다른 예비교사 후보자들에게 추천하겠습니까?

브리핑: (본국으로 돌아온 후) 당신의 인식과 관련하여, 미국이나 당신의 공동체에 관한 어떤 것이 떠나기 전과 달라졌습니까?

이 경험의 결과로서 가르침으로 이끌어질 수 있는 강점은 무엇입니까?

효과적인 교사가 되기 위해 준비하는 방법과 관련하여 실습 경험에 대해 학장이나 위원회에 무엇을 말하고 싶습니까?

성찰을 촉진하기 위해 사용된 구조가 도움이 되었다고 생각합니까?

질문지는 도움이 되었습니까?

구조나 질문지를 바꾸는 데 유용한 제안이 있습니까?

부록 B

떠남으로써 배우기: 영국에서 교육실습을 통해 무엇을 배웠는가?

Rachael Humbert

영국을 떠나던 날을 잊을 수가 없다. 그때 어머니가 내게 하신 말씀은 "두 눈 똑바로 뜨고 살아라." 였으며, 아버지는 "그래도 멀지 않구나." 라고 말씀하셨다. 나는 부모님의 품 안에서 속삭였다. 그러고 나서 내가 앉을 자리를 찾아 안전벨트를 매면서 "가는 것은 즐겁지만 떠나는 것은 슬프다." 는 생각이 일었다. 7시간 동안 비행기 안에서 나는 비행기의 맨 뒤에서 나오는 불빛을 쳐다보았다. "내가 어떤 곳을 가고 있는 것일까?" 하는 생각을 한참 하였다. 나는 켄터키대학과 컨소시엄을 맺은 외국교육실습 프로그램(COST)에 참여하게 되었으며, 이는 다른 나라에서 나의 교육실습을 마치는 것이었다. 결론부터 말하면, 나는 내가 생각했던 것보다 더 많은 것을 배웠으며, 또한 많은 것을 가르쳤다.

히소로우공항에 도착하자마자 내가 선택을 잘했다는 것을 알았다. 두렵고, 불안하였으며, 외로웠지만 나는 그것을 즐겼다. 익숙한 세계에서 벗어나 세계가 얼마나 큰지를 알아보는 것만큼 좋은 일은 없었다. 공항에서 많은 것을 배웠다. 특히 '좌측통행'을 배웠다. 도로에서 다른 방향으로 운전을 한다는 것도 알았다. 이는 생각보다 쉽지 않다. 하지만 기억하기는 매우 쉽다. 거리를 건너는 것. 이제는 매우 어렵다!

영국 웨스트서식스의 새로운 집에서 꼼짝 않고 지낸 첫 날 이후, 길을 건널 때 영국사람들을 따라 걷는 것을 배웠다. 판매원이 기다려 주기만 한다면, 나는 제대로 잔돈을 지불할 수 있게 되었다. 양복바지와 바지의 차이를 알게 되었다. 방파제 위에 있는 나이트클럽에 가는 대학생 무리를 따라다니면서, 다음날 밤에 대학의 술집 등에서 그들을 만나면서, 사교생활에 쉽게 스며들었다.

두 주가 지날 무렵, 기차를 타고 카디프에 성공적으로 도착했다가 돌아왔다. 물론 새로운 친구가 나보다 더 많은 일을 했다는 점을 인정하긴 해야겠지만. 두 학급—Westbourne House School의 3년(2학년)과 4년(3학년)—에서 학생들을 지도하기 시작했을 때, 새로운 학교, 새로운 교육과정, 새로운 수업 일정, 새로운 글쓰기, 새로운 악센트 등과 씨름해야 했다. 여기서 '씨름했다'는 말은 어려웠다는 것을 의미하는 것이 아니다. 새로운 문화에 적응하였다는 것을 말한다. 매일 나는 머릿속에 새로운 정보를 가지고 집으로 돌아왔으며, 항상 스스로에게 "음, 이것을 어디에 적용할까? 여기에 맞지 않아. 그래 여기에 넣어보자."라고 말하였다. 나는 새로운 경험들이 신선하다고 생각하였다.

그 다음 셋째 주를 편안하게 보냈다. 이제 나는 누구에게도 아무런 설명을 구하지 않아도 하루를 지낼 수 있게 되었다. 아이들에게 두 번까지 생각하지 않고도 "지우개를 사용해."라는 말을 할 수 있게 되었다. 그리고 마치 여러 해 동안 그 곳에 머문 사람처럼 직원실에서 수다를 떨 수 있게 되었다. 사람들은 내가 켄터키에 관해 이야기하는 것을 환영하였다. 그런데 나의 '미국스러움'을 강조하지 않았다. 담당 교사는 내 친구가 되었다. 'Skittles Night'에 나를 초대하였으며, 내가 휴일에 프랑스로 가는 것을 알고는 놀라워하였다.

휴가의 중간 시점 즈음에 내 머리는 모든 것을 마법과도 같이 분류하였다. 바퀴가 돌아가는 것을 느꼈고, 순응하고 적응하였으며, 내가 배운 모든 것과 내가 알고 있는 모든 것을 연관시켜 사용하였다. 나는 파운드를 달러로 바꾸는 것을 그만두었다. 나는 "괜찮아?"라는 질문에 대한 답이 "그래, 나는 괜찮아. 왜 내가 아파 보이니?"라고 말하는 것이 아니라 "그래, 고마워. 너는 어떻게 지내니?"라고 말하는 것임을 알았다.

두 주짜리 부활절 축제에 내 안전 구역을 넓힐 기회를 가졌다. 런던에서 혼자 이틀을 머물면서 내 소유물과 나 자신을 보호하는 법을 알게 되었다. 적당한 장소에서 '튜브'를 뛰어오르게 하는 법을 배웠으며, 거리를 지나갈 때 길을 잘 찾지 못하는 나였지만, 어두워지기 전에 호스텔로 가는 길을 알아내었다. 다섯 가지 종류의 운송 수단을 사용하여, 나는 조용히 남아 있는 법을 알았다. 나는 나의 언어를 말할 줄 모르는 친구들을 사귀었고 살사 춤을 추는 법도 배웠다.

영국에서의 마지막 두 주 동안 처음 13일보다 더 많은 것을 배웠다. 거기서 삶을 살아가고 있다는 것을 알았다. 사람들이 나를 돌보고 있다는 것을 알았고 나 역시 그들을 나의 가족인양 돌보고 있다는 것을 알았다. 어떤 나라에 있든지 간에 아이들은 여전히 춤추는 것을 좋아하고 다른 악센트를 듣는 것을 좋아한다는 것을 알았다. 하루가 끝나면 모두 피곤하였지만 그들이 힘이 된다는 것을 알고자 하였다. 그들이 무엇을 이야기하고 있는지를 모를 때 그들로부터 기꺼이 배우고자 하였다.

평가보고서를 보면 아이들을 가르치는 것이 개선되었지만, 내가 좀 더 나아졌다는 것을 명확하게 알려 준 것은 한 학생이었다. 학습 장애를 가지고 있는 4학년 학생 중 한 명이었던 톰은 매일매일 특정 수업 시간 동안 내가 그와 함께 있을 것인지를 물었다. 약 5주 전에 나는 쉬는 시간에 그를 지나쳤는데 그는 "홈벌트 선생님, 교양수업을 받을 수 있을까요?"라고 물었다. 그래서 나는 "아니, 다른 수업에 같이 있을게."라고 말하였다. 그는 실망한 것으로 보였다. "그건 좋은 거야, 나쁜 거야?"라고 물었을 때, 그는 "글쎄요."라고 말하였다. 톰은 매일 같은 질문을 계속하였다. 매일 아침 나는 교사 책상에 앉아 내 바인더들을 정리하면서 앉아 있었고 그러면 톰이 와서 내 스케줄을 훑어보았다. 나는 톰이 스케줄을 보고 있는 동안 그를 쳐다보며 인내심을 갖고 앉아 있었다. "흠" 하고 톰이 말한다. "보세요. 교양수업 시간에 우리랑 있게 되어 있잖아요." 나는 당황하였다. "그래, 좋아. 너는 수학 시간 동안에도 여기에 있을 거야." 이는 조금 더 좋은 것이다. "오" 그는 놀란 소리로 말한다. "선생님, 하루 종일 우리와 있을 거지요! 우와" "좋아. 톰, 너는 하루 종일 여기에서 나랑 있고 싶니?" "그럼요. 저한테는 그게 좋아요."라고 말하였다. 그는 웃었다. 나는 기분이 무척 좋았고 나 자신이 매우 자랑스러웠다.

영국에서 4개월 동안 가르치면서 독립적인 사람이 되었으며, 융통성이 있으며, 창의적으로 변하였다. 해외에서의 교육실습은 또 다른 문화를 내게 가르쳤으며, 다른 문화의 아이들을 가르친다는 것은 모국의 아이들을 가르치는 것과 다르면서도 같은 점이 있었다. 내가 어디에서든 성공할 수 있다는 것을 알았다.

가장 중요한 것은 COST 경험을 통해 내가 교사라는 것을 알았다는 것이다. 나는 나 자신을 가르치고 내 친구를 가르치고 내 학생들을 가르친다. 모든 경험은 내게 성장과 관점의 변화를 가져다주었다. 나의 생활－켄터키에서부터 영국 마을에 이르기까지－은 다음에 일어날 놀라운 모험을 준비시켜 주었다. 나는 교실에서 가르칠 아이들에게 세계를 안겨 줄 것이다.

8

미국 교생과의 경험:
뉴질랜드 홈스테이 가정

Neil Andersen

나는 우리가 같다는 것을 알아요. 모두 영어로 말하니까요. 그런데 이따금 그들은 우리하고는 다르게 말해요.

— 11세 학생

우리는 같지 않아요. 캐나나는 미국 위쪽에 접해 있고 멕시코는 미국 남쪽에 접해 있어요. 뉴질랜드는 아무 것도 없어요. 주위에 바다뿐이에요.

— 6~7세 학생

[그녀는] 많은 문화적 측면들이 다를 수 있지만 보다 깊은 수준에서는 차이가 훨씬 더 적다는 것을 배웠어요 — 가족은 중요해요.

— 협력교사

20년 동안 외국교육실습 컨소시엄(COST)에 참여한 학생 교사들은 크라이스트처치(Christchurch)의 학교와 인근 지역사회에 미국의 문화와 언어—뉴질랜드 마오리족 언어로는 tikanga와 reo에 해당하는—를 소개했다. 1987년부터 2006년 사이 114명의 교생들(남학생 6명, 여학생 108명)이 뉴질랜드의 크라이스트처치에 있는 학교들에 6주에서 16주 동안 배치되었고, 거의 대부분이 학교 공동체에 속한 가정에서 머물렀다.

COST 프로그램은 1987년 당시 교육대학장인 Colin Knight 박사에 의해서 크라이스트처치에 도입되었다. Knight 박사는 1980~1981년 동안 조지아대학에서 COST 설립자인 Everett Keach 박사, Marion Rice 박사와 함께 연구하였다. 다른 나라에 대한 학생들의 태도에 초점을 맞춘 논문을 쓴 Knight 박사는 국제적 이해와 세계 평화를 증진시킬 수 있는 여러 방법들을 탐색하고자 하였다(Knight, 1982). 최근의 인터뷰에서 Knight 박사는 뉴질랜드에 COST를 도입한 이유를 다음과 같이 회상하였다.

> 학생들 사이의 국제적 이해가 교실 수업보다는 대면 접촉을 통해서 보다 성공적으로 영향을 받는다는 나의 연구 결과를 놓고서, Keach 박사는 내가 다른 문화권에 속한 사람들을 연결시키는 COST 프로그램을 계속하는 데 관심을 가지고 있을 것이라고 생각하였습니다.

Kssock(1997)은 교육실습이 특히 외국 사회에서 실습 기간을 완성할 때, 예비교사가 문화 간 기술을 단련할 수 있는 최고의 기회가 될 수 있다고 제안하였다. 예비교사들이 미국으로 귀국한 이후를 다룬 연구들은 해외 학교와 사회에 대한 경험이 그들의 개인적이고 직업적인 삶에 큰 영향을 주었다는 것을 보여준다(Cushner and Mahon, 2002; 이 책의 여러 장들). 그 중에서 홈스테이 가정, 협력교사, 관련된 학급 학생들과의 상황 속에서의 학습 경험은 덜 알려졌다. 인터뷰에서 Knight 박사는 학급당 30명의 학생이 있다는 것을 고려하면, 20년간 COST에 참여하여 대략 3000명의 뉴질랜드 학생들이 "실제의 생생한 미국인"과 접촉할 수 있는 기회를 가졌다고 언급하였다.

이러한 언급은 다양하며 흥미로운 질문들을 불러일으킨다. 예를 들어, COST 참여자들이 접촉하고 있는 학생들에게 미치는 영향은 무엇인가? 그러한 경험의 결과 학생들의 미국인들에 대한 가정은 변하였는가? 비슷하게, 교생들이 배치되었던 학급의 협력교사들은 어떠한 영향을 받았는가? 그리고 홈스테이 가정들의 경험은 무엇이었는가? 일련의 기간 동안 다른 문화에서 온 교생을 공동체에 머물게 한 것의 영향 혹은 결과는 무엇인가? 이 장은 뉴질랜드 크라이스트처치의 공동체들과 COST 참여자들 사이의 문화 간의 관계를 살펴봄으로써 이러한 질문들을 다루겠다.

조사

뉴질랜드의 2003년 중반 학기 동안(5월부터 8월) COST 프로그램에 의해서 네 명의 교생이 크라이스트처치의 각기 다른 학교에 배정되었다. 이 네 명의 교생들은 COST 참여자들의 홈스테이 공동체(hosting community)—학급과 홈스테이 가정(homestay faimlies)—에 대한 영향을 조사하는 본 연구의 대상 집단이다. 크라이스트처치의 COST 조정자는 각 교생에 대해 학교를 배정했으며, 각 학교의 교장을 통해서 학교 공동체에 속하는 가족들 중에서 홈스테이 가정을 찾았다. 모든 경우에, 교생은 배치된 학교에 다니고 있거나 예전에 다녔던 가족들과 지낸다. 이것은 교생이 뉴질랜드 상황에서 가정과 학교 사이의 관계를 경험할 수 있게 하는 가능성을 제공한다. 네 명의 교생 중에서 두 명은 배정된 기간 동안 두 학급에서 지냈으며, 다른 두 학생 교사는 한 학급에서 지냈다.

실습 기간이 종료되어 COST 학생들이 미국으로 돌아간 직후, 협력교사들과 홈스테이 가정들에게 COST 학생 교사들과 지낸 경험에 대한 그들의 인식을 기록하기 위한 질문지를 발송하였다. 또한 네 학교의 교장들과 사전에 논의하여, COST 교생이 출발하고 일주일이 지난 후 각 학급의 학생들을 면담하였다. 모든 면담은 녹음되었고, 후에 연구자에 의해서 기록되었다.

문화에 대한 가정의 검토와 차이에 대한 통찰 얻기

뉴질랜드에 배치되었다는 소식을 COST에 참여하는 교생들이 들었을 때, 그들은 잠시 동안 안도하는 분위기였다고 한다. COST 참여자, 부모와 친구들은 뉴질랜드가 영어권 국가이기에 남태평양의 국가에 가서도 언어적으로 그리고 관습적으로 문제가 없을 것이라고 생각하여 안심하였던 것으로 보인다. "안전한 장소"로 간다고 생각된 것이다. 태평양을 가로질러 12간 가량 비행하며 뉴질랜드로 가는 동안 미국 밖으로 처음 여행하는 학생등 들에게 나타날 수 있는 문화적 충돌이나 언어적 어려움보다는 새로운 곳에 대한 관심이 더욱 생겨났을 법하다. 협력교사들과, 홈스테이 가정, 학생 등 손님을 맞이하는 사람들 역시 비슷하게 안도의 기분을 느꼈다. 6주에서 16주 동안 그들의 가정과 학교생활의 한 부분이 될 교생들이 영어권 국가인 미국에서 오기 때문에, 큰 문화적 차이는 없을 것이라고 생각했다.

2003년 후반기 동안 COST 참가자와 만났던 학생들, 교사들, 홈스테이 가정들에서 얻어진 자료는 이러한 초기의 기대가 틀렸다는 것을 시사한다. 예를 들어, COST 참가자, 홈스테이 가정 모두 언어적 문제가 있을 것이라고 생각하지 않았지만 언어 문제는 가장 자주 일어났고 홈스테이 가정들이 차이를 회상하면서 언급하였다.

남반구에 사는 학생들이 지니고 있는 다른 나라의 지식에 대한 갈증은 또 다른 주요한 조사 결과이다. 뉴질랜드 사회과 교육과정과 교사들은 세계적 관점을 적극적으로 장려한다. 세계 각지의 사물과 장소, 사건에 대한 "훌륭한 일반적 지식"은 뉴질랜드인들이 중요하게 여기는 특징이다. 뉴질랜드의 뉴스 매체들이 뉴질랜드 학생들의 지리적 혹은 역사적 지식과, 뉴질랜드가 어디에 있는지 모르거나 혹은 더욱 모욕적으로 뉴질랜드를 호주의 하나의 주로 말하는, 다른 나라 시민들의 편협하고 지역적인 지식을 비교할 때, 이러한 것은 강화되었다.

COST 교생들의 수업을 듣는 학생들은 미국과 개별 주들, 그리고 특색이 있는 지역에 대한 자세한 지식을 상당히 많이 알게 되었다. 학생들의 지식은 협력교사나, COST 교생과의 긍정적인 관계, 혹은 뉴질랜드로 와서 자신의 고향과 지역에 대한 개인적인 기억들, 예를 들어 특색들과 유명한 사람들, 흥미로운 사실들을 공유하도록 고무된 COST 참여자들을 통해서 장려되었을 수 있다. 이 연구를 통해서 COST 교생이 떠나고 일주일이 지난 후 면담을 할 때 뉴질랜드 학생들이 언어, 역사, 특산품과 풍습 등 미국에 대한 자세한 지식을 이야기할 수 있다는 것이 확인되었다.

서술형 질문지에서 교수 양식과 특징에 대한 인상을 기록할 때, 협력교사들은 뉴질랜드 밖에서 온 교생들을 응대하면서 교생들이 제기한 물음에 대답하기 위하여 뉴질랜드에 대한 자신들의 지식과 자신들이 하는 교실행동들에 대해 생각하게 되었다는 점에 주목하여 대답하였다. 미국보다는 뉴질랜드에서 살고 가르치고 있다는 점에 대해서 협력교사들은 강한 만족감을 느꼈다.

뉴질랜드 사람들은 친절하고 호의적이라는 세간의 평가에 맞게, 홈스테이 가정들은 COST 교생이 방문객이나 경계인이 아니라 가족의 일원이 되었다고 보고했다. COST 학생 자신의 탐구하는 마음과, 뉴질랜드 문화와 언어의 차이와 새로움을 경험하고자 하는 열정은 이들의 응답의 주된 특징이었다. COST 지원자들이 반드시 거쳐야 하며, 잠시나마 자신이 태어난 나라를 벗어나 경험의 범위를 넓히고자 하는 뛰어난 개인적 자질을 지닌 교생들을 뽑는 COST 선발 과정에 대해 신뢰를 부여하였다.

언어의 유사성에 대한 가정

Emmitt, Pollock과 Limbrick은 다음과 같이 말하였다.

> 언어는 의미를 표현하고 생성하기 위하여 한 사회에서 상호적으로 작동하는 많은 사회적 실천들 중의 하나로 볼 수 있다. 언어는 의미를 생성하고 공유하기 위해 인류가 사용하는 도구들 중에서 가장 강력하고 설득력이 있다. 언어는 문화적으로 공유되는 의미를 중심으로 하며, 언어는 사용하는 집단의 문화에 뿌리를 두고 있다. (1996, 6)

'뉴질랜드 교육 비평' 의 한 논문에서 Emma West(2003)는 콜로라도의 오로라(Aurora)에서 지도하는 한 뉴질랜드 교사(Shaun Howarth)의 말을 인용하였다. 미국에서 가르칠 때, 영어에 대한 자신의 경험을 그는 다음과 같이 말하였다. "가장 큰 과제 중 하나는 이해시키기 위해서는, 특히 수업 중에는, [뉴질랜드] 영어를 미국 영어로 번역하는 것이다. … 내가 일한 모든 나라 중에서 미국이 문화적으로 가장 힘들었다. 동일한 언어를 쓰지만 종종 잘못 이해되곤 하였다."

COST 교생이 뉴질랜드의 교생 실습에 배정되면, 교생과 협력교사, 학생들, 홈스테이 가정 사이에는 두 나라가 영어를 사용하기 때문에 문화도 유사할 것이라는 상호간의 암묵적인 가정이 있는 것처럼 보인다. 세 학급의 학생들은 쉽게 미국 사람들과 뉴질랜드 사람들은 문화적으로 언어적으로 동일하다고 말하였다. 이는 다음과 같은 말들에서 분명하게 나타난다. "두 나라 모두 영국과 관계가 있어요. 영국이 두 나라를 탐험했어요. [그렇지만] 여왕이 미국을 책임지지 않으니까 진짜로 관계가 있는 것은 아니에요."(8세 학생) "우리가 같다는 것을 알아요. 우리 모두 영어를 써요. [그렇지만] 종종 우리하고는 다르게 말해요."(11세 학생)

도착한 이후, 동일한 사물에 대하여 다른 언어를 사용하는 것을 통하여 두 집단은 동일성 가정에 대한 차이를 경험하고 이를 기쁘고 즐겁게 받아들인다. 어떠한 상황에서, 그러한 차이는 방문객과 응대하는 사람들(hosts) 사이에 혼동과 갈등을 일으키지만, 뉴질랜드 크라이스트처치의 COST 조직에서는 오랜 기간·동안 굳게 확립되어 있는 지원 조직과 관계가 있으며, 그러한 차이는 기쁨으로 이어진다.

이러한 언어적 차이의 사례는 각 집단(학생들, 협력교사들, 홈스테이 가정들)의 응답에서 분명했다. 학생들은 자신들의 영어와 COST 교생의 영어에서 가장 즐거웠던 차이들에 대해서 말하였다. 협력교사들은 이러한 측면에 대한 언급이 상대적으로 적었지만, 학생들과의 경험에 비추어 볼 때 그것이 수업 맥락에서 새로움을 주는 부분이었다는 점을 확실히 인식하였다. 다섯 집단의 학생들이, 이들의 나이를 생각하면 놀랍지 않겠지만 다소 자기 문화 중심적인 방식으로, COST 교생이 "다르게 말하며", "억양이 다르고", "우리처럼 말하지 않으며", "다르게 발음한다"고 보고하였다. (9세에서 11세 사이의) 일부 학생들은 "우리는 미국 사람들과 억양이 다르다", "그들의 억양이 더 크다"는 것을 인식하였다. "너는 (억양이 있니)?" 하고 면담자가 묻자, 한 학생은 "아니요. (하지만) 그들에게는 우리가 억양이 있지요."라고 대답했다.

언어의 차이에 대한 실제 사례들을 면담자에게 말해 달라고 부탁하자, 학생들은 쉽게 많은 사례들을 제시하였다.

"그 사람들은 '막대 사탕'을 '쪽쪽이(sucker)'나 '캔디'라고 해요", "우리는 비스킷이라고 하는데 저쪽에서는 쿠키라고 해요", "스콘을 비스킷이라고 해요", "그녀는 twink(수정액)를 whiteout이라고 말하고, 우리가 마침표(full stops)를 찍는다고 할 때 구두점(periods)을 찍는다고 해요", "mum이라고 하지 않고 mom이라고 하는 것처럼, 몇 가지 단어들을 다르게 써요", "토마토소스를 케첩이라고 해요", "우리는 cherios 소시지라고 하는데, 저 사람들은 cherios 시리얼이라고 해요", "우리는 문지르개(rubbers)라고 하는데, 지우개라고 해요", "쓰레기통이라고 하는데 쓰레기 깡통이라고 해요".

COST 참여자들이 이러한 언어적 차이에 대해서 알고 있고, 귀향 보고회에서 이를 설명하지만, 홈스테이 학급의 학생들은 교생과 작별하는 학교 회의에서 미국의 항목들에 대한 발표를 준비하였다. 첫 번째 항목은 물론 "국기에 대한 맹세"를 암송하는 뉴질랜드 학생들이었다—그들은 면담자에게 다음과 같이 설명하면서, "Richard stands"를 잘 연습하여 준비하였다. "아침에 [미국]아이들은 'in which it stands' 라고 말하는 것 대신에 'Richard stands' 라고 말해요. 왜냐하면 그들은 외워서 하기 때문에 그들이 뭐라고 말하는지는 정말로 몰라요."

다른 항목은 "놀라운 번역" 이라는 제목이 붙었는데, "뉴질랜드 사람이 하는 말" 다음에 "미국 사람이 하는 말" 이 뒤따르는 것이었으며 앞서 언급한 예들이 제시되었다.

말로 인해서 생겨난 재미난 일들은 홈스테이 가족들에게서도 언급되었다.

한 가족은 "처음에 학생과 우리 가족은 많은 단어들과, 구절, 관용어들을 수집하였어요. (…) 그리고 이것은 음식, 관습 등과 같은 다른 영역에 대한 논의로 이어졌지요." 라고 하였다. 또 다른 가족은 "아이들은 indicator 대신 blinker, toboggan 대신 beanie라고 하는 등 다른 말들이 같은 뜻을 지니고 있는 것을 보고 매우 좋아했어요." 라고 하였다.

영어는 크라이스트처치 실습 기간 동안 COST 교생들이 경험하는 유일한 언어적 만남이 아니었다. 뉴질랜드 대부분의 학교에서 인사, 셈하기, 요일, 간단한 지시(일어나세요, 앉아요, 조용히 하세요) 등에서 영어와 마오리어, 혹은 폴리네시아어나 이민 가정에서 주로 사용하는 학생들의 모국어 등이 섞여서 사용될 수 있다. 면담에서 학생들에게 "A 교생에게 무엇을 가르쳤다고 생각하니? 무엇을 너희에게서 배웠다고 생각하니?" 라고 물었을 때, 한 학생은 "마오리 말이요. (…) 마오리 말에는 's' 가 없다는 것과 우리는 선생님에게 Nieuian 말로 '안녕' 을 가르쳐 주려고 노력했고, 그녀는 마침내 말할 수 있었어요" 라고 하였다.

언어적 도전에 잘 대처한 것은 아니지만, 한 COST 교생은 (6, 7세 학생들과 하는) 수업 시간에 기초적인 스페인 단어를 소개하였고, 이것은 학생들에게 매우 즐거웠던 일로 기억되었다. "원래 있던 선생님과 미국인 선생님이 무엇이 달랐니?" 라고 묻자, "스페인어로 말하는 방법을 가르쳐 주셨어요. (…) 스페인어로 수를 세는 방법을 가르쳐 주었어요" 라고 대답하였다.

문화들 사이에서의 다른 동일성들이 연구 표본들의 반응에서 기록되었다. 학생들은 피부색, 머리색 그리고 다른 개인적인 특징들에서 미국인들과 뉴질랜드인들이 유사하다는 것을 명확하게 인식하였다. 학생들은 국기에 동일한 색들이 사용되었다는 점도 알아냈다. "그들의 국기도 비슷한 것 같아요. 왜냐하면 국기들에 별이 있고, 빨강, 파랑, 하양으로 이루어져 있어요." 그리고 한 협력교사는 "표면적으로는 차이가 있지만, 내부에서는 친절함, 사려 깊음 등 동일한 것을 원하였다" 고 적었다. 그리고 이러한 정서는 한 홈스테이 가정에서도 그대로 나타났다. 그 가정은 이렇게 말했다. "[그녀는] 많은 문화적 측면들이 다를 수 있지만 보다 깊은 수준에서는 차이가 훨씬 더 적다는 것을 배웠어요 — 가족은 중요해요."

차이가 가져다준 축복: 우리가 가진 것과 우리가 누구인지 인식하기

앞서 언급된 언어적 차이 이외의 것에서, 모든 집단에서 나온 응답은 방문자의 문화와 뉴질랜드의 문화 사이에는 실질적인 차이가 거의 없다는 것을 드러냈다. 그러한 기록된 차이들은 주변적인 문화적인 차이로서 기술될 수 있는 것이었으며, 몇몇은 응답자들이 방문자의 문화를 통해서 자신의 문화를 반성하였다는 점을 보고하였다.

예를 들어 학생들이 찾은 주변적인 차이는 영구적이면서 명확한 것들을 포함한다.

"뉴질랜드에서 물은 배수구에서 미국의 반대방향으로 빠져 나간다."

"미국에서는 운전자가 오른쪽이 아니라 왼쪽에 앉는다."

"미국에는 뉴욕처럼 큰 도시가 있지만, 뉴질랜드에는 작은 도시밖에 없다."

"우리는 전기를 물에서 얻지만, 그들은 원자력에서 얻는다."

학생들의 다른 반응들은 역사적이고 문화적인 차이를 사려 깊게 비교하여 나온 반성적인 것으로, COST 학생이 가져온 새로운 지식이나 인식에서 혹은 면담자가 제시한 질문에서 이끌어 낸 것이었다. "그러면, 미국에 있는 사람들은 서로를 죽여야 할 정도로 서로 많이 다른 것 같아요. 내전이 있었잖아요."(10~11세 학생) 혹은 "그들은 우리와 같지 않아요. 미국의 위에는 캐나다가 있고 아래에는 멕시코가 있어요. 뉴질랜드 주위에는 아무것도 없어요. 물밖에 없어요."(6~7세 학생) 그리고, "미국 사람들의 국기에는 별이 50개 있지만, 우리 국기에는 네 개가 있어요."(6~7세 학생)

이러한 차이에 대한 언급은 COST 교생에 의해 도입된 미국에 대한 상당한 지식과 이해가 학생들에게 전달되었다는 것을 뜻한다. 모든 연령대의 학생들이 미국이 하나의 국가이며, 미네소타, 조지아, 알라바마, 텍사스 등은 미국 안에 있는 주들이라는 것과, 세인트폴, 버밍햄, 몽고메리 등은 주 안에 있는 도시라는 것을 분명하게 알았다. "미네소타는 오대호 옆에 있는 주이며, 세인트폴은 미네소타의 주도에요. 뉴질랜드에서 캔터베리는 큰 일종의 주이며, 옥스퍼드는 캔터베리에 있는 작은 도시인 것 처럼요. 그건 이만큼 작아요."(9~10세 학생)

COST 참여자 고향의 다른 특징들은 이미 학생들이 인용한 바 있다. 예를 들어 "토네이도 오솔길", "슈퍼리어호가 오대호 중에서 가장 크다. 세계에서 가장 큰 호수이다", "아주 큰 쇼핑몰이 있다. 그 이름은 아메리카몰이다. (…) 그것은 세계에서 가장 큰 몰이다. 거기에는 롤러코스터, 수족관, 공원 등이 있고, 상점이 500개나 되며, 각 상점에서 20분씩 보낸다면, 그곳에 있는 데 18시간이 필요할 것이다."

뉴질랜드 학생들은 성조기의 요소들에 놀라워했는데 이는 문화적 차이를 드러내는 것이었다. 미국 학생들보다 뉴질랜드 학생들이 행사나 의식에서 국기가 차지하는 비중이 적었다. 뉴질랜드 학교에서는 미국 학생들이 "국기에 대한 맹세"를 암송하는 것과 유사한 국가 의식이 없다. 그런데 한 학급에서는 학생들이 다음과 같이 보고하였다. "우리는 그녀에게 우리의 국가를 가르쳤다." [인터뷰어: 국가를 뭐라고 부르나요?] "나라의 신이요." (9~10세 학생)

뉴질랜드 학생들이 자기 나라의 국기에 있는 사성과 유니온 잭(Union Jack) 상징보다도 미국 국기의 특징에 대해 더 잘 안다고 할 수 있다. 예를 들어, 8세로 이루어진 한 학급에서 "미국 국기의 애칭이 올드 글로리(Old Glory)"라는 것을 알았다. "국기에는 50개의 별이 있고 이는 50개의 주를 나타낸다.", "13개의 줄이 있으며, 빨간색과 흰색이다. 그것은 13개의 원래의 영토를 나타낸다." 다른 수업에서의 학생들(8~9세)은 "국기에서 하얀색 줄은 평화를, 빨간색 줄은 전쟁을 나타낸다."는 정보를 제시하였다.

그리고 협력교사들도 교생들로부터 배웠다. 한 협력교사는 COST 학생을 맞이함으로써 "뉴질랜드 국기의 특징과 그 특징들의 배경에 대한 내 지식이 명확해졌다"라고 말하였다.

즉각적이며 일상적인 대화에서 쓰이는 분명한 차이에 주목하기보다 협력교사들은 교생들에게서 더욱 개인적이고 문어체적인(stylistic) 차이에 주목하였다. 그 차이는 "모든 미국인"의 것으로까지 일반화될 수도 있지만 그렇지 않을 수도 있었다. "미국인들은 돌보는 것에 익숙하고 지원을 잘하는 사람들이다.", "가족이 중요하다.", "자신의 나라에 대해 자부심을 가지고 있지만 자신의 나라에 대해서는 잘 모른다." "그들은 뉴질랜드 사람들보다 사람들에게 더 잘 다가간다. 다시 말해 다른 사람에게 방해가 된다든지 다른 사람들의 공간에 들어가는 것에 대해 덜 의식적이다. 특별한 의도 없이 그렇게 하는 것 같다." 다른 말로 하면, "우리는 좀 더 내성적이다."

다행히도 한 협력교사는 자신의 교생을 "TV나 매체에서 본 것과 많이 다르다."고 언급하였다. 또한 그는 그 교생이 "열린 마음으로 공경하는 태도를 보이는" 사람이라고 말하였다.

미국인 교생들을 맞이함으로써 협력교사들은 문화와 교수 방법에서의 차이점과 유사점을 성찰해 볼 수 있었다. 다른 한편으로 "미국과 비교하여 뉴질랜드 교육 시스템에서 교사로서의 우리가 얼마나 낮게 평가되고 있는지"를 알게 되었다.

일반적으로 협력교사들은 미국에서 교생을 유치하는 것은 자신의 아이들에게 긍정적인 효과를 준다고 여겼다. 교생들과 접촉하는 경험이나 그들의 질문에 답하는 경험으로 인해 학생들은 "뉴질랜드 문화의 유일성과 영국[문화]의 영향, 음식, 해변, 생활 방식, … 저자, 예술가" 등을 인식하게 되었다. 뉴질랜드에서 나온 TV 쇼는 뉴질랜드 전통/언어를 강화시켰다. 교사들은 또한 현지의 부모들이 교생들을 자신의 집에 머물도록 함으로써 교사의 역할에 대해 더욱 알게 되었다고 보고했다.

현지 가족의 응답자들은 미국 학생들을 유치하는 것은 자신의 가족에게도 긍정적인 효과를 주었다고 말하였다. "자신의 나라에 대해 배우고 우리가 미처 알고 있지 못했던 가족으로서 우리 안에 있는 차이점들-Kiwi 문화를 즐기는 것-를 보게 되었다. 뉴질랜드 사람들의 문화를 더욱 축복하게 되었다.", "우리 아이들에게는 큰 언니가 되었으며, 부모로서 우리가 아이들에게 가르치고자 하는 것을 공고히 하는 데 도움이 되었다.", "숙제 중에서 미국에 관한 문제를 해결하는 데 도움이 되었다.", "아이들이 그들과 함께하는 것을 즐겼다. 특히 어린아이들이 그들과 대화를 무척 잘하였다.", "우리는 더 많이 지도를 참고해야만 했다. 이는 우리 학생의 관광여행을 안내하는 데 더욱 그러했다."

교생들은 뉴질랜드의 마오리 문화에 무척 관심이 많았다. 홈스테이 가정의 부모로부터 "마오리에 관해서, 그들이 어떻게 사회에 적응하는지, 학교 시스템의 차이점과 오늘날 마오리 인구의 상태 등에 대한 질문을 했다.", 협력교사로부터 "우리 마오리 문화의 중요성, 즉 노래, 언어, 하카[새로 온 사람에게는 낯선 마오리의 춤] 등의 중요성", 그리고 학생들로부터

"그녀는 우리에게 무척 많은 것을 물어보았다. 예를 들어 '마오리' 를 어떻게 말하는지. 그녀는 그것이 마치 마아아아오리라고 하는 것처럼 생각되었다." "우리는 마오리족 사람들이 어떻게 아마로 뜨개질을 하는지", "우리는 마오리 조약에 대해 가르쳤다.", "포이를 어떻게 사용하는지", "마오리 막대로 어떻게 하는지", "마오리 말들", "마오리는 실 게임" 이라는 보고를 받았다.

시간에 대한 관점

아이들과 인터뷰를 함으로써 그들은 미국(북반구)과 뉴질랜드(남반구) 사의 시간과 계절의 차이점을 인식하였다. 협력교사들 중에서 두 명의 학생들이 미국 교생들로 인해 배우게 된 것들 중 하나로 시간, 계절, 공휴일 등에서 뉴질랜드와 미국이 차이가 난다는 점을 제시하였다.

학생들이 미국인과 직접적으로 만나지 않고도 앞서 언급한 차이에 관해 명확하고 확신이 있는 상태가 될 수도 있다. 물론 그렇게 되지 않을 수도 있다. 이는 다만 추측일 뿐이다. 그런데 인터뷰를 하는 동안, 그들은 분명하고 남들이 알아들을 수 있도록 면담자에게 다음과 같이 말하였다. "미국[예비교사들의 나라]은 뉴질랜드보다 시간 면에서 18시간이 늦다", "만약 뉴질랜드에서 생일을 치른다면, 그러고 나서 미국으로 돌아간다면, 당신은 그것을 같은 날에 맞게 될 것이다", "달이 우리와 다르다. 1월이 여름이며 우리가 여름일 때 그들은 겨울이다", "계절은 미국과 반대이다", "미국 아이들은 8월, 6월, 7월에 휴가를 갖는다. 8월은 여름이 아니며, 우리와 같은 공휴일을 가지고 있지 않다."

교수 방식에 대한 보고

아이들과 협력교사 모두 미국 교생들과 뉴질랜드에서 기대하는 교생들 사이에는 가르치는 방식에서 차이가 있다고 말하였다. 아이들은 자신들의 담임교사들의 행동과 비교하여, 민첩하게 COST 학생들이 한 것들을 말하고 즐거워하며 자신들에게 도움이 되게 하였다. 아마도 자신의 교실에서 시간을 보낸 뉴질랜드 교생들의 경험에 관한 똑같은 질문이 주어졌다면 그들은 유사한 것들을 말했을 것이다.

> "그녀는 다른 식으로 말해, 그러니까 … 음 … 그녀는 언제든지 모든 것을 재밌게 만들어. 자기가 좋아하지 않는 것도 그렇게 해. B선생님[담임]이 여기에 있을 때는 우리는 학교 오는 것을 좋아하지 않는데, 학교 오는 것을 즐겨."
> "그녀는 우리를 데리고 나가서 많은 게임을 해."
> "그녀는 까다롭지 않아- 그녀는 정말 정말 훌륭해."
> "그녀는 혼자서 엄청 말을 많이 하고 빨리 말을 해."
> "그녀는 책보다 활동지를 더 많이 줘. V선생님은 책을 더 많이 주지."
> "종이 울리자마자 그녀는 우리가 나가도록 해줘. 우리가 가기 전에 우리가 하는 것을 끝내게 해."
> "체력 단련 대신에 미국 춤을 춰도 돼."
> "우리들에게서 다양한 점을 이끌어 내었어."

이와 대조적으로, 협력교사들은 뉴질랜드와 미국 교생 사이에서 교사의 역할에 대한 기대가 다르다는 것을 지적하였다. 그러한 차이는 교생들에게 알려질 필요가 있으며, 그럼으로써 뉴질랜드 학교의 상황 안에서 교사들의 요구에 부합할 수 있을 것이다. 아이들과의 관계에서, 협력교사들은 COST 교생들의 관심을 이끌어 내야 한다고 느꼈다고 주목한다.

> "우리의 하루하루가 얼마나 바쁘고 미국 교사들과 비교할 때 모든 교육과정 영역에서 얼마나 더 많은 책임을 맡고 있는가"
> "우리 학생들을 위한 일관성 유지의 중요성"

"뉴질랜드 교사들은 학생들 사이를 중재하는 데 그렇게 많은 시간을 쓰지 않는 것 같다."

"한계와 결론이 출발에서부터 명확하게 제시되어야 한다."

"교사로서 성공하려면 세밀한 계획과 모델링이 중요하다. 이는 소위 교수와 실제 사이의 차이를 특징짓는 끊임없는 이슈이다."

동일한 문제들이 뉴질랜드의 협력교사와 뉴질랜드의 교생 사이에서도 적용될 수 있을 것으로 예측된다.

미국인들에 대한 뉴질랜드 사람들의 관점

이라크 전쟁(2004)이 일어났을 때 연구의 대상자들인 COST 참여자들이 뉴질랜드 학교에 있었음에도 불구하고 이 문제와 관련하여 정치적 입장 사이에서 어떤 차이도 나타나지 않았다. 이는 어느 정도 놀라운 것이었다. 왜냐하면 뉴질랜드는 군대를 배치하지 않았기 때문이다. 누군가는 어떠한 의견이 있고 이 사건이 COST 학생들과 뉴질랜드 사람들 사이에 어떤 영향을 미칠 것으로 기대하였다. 그에 반해, 일화에서 알 수 있듯이, 뉴욕 무역센터가 공격을 당한 2001년 9월 1일에 크라이스트처치 학교에 있었던 COST 교생들과 뉴질랜드인들 사이에는 강한 감정적인 충격이 있었다.

초기에 언급한 학생의 의견, 즉 "미국에서는 서로에게 공격을 가하는 시민전쟁이 일어나고 있는 것 같아. 그들은 서로를 죽이고 있는 것 같다.", 그리고 협력교사의 의견, 즉 미국인은 뉴질랜드 사람보다 사람들에게 더 잘 다가간다는 것과는 별도로, 부정적인 어조를 반영하는 국가적 특성 사이의 분명한 차이에 관해 기록된 다른 한 가지 의견이 있었다. 홈스테이 가정의 한 부모는 "그[미국인]들은 식민지로서 우리들에게 관심이 있다. 웨이크필드(Wakefield) 조약으로서."(참조: 웨이크필드 조약은 Edard Gibbon Wakefield[1796~1862]의 생각과 계획으로, 오스트레일리아, 캐나다, 뉴질랜드와 같은 영국의 식민지를 그 식민지나 땅으로 이민 온 사람들에게 판다는 것이다.)

이와 대조적으로, 미국과 미국 문화의 대표자로서 COST 학생들의 성격의 긍정적인 요소들에 대한 의견이 무척 많았다. 예를 들면 다음과 같다. "그녀는 매우 빨리 모든 것을 파악한다. 그녀는 뉴질랜드에 대해 많은 것을 안다. 뉴질랜드에 관해 뭔가를 알아내야 하는 활동을 하였고, 그녀도 매우 잘하였다"(8세 학생) "그것은 재미있었다. 그리고 그녀는 무척 좋은 사람이다. 그녀는 가르치는 것을 좋아한다. 그녀가 근처에 있을 때 기분이 좋다"(10세 학생) "미국인들은 돌보는 것에 익숙하고 지원을 잘하는 사람들이다. 마치 집에서 가족 구성원 같은 느낌이다"(홈스테이 가족)

결론

이 연구는 미국으로부터 COST 교생들을 유치함으로써 아이들, 협력교사, 홈스테이 가족에게 어떤 영향이 있는지를 알아보고자 하였다. 여러 가지 반응들을 보면, 인터뷰가 일어날 동안만이라도 최소한 홈스테이 공동체에 상당한 영향이 있었다. 이 영향이 뉴질랜드 사람들의 감정과 인지에 오래 지속되기보다는 즉각적인 것이었는지에 대한 여부는 이 연구 범위 안에 있지 않았다. 이 연구의 결과로 보건대, COST 참여자들은 학생, 교사, 부모의 삶에 영향을 미쳤다. 그들은 미국과 자신의 주, 마을, 대학 공동체를 긍정적으로 알린 외교관들이었다.

이 연구는 미래 연구들에 많은 영역을 열어 준다. COST 학생들의 문화와 언어는 실습 주체국의 문화와는 커다란 차이가 있는데, 그러한 환경 안에서 공동 연구가 가능하게 되었다는 점이 가장 크다고 할 수 있겠다. 또 다른 것은, 교생들이 도착하기 전과 출발 후에 학생들, 협력교사들, 홈스테이 가정들과 인터뷰를 하여 그들의 반응을 비교하고, 유사성이 있는지 여부를 알아볼 수 있게 된 것이다. 유사한 방식으로, 사전 사후 인터뷰를 통해 방문 국가에 대한 그들의 인식에 관해 인터뷰를 할 수 있으며, 기존에 가지고 있던 생각과 유사점이나 차이점이 있는지를 알아볼 수 있으며, 그 것이 어떻게 변화했는지를 알 수 있다.

분명히 유사성이 있으리라고 가정된 환경에서 COST 교생들의 영향력이 미국에 관한 구체적인 지식을 통해 드러났으며, 이는 그들의 홈스테이 가정이나 교실 환경 안에서 분명히 전달되었다. 개인들의 특성, 태도, 가치 등에 의해 이 교생들은 미국인 그리고 미국이라는 한 나라에 대해 긍정적인 이미지를 심어 줄 수 있었다. 모든 환경에서, 두 나라 사이의 비교는 미국의 뉴질랜드인들과 미국인들에 의해 표현된 감정과 의견의 기초를 형성하는 것으로 보였다. 그리고 유의미하게도, 교생들을 유치함으로써 뉴질랜드인들은 자기 나라와 그 특징에 대해 미국만큼이나 잘 알게 되었다는 것이다. 홈스테이 가정은 다음과 같이 말하였다. "우리가 점점 미국화되고는 있지만 우리에게는 영국적인 것이 여전히 남아 있다" 또는 "우리의 지구본은 우리나라의 지리를 더 잘 이해하기 위해서 미국의 다른 부분을 보게 만들었다", "뉴질랜드는 매우 대비적인 나라이다. 한 나라 안의 다양한 점을 보기 위해 그리 멀리 가지 않아도 된다." 그런데 끝에 가서는 이 연구에 참여한 모든 뉴질랜드인들이 9세 학생의 관점을 가졌다. "뉴질랜드는 미국의 축소판이다."

크라이스트처치에서 미국 학생들을 유치했던 학교의 교장은 미국 교생들의 실습 배정을 또 다른 영어권 국가의 교육제도에 관한 정보와 관점의 교류를 통해, 아이들이나 직원들의 경험과 비전을 넓히는 것으로 보았다. 그들은 COST 학생들을 유치하는 것에 긍정적이었다. 그 이유는 다음과 같다.

> 그[교생]들은 매우 똑똑하다. 그들은 훌륭하다. 우리는 그들과 좋은 관계를 맺었다. 그들은 모두 다르다. 대체로 명랑하며 생동감이 있다. 그들은 흥미가 많고 뭐든지 할 준비가 되어 있다. 그들은 뉴질랜드 제도에 적극적으로 참여하고 원주민 가족과도 그러하였다. 내가 COST 제

> 도를 좋아하는 이유는 (그들이) 원주민 가족들과 머물기 때문이다.
> (17명의 COST 학생들을 1992년과 2006년 사이에 유치하였던 학교의 교장인 Ashworth와의 인터뷰 내용 중 일부)

뉴질랜드의 교생들과 실력을 비교했을 때 그 교장들은 COST 학생들이 비록 처음에는 교육 실습의 노하우나 빈도가 부족하기는 했지만, 그들이 빨리 환경에 적응하고 최선을 다해 수행했다고 보고하고 있다. 그들은 뉴질랜드 방식을 배우는 데 빨랐으며(물리교육, 음악, 과학 등 교육과정의 모든 것을 가르쳤다), 뉴질랜드 학교의 자원에도 그러했으며, 변화 속에서도 잘 행동하였다.

미국 학생들을 맡게 된 협력교사는 흥미와 자신감, 긍정적인 기대를 갖고 있었던 것으로 보인다. 이는 한 협력교사의 말에서 알 수 있다. "두려움은 전혀 없어요. 내 적성에 무척 맞는 것 같고 신나는 일이에요. 나 스스로에게도 좋은 경험이고 내가 맡은 반의 학생들에게도 그렇죠."

다른 나라로부터 온 동료와 전문적인 관점을 나눌 수 있는 기회를 가지는 것은 매우 긍정적인 동기를 부여하는 것 같다. 그런데 이러한 긍정적인 전망은 어느 정도 약해지는 것 같다. 왜냐하면 뉴질랜드 학교 시스템이나 다른 교육과정과 충분히 친숙해질 수 있는 학생들의 능력에 관한 우려가 있기 때문이다.

모든 사람이 기대한 대로, 학교와 교실에 처음 도착했을 때 COST 교생들은 협력교사에 의해 관찰을 받으며 혼자 있다는 느낌을 얻었고, 자신의 기대는 말할 것도 없이 자기가 속한 기관, 협력교사, 관찰하는 강사들의 기대에 의해서 혼란스러웠다. 일반적으로 학생들이 도착한 지 일주일 이내에 이루어지는 관찰하는 강사들(observing lecturer)과의 첫 만남의 적절성과 효과성은 학생이나 협력교사에게 모두 중요한 것으로 보이며, 성공에도 그러한 것 같다. 가장 오랜 머문 학생이 지적한 혼란의 핵심은 지역 공동체에서 가족들과 사는 것에서 오는 어려움이었다. 협력교사에 따르면, 학생들은 처음에는 "느렸지만" 나중에는 가파르고 힘찬 학습곡선을 나타내며, 자신의 개인적인 에너지와 창의적이고 긍정적인 전문적 특성을 외국이라는 상황에서 유능한 교사가 되기 위한 과제를 수행하는 데 사용하였다.

학급곡선에 따르면 교생들은 다음과 같이 변하였다.

- 아이들을 가르치는 것으로부터 아이들의 학습을 독려하는 사람이 되는 것으로
- 가르쳐야 할 교재를 찾는 것으로부터 그들에게 제시된 교육과정을 잘 알게 되는 것으로
- 모든 아이들을 같은 식으로 다루는 것으로부터 아이들을 개개인에 맞게, 개인의 학습적, 사회적, 감정적 요구에 맞게 다루는 것으로
- 교사에게 요구되는 모든 일을 피곤해하는 것으로부터 교사가 되기 위해 필요한 것에 적극적으로 대처하는 것으로
- 향수병에 걸린 것으로부터 떠나기를 싫어하는 것으로

뉴질랜드 주최 측은 미국 학생들이 동료들과, 아이들과, 가족들과 맺은 관계를 통해 많은 혜택을 얻었다. 그들의 따뜻함, 민감성, 충고를 선뜻 받아들이는 태도, 열정, 작문에서 계획을 세우는 능력, 학교 직원들과 가족의 활동 등에 적극적으로 참여하려는 의지는 COST 참여자들의 긍정적인 면이며, 가치 있게 여기는 점들이다. 교생들이 학교, 교실, 가족 공동체에 가져온 문화적 변화에 대한 기회는 교장, 협력교사, 홈스테이 가정이 계속적으로 참여하고자 하는 주된 이유가 되었다.

뉴질랜드에서 COST 실험의 기초를 닦은 사람의 의견은 이 연구 결과로부터 얻을 수 있는 시사점을 제시하며, 이 실험의 가치를 요약한다. COST 프로그램에 의해 크라이스트처치에 100명의 학생이 있다는 소식을 접했을 때, Knight 박사는 다음과 같이 말했다.

"이건 정말 대단한 겁니다! 내가 한때 단기간의 프로젝트로 보았던 것

이 진행 중이라는 사실이 매우 만족스럽습니다. 이 프로젝트들은 관련된 사람들의 열정에 달려 있습니다. 이는 단지 기관에서 할 수 있는 일만이 아니라, 수년에 걸쳐 동기화된 사람들이 주축이 되는 일입니다. 이 프로젝트가 계속되는 것을 보고 싶습니다. 100명의 학생은 많은 수이며 그들이 [미국으로] 돌아갔을 때 필시 근본적인 영향을 끼칠 것입니다. 뉴질랜드에 관하여 자신의 학생들에게 말할 것이며, 이를 통해 세계에서의 우리에 대한 이해와 [미국과 비교했을 때] 뉴질랜드의 교사들이 얼마나 큰 일을 하는지에 대한 이해를 촉진할 것입니다."

참고문헌

Ashworth, Sue. 2005. Interview, principal, Paparoa Street School, January 19. Cushner, K., and J. Mahon. 2002. Overseas student teaching: Affecting personal, professional and global competencies in an age of globalization. *Journal of Studies in International Education* 6, no. 1:44-58.

Emmitt, M., and J. Pollock with L. Limbrick. 1996. *An introduction to language and learning*. Melbourne: Oxford University Press.

Kissock, C. 1997. Student teaching overseas. In *Preparing teachers to teach global perspectives. A handbook for educators*, ed. M. M. Merryfield, E. Jarchow, and S. Picked. Thousand Oaks, CA: Corwin Press.

Knight, C. 1982. An international study of relationships between geographic knowledge of students and their attitude to other nationalities. PhD diss., University of Georgia.

——. 2005. Interview, former CEO, Christchurch College of Education, January 6.

Levstik, L. 5. 2001. Crossing the empty spaces: New Zealand adolescents' conceptions of perspective-taking and historical significance. In *Historical empathy and perspective taking in the social studies*, ed. O. L. Davis, E. A. Yeager, and S. J. Foster. Lanham, MD: Rowman & Littlefield.

West, E. 2003. Learning to speak American. *New Zealand Education Review* 8, no. 40 (October): 15-21.

9

호기심의 힘과 그것으로부터 오는 두려움:
몇몇 학생들의 예

Rosalie Romano

정규교육과정에서 호기심이 살아남는다는 것은 일종의 기적이다. 실제로 현대의 교수 방법이 학문에서 필요로 하는 호기심을 완전히 없애지 못하는 것은 기적에 가까운 일이라 할 수 있다.

— 앨버트 아인슈타인

Anatole France(1932)에 의하면, "가르침의 예술은 나중에 얻는 만족을 위해서 여물지 않은 자연스런 호기심을 단지 일깨우는 것이다." 교사의 마음을 움직이는 데 있어서 학생의 호기심보다 더 강력한 것이 있을까? 다년간의 교실 수업 경험을 통해서 교사들은 학생들이 무엇인가를 알고 싶어할 때 큰 즐거움을 느끼며, 몇몇 교사들은 바로 그때를 "teachable moment(가르쳐야 할 때)"라고 부른다. 교사가 호기심을 유발시킬 수 있을 때 학생은 이해하려고 노력할 것이다. 학생이 가진 알고자 하는 그 힘은 주저함, 의심, 안주하려는 마음 등을 극복하게 만들고, 더 나아가 행동으로 옮길 수 있도록 힘을 보태준다. Berlyne(1960)은 호기심은 학문탐구를 위한 동기를 부여한다고 주장하였다.

Paulo Freire는 훌륭한 교실수업을 위해 기초가 되는 것은 교사가 호기심의 중요성을 이해하는 것이라고 주장했다. 교실수업을 위해서 교수법 또는 교육적 접근 등을 시도하기에 앞서서, "교사는 전체 과정의 아주 중요한 요소가 인간의 호기심이라는 것에 대해 명확히 이해해야만 한다"(1998, 74). Freire는 "호기심은 의문을 갖게 하고, 알게 만들고, 행동하게 하고, 다시금 묻고, 인지하도록 만든다"(81)라고 하였다. 그렇다면 호기심은 우리가 알려고 하는 것에 대한 원동력일 뿐만 아니라 진지하게 생각하도록 만들고 그것을 토대로 행동하게끔 하는 원동력이다. 호기심은 우리로 하여금 행동으로 이끌게 하는 것이다. "우리 자신을 세상 밖으로 드러내지 않는 한 인간의 존재란 없다." 따라서 교사가 학생들을 호기심을 통해서 "바깥 세계로 드러내게 하는 것"보다 더 중요한 교사의 업무나 자질이 무엇이 있겠는가?(82)

교사 양성 교육을 해온 우리에게 있어서 예비교사에게 호기심을 증진시켜 주는 것은 복잡한 일이다. 많은 경우에 있어서, 우리는 성인 교사 지원자가 가지고 있는 호기심에 대해서 재인식해야만 한다. 그들이 가지고 있는 호기심은 때때로 교육환경을 통해서 내재된 채로 갇혀 있거나, 다년간의 학교생활을 통해 자기 자신이 하는 질문보다 "다른 사람의 질문"이 더 중요하다고 각인된 상태로 본인의 호기심은 깊이 잠자고 있는 그런 것이다. 교사가 수동적인 학생에게 지식을 전달하고 학생은 그것을 그대로 반복하여 내뱉는 것이 "Banking education"이다. 이러한 교육은 특별히 가난한 학생들, 노동자 계급, 때로는 중간 계층의 학생들을 뒤처지지 않게 하겠다는 "No Child Left Behind"의 중심내용이 된다. 이러한 교육을 받은 학생들이 대학에 가서 예비교사 프로그램을 선택한다면 그들이 가진 보이지 않는 지식체계가 교육시켜야 하는 모델이 된다. 왜냐하면 그들이 가지고 있는 지식체계는 주로 경험에 의해 형성되어서 상당히 강력하기 때문이다. 교사의 눈을 통해 더 큰 세상을 볼 수 있는 해외 및 타 문화 교생 경험은 언급한 학생들의 호기심을 유발하며, 본인들이 가지고 있던 주된 경험에 대해 의구심을 불러일으킬 수 있는 가능성을 증대시킨다.

이번 장에서는 한순간의 상상에 의해, 또는 한평생 해외로 나가 보려는 꿈으로 시작된 예비교사들의 호기심이 어떠한 영향력을 미치는지 탐구해 보고자 한다. 그리고 한때 해외로 떠나기로 되어 있던 일정이 완전히 허물어져 버리는 상황도 만나 보도록 하자. 여기서 예비교사들의 호기심을 자극하는 달콤한 것은 외국교육실습(COST) 프로그램이다. 이어지는 또 다른 장에서는 부위원장인 메리씨가 오하이오대학에서 예비교사들의 해외 경험을 위해 어떻게 COST 예비교사들을 준비시키는지 설명할 것이다. 이 장에서 필자는 지원할 때의 상황, 해외로 나가는 행위, 몇몇 COST 예비교사들의 해외경험담 등을 서로 오가며 설명할 것이다. 두려움이 호기심과 만났을 때 때로는 커다란 성장을 통해 훌륭한 교사를 만들 수도 있고, 안전을 보장한 편안한 여정을 위해 호기심을 물리칠 수도 있다. 먼저 예비교사를 어떻게 준비시키는지 그리고 외국교육실습이 무엇을 강화시켜 주는지 확인해 보도록 하자.

배경 설명: 왜 국제교육 경험이 중요한가?

오늘날, 교사 양성은 기계적이고, 기술보조적인 "훈련"으로 점차 이동해 가고 있다. 계획해서 확정된 교육 프로그램들은 주정부와 국가 인증기관과 보조를 맞추어야만 한다. 따라서 교육 프로그램은 인증기관의 목표에 얼마나 부합되었는지 기관이 제시한 근거에 따라 받아들여지거나 거부된다. 그러나 예비교사들은 그러한 체계와는 별도로 가르치는 방법을 배워야 한다. 교육기관의 목표에 부합되는 교수방법, 교과지식, 그 외 조건 등은 예비교사들이 교육의 전체적인 맥락을 이해하는 데에는 별로 도움이 되지 않는다. Kincheloe, Slattery, Steinberg(2000)는 교사 양성이 특별히 국제교육과 연계되어 있을 때는 전반적인 교육의 맥락에 대한 이해가 강조되어야 한다고 주장한다. 오늘날 아주 보편화된, 하나의 척도가 모든 것에 들어맞을 수 없다는 것에 대한 이해 없이 교사는 훌륭한 의도를 가지고 교실에 들어설 수 있다. 그러나 그 교사는 사회적, 경제적 환경이 어떻게 학생들이 배우는 데 영향을 미칠 수 있는지는 파악할 수 없을지도 모른다. 이러한 상황을 파악할 수 있는 능력을 신장시키는 과정이 양성과정에 들어가 있어야만 한다. 그리고 Kincheloe와 공동연구자는 그러한 능력을 가진 예비교사가 학생들이 교실에 가져올 수 있는 학생의 태도, 정신적 압박, 신념 등을 비판적으로 검토하게 된다고 주장한다(2000). 그들은 인종차별, 동성애혐오증 그리고 우리에게 또는 우리 주위에서 일어나는 불공정에 영향을 미칠 수 있는 그런 행동에 관심을 기울이지 않는다면 “시험”을 통과하는 것이 무슨 소용이 있겠느냐고 반문한다. 교사가 마치 미래를 내다보듯이 가르치려면, 좀 더 큰 세상에 관심을 갖는 것이 필요하다. 왜냐하면 우리만 세상에 존재하는 것이 아니기 때문이다. 국가 간의 관계는 경제를 통해서뿐만 아니라 문화적으로도 밀접하게 엮여 있다.

Kincheloe, Slattery, Steinberg(2000)의 주장은 우리로 하여금 국제교사가 예비교사에게 줄 수 있는 잠재적인 영향력을 탐구할 수 있도록 도와준다. 이러한 주제들은 COST에 참여하는 오하이오대학 학생들과의 인터뷰나 기고 글 등에서 나타나지만, 이 장에서는 특별히 네 가지 경우에 대해서 다루고자 한다. 나는 학생들의 경험을 기술하기 위해서, Kincheloe와 공동연구자가 내세우는 체계를 네 개의 세부관점에서 재기술하였다: 국제교류(worldly connections), 모호함에 대한 인내(tolerance for ambiguity), 교육과정 제작(curriculum making), 국제적인 운동가로서 미래에 대한 희망적인 견해(hopeful view of the future as a global actor)(2000, 40-45).

오하이오대학의 COST 예비교사들

애팔래치아 산맥의 작은 언덕에 자리 잡은 오하이오대학은 예전 13개 주가 있을 때부터 시작된 가장 오래된 대학 중에 하나이다. 1804년에 설립된 오하이오대학은 약 10,000명의 학부생이 등록하며, 거의 동수의 국내 및 국제 대학원생이 다양한 프로그램을 배우기 위해 등록한다. Hocking Hills와 Hocking River 사이의 오하이오 주 동남쪽에 위치한 오하이오대학의 지리적 위치는 주로 미국 중서부 주의 중산층 가정에서 온 학부생들에게 인기가 있다. 많은 학생들이 오하이오대학에 다니는 이유는 사범대학의 학부 예비교사 양성 프로그램 때문이다. 2학년부터 교육학 전공자는 NCATE(미국 교사교육 인증위원회)에서 공인된 프로그램을 배운다. 교사자격증을 얻기 위한 과정의 일부로서 사대생들은 COST 프로그램을 통해서 교생으로 해외에 나가는 것을 선택할 수 있다. 현재 사범대에서는 매년 교생실습의 필요조건을 만족시켜 주기 위해서 20명 정도의 사대생들을 해외로 보낸다.

여러분이 알게 될 COST 교사들은 한계상황을 극복할 수 있는 예비교사(교생)의 잠재력을 보여 줄 수도 있고 아니면 두려움에 직면할 수 있음을 보여준다. 각 경우에, 예비교사는 호기심에 이끌려 최적의 행동과 선택을 향해 나아가며, 한 개인으로서 그리고 교사의 한 사람으로서 변화될 수 있고, 더 나아가서는 탈바꿈할 수도 있다는 잠재력과 직면하게 된다.

스탠

스탠은 COST 안내책자를 들고 나의 사무실로 급히 들어와 의자를 당겨 앉았다. 나를 빤히 쳐다보며 그가 물었다. "해외로 교생실습을 가려면 어떻게 해야 하나요?" 스탠은 내가 주관했던 Partnership 프로그램에 참여했었고, 1학년 봄에 Partnership 인터뷰 기간 중 그가 보여 준 진지하고 수줍어하는 태도에 대해 감사함을 느끼고 있었다. 3학년 과정의 Partnership 프로그램을 시작하면서, 스탠은 중학생과 함께 하는 수업을 통해서 Partnership 보조교사들의 칭찬을 들을 정도로 뛰어났다. 그러나 그가 사무실로 찾아온 그날 나는 그가 가져온 큰 관심에 미처 준비가 되어 있지 않았다. 그는 안내책자를 보게 되었고 한순간 해외 학교에서 가르치는 자기 자신을 상상하게 되었다. "내가 이것을 하려면 어떻게 해야 하나요?" 그가 다시 물었다. COST에 참여하기 위해서는 문화 간의 이해와 의사소통에 관련된 두 개의 교육과정을 더 이수해야 하고, 여기에 더해서 5주간 교실 실습을 해야 하기 때문에, 시간을 고려한다면 해야 할 일이 아주 많은 것이다. 스탠은 작은 중서부 마을에서 자랐으며 다민족이나 다양한 문화에 거의 노출된 적이 없었고 이러한 환경은 그의 학교생활에 그대로 반영되었다. 그런데 그런 그가 해외로 나가면 어떨까 하는 한순간의 상상으로 불붙은 에너지를 발산시키며 여기에 있는 것이다. 나는 그에게 물었다(모든 예비 COST 학생에게 했던 것처럼). "어디에 가고 싶은데?" 예상대로 그는 망설임 없이 선택했다. "호주요." 그리고 난 내가 항상 하던 대로 물었다. "왜 호주로 가려 하지? 해외, 특히 호주에 가서 교사로서 너는 네 자신에 대해 무엇을 알기를 원하지? 남아프리카나 일본은 왜 안 되는지 궁금하구나." 그리고 그 순간 나는 그의 얼굴에서 호기심의 빛이 나는 것을 보았고, 그의 답변을 통해서 그것을 확인할 수 있었다. "하지만 나는 일본어를 못해요." 그가 대답했다. "그럼 배우면 되지 않을까?" 내가 답변했다.

스탠은 일본을 첫 번째 선택으로 택해서 COST 지원서를 제출했다. 그리고 그는 일본의 문화, 사회, 지리, 역사, 언어에 대해 할 수 있는 모든 것을 배우기 위해 모든 정성을 쏟았다. 그는 일본어 강좌-I을 청강했다. 그리고 분기가 끝나갈 때쯤, 강사는 스탠에게 일본어 강좌-II를 학점을 신청해 듣고 겨울에는 일본어 집중강좌-III를 들을 것을 권유했다. 그리고 스탠은 그렇게 해냈다! 그는 일본어와 함께 호흡하며 살았고, 그의 노력은 언어뿐만 아니라 문화와 사회에 대해 더 배울 수 있도록 이끌었다. 스탠이 교생실습을 위해 일본 고베로 가는 비행기에 올랐을 때, 그는 사회과 교생으로서 미리 방문하는 곳과 학생과 연결되는 방법을 찾기 위해서 교실수업과 단원 등에 대해서 생각하고 있었다.

재니스

내가 재니스를 처음으로 만난 것은 그녀가 대학 2학년을 막 시작할 무렵이었다. 그녀는 유대가 끈끈한 가족 출신 젊은 여성으로 온 식구가 오하이오 클리블랜드 교외지역에서 살고 있었다. 내가 실제로 재니스와 그녀의 부모들을 처음으로 만났던 것은 그들이 교육대학을 방문했을 때였다. 그들은 이 대학이 딸 재니스를 그 입학시킬 만한 곳인가를 알아보러 왔던 것이다. 재니스는 지나치리만큼 조용한 편이고, 사려 깊고, 교사가 되고자 하는 마음이 간절했다. 그녀가 나의 강의를 듣는 학생이었을 때를 생각해 보면, 우리가 만났던 일, 그리고 그녀가 일단 학위를 마치고 자격증을 얻고 나면 자신의 고향에서 가르치고 싶다는 열망에 대해서 토론했던 것을 떠올리게 된다. 학기가 진행되면서 학급은 점점 더 결속이 강해졌고, 다양한 문제와 교육문제에 관한 토론들은 점점 더 활기와 의욕이 넘치게 되었다. 특히 재니스는 매주 보고일지(reflective journal)를 점점 더 많이 기록하였고, 한 곳에서는 교사가 어떻게 자신이 경험하지 않은 것(이 경우에는 문화적 다양성에 관하여)을 가르칠 수 있느냐는 문제를 가지고 씨름하고 있었다. 나는 다음 주 수업에서 바로 그 문제를 제기하고, 다른 사람들은 다양성에 관한 자신들의 경험을 토대로 그 문제를 어떻게 생각하는지, 그리고 장차 그들이 가르치게 될 학생들이 가지고 있는 다양성에 관하여 어떻게 가르칠 것인지에 대해 어떻게 생각하는지를 물었다.

몇 주 후, 재니스는 수업이 끝났는데도 교실에 남아 있었다. 학생들에게 다양한 문화를 경험하도록 해주는 OU(오하이오대학교의 국제교육 프로그램) 프로그램에 관하여 질문하기 위해서였다. 나는 그녀에게 COST를 알려주었다. 그녀는 비록 영어를 사용하기는 하지만 다른 문화에 전혀 경험이 없는 자신이 학교에서 학생들을 가르칠 수 있을지 의문을 가지고 있었다. 재니스와 그리고 여행 경험이 없는 재니스를 만난 다른 나라 학생들은 도대체 어떻게 변화해 갈까? 재니스는 결국 남아프리카공화국을 지원하였는데, 그곳에서의 경험은 그녀 자신의 물음에 답을 줄 수 있을 것이다.

프리다

프리다는 나에게 이메일을 보내서 COST 프로그램에 대해서 더 많은 것을 알아봐 달라고 거듭 요청했다. 아동교육을 전공한 그녀는 교생으로 호주로 가기를 원했다. 왜냐하면 그녀는 항상 "지구의 반대쪽"으로 가기를 원했기 때문이다. 처음부터 그녀는 호주로 가기로 결심하고 COST 자리들 가운데서 오로지 호주만을 고집해 왔다. 두 개의 COST 필수 과목과 실습을 포함하는 지원과정에서 그녀는 양심적인 학생이었다. 하지만 프리다의 호기심은 중요한 관문을 통과할 수 있을 만큼 그리 강하지는 못했다. 그녀가 탈 비행기가 호주로 출발하려고 할 때, 그녀는 표정이 굳어지고 모든 것에 두려움을 느끼고 있었다. 결국 그녀는 비행기에 탑승하지 않았고, 부모에게 전화를 걸어 집으로 데려다 달라고 부탁했다. 다음 날 그녀는 아직도 미국에 있다고 나에게 알려주었다.

에린

에린의 경우는 다른 세 사람과 마찬가지로 기본적으로 그리 특별한 것은 아니었다. 나는 그들을 우리 COST 교사들의 특별한 예들이라고 부르고자 한다. 에린은 좋은 학생의 본보기였고, COST 과정이나 실습에 잘 적응할 만큼 많은 호기심도 가지고 있었다. 특별한 지역에서 그녀가 쌓았던 해외 경험은 실제로 그녀를 다른 학생들과 차별화시켜 주는 요인이었다. 그녀의 해외 감독관은 그 학기에 학교에서 너무 많은 직무들에 관여하고 있어서 에린이 학교 상황에서 일반적으로 받을 수 있었던 후원을 해주지 못했다. 하지만 에린은 자신의 상황에서 우리가 모든 COST 학생들에게 요구했던 주간 보고일지를 통해서 도움을 받을 수 있을 것이라고 깨달았다. 그녀는 지혜롭게도 교육학적 학문적 질문들을 우리들 사이에서 토론할 수 있는 시스템을 개발하였다. 그것은 정상적인 상황이었다면 현장 코디네이터의 책임이라고 할 수 있는 것을 대신하는 것이었다.

세계적인 커넥션

9/11 이후 우리가 살아가고 있는 세계에는 모순과 아이러니가 팽배해 있다. 우리는 어디서 어떤 일이 발생하든지 우리가 사는 곳에서 즉시 미디어를 통해서 볼 수 있고 들을 수 있는 지구촌에서 살고 있다. 그럼에도 세계의 사건을 알려주는 미디어 정보는 또한 우리에게 의문과 불안을 심어 준다. 우리는 세계와 우리가 사는 곳을 미디어 안에서 이해하고자 애쓰고 있다. 그리고 세계의 모든 젊은이들의 부모들은 오늘날 세계의 예측불가능성으로부터 젊은이들을 "보호해 주지" 못한다. 따라서 COST 학생들이 우리에게 그들의 부모들은 자신들이 해외로 나가는 것에 대해서 꺼리거나 염려하고 있다고 말하는 것을 이해할 수 없는 것은 아니다. 세계가 사람들 사이의 이해를 간절히 원하고 있는 이때, 이런 이해를 증가시키는 한 가지 방법은 교사들이 세계적인 커넥션들을 교실로 끌어들이는 것이다. 새로운 교사들이 준비 프로그램들에서 배워야 할 것들 가운데 많은 부분은 학생들의 교실에서의 실질적인 생활과는 분리될 수 있다. 교사 준비 프로그램을 이루고 있는 아동심리학, 내용, 방법론, 교육, 커리큘럼 등은 실제로 엮어내기가 쉬운 일이 아니다. 설령 학생들이 학교라는 상황에 있다고 하더라도, 교실이 가지고 있는 문화상황적인(contextual) 복잡한 성격을 파악할 수 있는 지침이 있어야만 한다. 교실의 문화상황(학생들의 삶에서 쌓인 경험을 뜻함)과 가르친다고 하는 것이 무엇을 의미하느냐 하는 것에 대한 새로운 교사의 신념 사이의 연결고리는 지극히 중요하다. 새로운 교사가 이런 연결고리를 인식하고 있을 때, 교사는 학생들이 가지고 있는 개념적 이해들의 풍부함에 대한 인식을 교과과정을 개발하는 데 사용할 수 있고, 그래

야만 커리큘럼은 생생하고 매력적인 것이 될 수 있을 것이다.

해외 학생들을 가르치는 일에 관심이 있는 새로운 교사들은 호기심에 의해서 동기를 얻게 될 수도 있겠지만, 고국에서 가르치고자 하는 교사들과 마찬가지로 반드시 그 지역의 형편과 가르치는 일을 문화상황적 맥락에 입각해서 배워야만 한다는 도전적 과제들을 통과해야만 한다. 이런 현상은 COST의 학생이 그 학기에 자신의 연구실이 될 학교와 교실에 들어가게 될 때 가장 두드러지게 드러나게 된다. 스탠의 경우, 일본에 있던 그의 교실은 전 세계에서 모여든 학생들로 가득했다. 그 학교는 장기간 동안 고베에서 일하거나 체류하고 있으면서 자녀들을 영어로 교육시키고자 하는 사람들을 위한 국제학교이다. 영어가 공용어이기는 하지만, 문화적 이해가 동일할 것이라고 하는 가정은 잘못된 것이다. 스탠은 중등학교 사회과목 학급에 들어갔고, 곧 그는 가르치기 전에 먼저 학생들과 그들의 배경에 대해서 배워야만 하겠다는 것을 깨닫게 되었다. 그가 가르친 첫 지리 수업에서 학생들은 아무런 반응이 없었다. 학생들은 그의 가르침을 이해해 보려고 애쓰고 있었던 것이다. 영어는 전 세계에서 사용되기 때문에 검증되지 않은 의미들을 가지고 있다. 스탠은 학교로부터 버스 모니터를 해달라는 부탁을 받았고, 그는 그 일을 자신의 학생들을 교실 밖에서 다른 방식으로 이해할 수 있는 기회가 될 것이라고 생각했다. "학교는 나에게 며칠 동안 아침과 방과 후에 버스에 타고 모든 학생들이 올바르게 타고 내리는지를 확인해 달라고 부탁했다. 이것은 나에게는 좋은 일이었다. 우리는 넉넉한 시간을 갖고 계획을 세우고 하루를 준비할 수 있었고, 게다가 나는 고베를 더 많이 볼 수 있었고, 운전기사와 이야기를 나누며 일본어도 연습할 수 있었기 때문이다!"

스탠은 공식적인 교육은 미루고, 그 대신 자신의 학생들이 어떤 아이들이며, 출신지가 어디고, 그들이 지리에 관하여 이미 알고 있는 것은 무엇인가를 알아보기로 결정했다(대부분의 학생들이 세계 여러 지역들로부터 고베로 이동해 왔기 때문에). 시간이 가면서 학생들과 관계가 발전했기 때문에 그는 비로소 그들에게 학습동기를 어떻게 부여해야 할 것인가를 깨닫기 시작했다. 이것은 스탠에게는 지리가 자신과 학생들을 위해서 생생하게 살아난다는 것을 의미했다. 그는 수업에 인간적인 모습을 부여했던 것이다. 체 게바라는 라틴아메리카 출신이지만, 그 나라는 관습이나 언어를 비롯해서 여러 가지로 주변의 나라들과는 구별된다. 라틴아메리카를 연구하는 몇 주간 동안 체 게바라가 전문적인 자료가 되었다. 스탠은 이렇게 회상한다. "내가 학생들의 학습과 연관을 맺는다는 것은 인간으로서 그들의 사람됨과 연관을 맺는다는 것을 의미했다. 나는 그들이 어떤 사람들인가에 대해서 호기심이 있어야 했을 뿐만 아니라, 또한 우리가 세계 다른 지역 출신들일지라도 서로 연관을 맺고 있는 방식을 인식해야 하는 일이기도 했다."

스탠은 새로운 방식으로 세계를 알고자 하여 일본에 대해서 호기심을 가지게 되었다. 그는 일본어를 유창하게 하기 위해서 각별한 노력을 기울였다. 그래야 혼자 여행을 하면서 다른 일본인들과 대화를 나눌 수 있을 것이고, 다른 일본인 교사들이나 학생들과 일본어로 대화를 나눌 수 있기 때문이었다. 그의 문화에 대한 인식은 교실에서 공동체로 확장되었다. 이 보고일지에서 스탠은 다음과 같은 고조된 의식을 드러내고 있다.

> 나는 여기 머무는 짧은 기간 동안 꽤 많은 것을 배웠다. 내가 무엇보다도 잘 알게 된 것은 내가 나와 관계를 맺고 있는 사람들과 다르다는 사실로 인해서 나 자신에 대해서 더 잘 인식할 수 있게 되었다는 것이다. 이곳에 오기 전에 나는 이와 비슷한 일이 일어나리라고 짐작은 하고 있었다. 그러나 그런 일이 어느 정도까지 일어날 것인가에 대해서는 전혀 알 수 없었다. 내 주변의 사람들을 지켜보면서, 나는 그들과 외모도 다르고, 식사를 하는 방법, 사람들과 관계를 맺는 방식, 열차에서 서 있는 태도, 가게에서 물건을 사는 방식까지도 다르다는 것을 알게 되었다. 나는 일본인들이 친절하다는 것도 알게 되었다. 하지만 내가 정작 놀란 것은 전혀 낯선 이방인들이 나를 대해주는 방식이 너무나

> 친절하다는 사실이었다. 예를 들어서 매번 장소나 길을 물을 때면, 그들은 하던 일을 멈추고 나를 직접 데리고 거기까지 배웅해 주었다. 또한 내가 일본어로 질문을 하면, 그 사람은 일본어로 대화를 하는 것이 좀 더 이해가 빨랐을 테지만 거의 예외 없이 영어로 대답을 하려고 노력했다. 나의 고국에서는 외국인이 미국인에게 질문을 하면, 미국인이 영어가 아닌 다른 언어로 대답하려고 하는 경우는 거의 찾아볼 수 없었다.

스탠이 다른 사람들의 눈을 통해서 자신을 바라보고 있는 방식에 주목해 보라. 그가 "다르다"고 보고 있는 것은 다른 사람들이 아니다. 그는 "외국인"이며, 그는 자신을 다른 사람들이 자신을 보듯이 보고 있다. 그의 위치는 바뀌었으며, 마지막 문장에서 그는 자신이 질문을 할 때 사람들이 하던 일을 멈추고 영어로 도와주었던 것을 인식하면서 만일 자신과 같은 사람이 미국에 있었더라면 어떤 대접을 받았을까를 이해하고 있다. 물론 당시는 그가 일본에 온 지 겨우 3주째였으며, 학교 밖에서 일본어로만 이야기를 해보려고 노력하고 있던 때이기는 했다.

이런 연결성에 대한 인식은 세계 안에서 존재하는 다른 방식들에 대한 개방적인 태도에서 우러나오는 것이다. 결정적으로 중요한 그런 성향은 개방적으로 이끌고, 생각하고 행동하도록 이끄는 Paulo Freire가 말하는 호기심의 직접적인 산물이다. 이것은 수동적인 경험이 아니다. 스탠의 경우, 외부인에게 노출된다는 것이 그를 의식의 심화로 나아가도록 만들었다. 그 의식은 미국에서 외지인이라면 어떠했으리라는 것에 대한 동정적 견해를 포함하는 것이었다. 이런 폭넓은 인식은 한 사람의 관점을 바꿔 놓으며, 따라서 당신이 가르치는 것의 색깔, 당신이 가르치는 방법, 그리고 교사로서의 당신의 존재 자체를 변화시킨다. COST 과정의 경험이 새로운 교사들에게 육성해 줄 수 있는 잠재력은 바로 이런 지구적인 연결의식이다.

모호함에 대한 관용

"내가 어디에 배치될 것인지를 언제쯤 알 수 있을까?" 이것은 모든 COST 과정에 있는 교사들이 가장 자주 하는 질문이다. 그러면 우리는 아는 것이 아니라 기다린다는 것이 COST가 제공하는 비교문화 경험들 가운데 한 부분이라는 말로 대답을 대신한다. 미국 사회는 즉각 알기를 원하며, 가능한 한 빨리 모든 세부적인 것들을 알고자 하며, 모든 우발적인 사항들에 대해서 미리 계획을 세우기를 원하며, 이런 모든 정보를 미리 알기를 원한다. 해외로 진출하는 것이 가지고 있는 모든 난제들 가운데서도 특히 알지 못하는 것이 가장 큰 불안감을 일으킨다. 프리다의 경우에, 그녀가 COST 과정들 가운데서 했던 작업, 즉 '비서양 문화와 비교문화 이해로부터의 학습' 을 통해서 그녀는 경험을 위해서 지식적인 준비를 하였다. 우수한 학생이었던 프리다는 과정에서 요구되는 모든 것을 다 완수했고, 그 이상을 해냈다. 그녀가 학급에서 있었던 토론들에 관하여 기록한 에세이들과 보고일지는 명석하고 개방적이었다. 자신의 나라에 대한 그녀의 리포트는 교육 시스템에 관한 구체적인 사항들과 흥미로운 사실들로 활기가 넘쳤다. 학급에서 다른 COST 학우들과의 교제에서도 (적어도 우리가 살펴본 바로는) 그녀가 마지막 순간에 호주로 가는 비행기를 타려고 기다리는 동안 부모들에게 전화를 걸어서 공항으로 와서 집으로 데려다 달라는 이야기를 할 만한 기미는 전혀 보이지 않았다.

새로운 문화, 세계 안에서 존재하는 새로운 방식이 교사인 그녀를 기다리고 있었다. 만일 그녀가 그 비행기를 탔더라면, 그녀가 이미 알고 있던 자아에 대한 인식은 변했을 것이다. Freire는 교육이 중립적인 것이 아니라고 강조한다. 그는 우리가 세계를 변혁시킬 수 있는 역량을 육성해 주는 교육을 주장한다. 즉 "사물의 이름을 붙이고, 결정하고, 선택하고, 가치를 부여하고, 최종적으로는 세계를 윤리화하는 것"을 위한 교육을 주장하고 있다. 그러나 변혁이란 일방통행식 과정이 아니다. 우리는 또한 복잡하고 지구화된 공동체의 일부가 되고 있는 다중-다층적 표현들에 대한 보다 심오한 관계적인 인식과 서로를 존중하는 인식을 가지도록 변혁시켜야만 한다. 이런 변혁에는 차이들을 연결시키는 것과 연관되어 있는 모호성을 관용할 수 있는 능력이 필요하다. 그것은 분명히 쉬운 일도 아니고, 편안한 일도 아니다. 그러나 나는 우리가 교육자들로서 이런 새로운 영역으로 들어가야만 한다고 생각한다. 우리가 그것을 무시하거나 그것에서 등을 돌린다면 위험에 빠질 수밖에 없을 것이다.

우리는 새로운 학습과 세계 안에서 존재하는 새로운 방식을 강요할 수는 없지만, 그렇게 하도록 초대하고 정성을 들여 유도해야 한다. 하지만 그것은 개인의 선택이다. 그런 선택은 종종 강렬한 호기심과 모험심으로 동기가 부여되며, 바로 그것이 그의 여정을 도와주게 될 것이다. 그러나 이 한 가지 경우에 호기심만 가지고는 그 모든 것에 대한 두려움, 즉 모호성과 복잡성과 변혁에 대한 엄청난 두려움을 견딜 수 없다.

John Greenleaf Whittier는 이렇게 기술했다. 말이든 글이든 가장 슬픈 것은 이런 것이다. "…할 수도 있었는데!" 그럼에도 나는 용기도 실패할 수 있다는 것을 이해하고 있으며, 그런 순간이 되면 고향이나 친숙한 것의 안전함이 당신이 원하는 모든 것이거나, 당신이 평생을 통해서 원해 왔던 것의 전부였던 것처럼 보일 수도 있다.

커리큘럼 만들기

해외에서 학생을 가르치는 일에서 중요한 부분은 커리큘럼에 대한 다른 시각들에 관하여 공부하고, 커리큘럼 기획자가 되기 위해서 성찰하는 기술을 발전시키는 것이다. 교사들은 역사적이고 문화적인 존재들이기 때문에, 그들은 교실 안으로 특수한 신념과 패러다임들을 가지고 들어오며, 그런 것들은 그들이 학생들과 관계를 맺는 방식, 그리고 지식에 관하여 생각하는 방식에 영향을 미친다. 커리큘럼의 표준이 되는 형식들은 세계관을 가르칠 때 말없는 파트너가 되어서, 종종 배타적인 서양의 세계관을 거듭 강화시켜 주게 된다. 미국 전역의 교실들에는 다양한 많은 아이들이 자신들이 알고 경험한 것들과 지배적인 패러다임이 요구하는 것들을 조화시키기 위해서 노력하고 있다.

학생들이 교생으로 해외로 가게 되면, 그들은 이런 배타적인 패러다임을 스스로 어렴풋이나마 알게 된다. 그들은 자신들이 알고 경험한 것들과 그들이 새로운 교사들로서 새롭게 들어가게 되는 문화의 지배적인 패러다임이 요구하는 것들을 조화시켜야만 하기 때문이다. 그들은 배타적인 세계관의 다른 측면이 무엇을 의미하는가를 발견하게 된다. 스탠이 학생들에게 사회과목을 가르쳐 달라고 부탁을 받았을 때, 지도는 말 그대로 거꾸로 놓여 있었다. 그의 교실에 있는 지도들은 아시아를 중심으로 되어 있어서 그는 지도에서 미국을 찾아내기 위해서 두 번이나 지도를 살펴야 했다. 이제 역사를 가르치는 일은 그 나라의 역사를 의미하며, 종종 미국에 대한 묘사가 미국의 사회교과서들에서 묘사된 것과는 다른 것들도 있었다. COST 사회과목 교사들은 미국에 관하여 얼마나 많은 정보가 제공되고 있는가에 대해서 이야기하고, 더 나가서 보다 중요한 것으로 얼마나 많은 젊은이들이 미국의 현재의 정치적 입장들과 결정들에 관해서 인식하고 있고, 얼마나 진지하게 인식하고 있는가에 대해서 평가한다. 실제로 학생들이 COST 교사들에게 맨 처음에 받는 질문들 가운데 하나는 미국의 국제 정책에 관한 것이며, COST의 교사는 자신이 현재의 미국 정부에 대해서 대답을 해주어야만 한다는 사실을 발견하게 된다. 그 질문에 대답을 하려면 현재의 사건들과 정부의 결정과정에 대해서 어느 정도 이해가 필요하기 때문이다.

COST의 학생들은 자신들의 문화 안에 안주하거나 문화적 전제들에 의존하는 대신 다양한 영역의 사람들과 그들의 사회-정치적 정황을 이해하고 공감하도록 유도된다. 이런 경험은 미국의 문화와 정부에 관하여 깊이 가지고 있었고 종종 빠져있었던 신념이나 태도에 도전이 된다. 그들의 학생들이 가지고 있는 개념들이나 신념들과 만나고 그것들을 수용하기 위해서 편안한 영역을 벗어나게 되면 그렇게 빠져있었던 신념들을 무너지게 만들어서 COST 학생은 성장하게 된다. 바로 이런 경험을 뒷받침하는 것이 우리의 의도이다. 이런 경험은 그들로 하여금 자신들에 대하여 더 깊은 자기 이해를 얻고, 자신들의 문화와 다른 사람들의 문화를 더 깊이 이해할 수 있도록 이해와 전망을 확장시켜 줄 수 있는 잠재력을 가지고 있다.

한 COST 학생 교사에게는 중등학교 수학에 다른 접근방식이 필요하다는 생각이 싹트고 있다. 이 COST 교생은 그녀가 고등학교와 대학 시절에 수학을 공부하면서 배운 구조적으로 짜인 교육에 대한 편견을 가지고 있다. 그녀는 남아프리카공화국 한 고등학교에서 수학을 가르치고 있었고, 이렇게 회상했다. "나는 수학 커리큘럼과 교과서들이 좀 더 발견에 근거한(discovery-based) 것임을 알게 되었다. 말하자면 '이것은 이렇게 되는 거야' 라고 단순히 그들에게 가르쳐 주기보다는 학생들로 하여금 증명들과 패턴들을 만들어 내도록 하는 방식이었다. 하지만 나는 또한 아주 직접적인 교육 방법이 있다고 생각지는 않는다. 방식에는 균형이 있어야 하며, 따라서 나는 이것이 때때로 학생들이 개념을 파악하려고 애쓰는 이유가 될 수 있다고 생각한다."

이것을 흥미롭게 만들어 주는 것은 그녀가 그 학기의 처음부터 끝까지 매주 작성한 보고일지들에는 이런 기대와 비교의 끈이 계속 이어지고 있다는 사실이다. 그녀가 가지고 있던 교육적인 신념들을 검증하기 위해서 요구되었던 지침이 있는 문항들에 그녀는 일정한 한계 안에서 답을 작성했고, 그 다음 주에 그녀의 신념들은 다른 주제에서 드러나게 되었다. 발견학습의 문제는 이 교생을 불편하게 만들었던 문제였다. 그럼에도 커리큘럼의 자유의 여러 수준들이 몇 가지 장점들도 있을 수 있다는 것을 이해하게 되는 가운데서 그녀가 성장하고 있다는 흔적들이 드러났던 것이다. 한 11학년 학급에서 그녀는 이렇게 기록했다.

> 수학책들은 또한 미국의 교과서들처럼 보기 좋은 작은 단위들로 설정

> 되어 있지 않다. 미국에서는 매 단원에 해설이 있고, 다음으로 연습문제가 이어지며, 하루에 가르치기에 좋은 분량으로 나뉘어 있다. 이곳의 교과서에서는 약간의 설명이 있고, 연습문제가 거의 없는 경우도 있고, 아주 많은 경우도 있다. 그 날 얼마나 많이 가르칠 것인가는 교사의 판단에 달려 있다. 어느 정도의 기간을 설정하고 계획을 세워야 한다면 좋은 교과서이다.

여기서 그 교생은 표준 커리큘럼보다는 구조에 대해서 계속 관찰하고 있다. 몇 주 전에도 그녀는 이 동일한 커리큘럼에 대한 반응을 이렇게 기록했다. "나는 수학 커리큘럼이 어떤 것인지 확신이 서지 않는다. 나는 교과서들을 몇 권 살펴보았으며(9, 11, 12학년), 우리가 사용하고 있는 것과 아주 비슷한 것처럼 보인다. 물론 더 깊이 들어가기는 한다. 그리고 우리 교과서들처럼 엄청난 양의 연습문제(그들은 이것을 'sums' 라고 부른다)도 없다. 몇 가지 예들만 있을 뿐이다."

미국에서 커리큘럼을 만드는 일은 규범적인 접근방식을 지향하는 일처럼 생각되며, 새로운 교사들은 말하고 보여주는 것 이외의 다른 교육방법들에는 거의 또는 전혀 경험이 없을 수도 있다. 하지만 다른 나라들에서는 교과서의 표준들이 적절한 것인가 아닌가를 학생들이 발견해 낸다. 그러나 교사들은 자신들의 커리큘럼을 설계해 낼 것이라고 기대된다. 즉 학생들의 학문적 필요들에 부응하도록 교과를 만들어 낼 것이라고 기대되는 것이다. 말하자면 커리큘럼을 만들어 내는 것이 교사의 정체성과 관련되어 있는 것이다. 만일 교사가 자신을 커리큘럼 만드는 사람으로 생각한다면, 가르칠 주제들을 지속적으로 연구할 필요가 있으며, 그런 사실이 교사 역할의 핵심적인 부분이 되는 것이다. 지속적으로 읽고 배우면서 교사는 구체적인 개념들을 놓고 수업을 구성할 방법에 관하여, 그런 개념들을 조명해 줄 활동들을 디자인해 낼 방법에 관하여, 그리고 학습이 드러내 주는 것이 무엇이든 그것에 근거하여 다음에 이어질 일련의 수업들을 만들어 낼 방법에 관하여 생각한다. 그 목적은 학생들의 학급이 구체적인 개념들을 이해할 수 있도록 만들기 위한 것이다.

교과서들이 이미 만들어져 있고, 각 수업의 마지막에 연습문제들이 있고, 교과서의 맨 뒤에 해답들이 나와 있고, 매일 매일 가르쳐야 할 교사 지침들이 이미 설정되어 있다면, 새로운 교사는 다른 사람의 아이디어, 다른 사람의 기획에 의지해서 가르칠 수도 있으며, 커리큘럼을 학생들의 필요나 진도에 부합하도록 만들 필요가 없을 것이다. (나는 커리큘럼 개발 강의를 듣는 예비교사들에게 커리큘럼을 디자인하는 것을 배우는 것은 자동 변속레버가 아니라 수동 변속레버를 사용해서 운전을 하는 것과 같다고 말해준다.) 하지만 COST가 교사들을 파견하는 학교들에서는 거의 모든 연수에서 표준들과 벤치마킹들이 수업의 지침이 되고 있다. 그러나 교사들과 마찬가지로 교생들은 자신들만의 커리큘럼을 만들 것이라고 기대된다.

그리고 교사가 된다고 하는 것의 소중함을 더 강조해 주는 것은 바로 이런 커리큘럼 만들기 훈련에 있다. 기본 자료들, 참고서적들, 그리고 다른 연구 자료들로 이루어진 원재료를 사용하여 예술가처럼 하나의 수업을 빚어내는 일은 자신의 학생들을 이해시키는 일에서 교사를 하나의 작인(作因)으로 연결시키는 데 도움이 된다. 교사는 매개자이며, 학생들의 필요에 따라서 조정할 수 있고 응용할 수 있는 매개를 만들어 냄으로써, 다른 사람의 물음에 대답을 제공하기보다는 학생들이 하나의 주제에 관하여 가지고 있는 질문들에 대하여 그들 스스로 대답을 만들어 내도록 만든다. 때로는 COST 교생 안에서 어떤 발단이 일어나기도 하며, 여기서 소개한 중등학교 수학 교사의 경우처럼 시너지 효과가 나타나기도 한다.

> 나는 학생들이 가지고 있는 CTA의 개연성 단원을 가르치기 위해서 학생들이 준비를 하도록 노력을 기울이면서 개연성에 대해서 수업을 했다. (대부분의 학생들은 개연성이라는 것을 배운 일이 없었으며, 따라서 수업은 대부분 그들의 사탕들로부터 얻은 데이터를 분류하고, 도표

로 만들고, 해석하는 방법을 소개하는 것이었다). 곧 학교 수학부서에는 내가 개연성을 가르치고 있다는 소문이 돌았다(개연성의 문제에 대해서는 교사들 역시 그리 익숙하지 않았다).

그 때까지, 나는 다른 두 개의 수학 학급들에서 수업을 했고, 다음 두 주간 동안 가르치기로 계획을 잡아 놓고 있었다! 수요일에 내가 한 학급에서 수업을 마치고나자, 내가 가르쳤던 그 학급의 교사가 자신도 그 수업 이후에 개연성에 대해서 더 잘 알게 되었다고 말했다.

한 사람이 가지고 있는 가르칠 수 있는 역량, 특히 교사를 가르칠 수 있다는 역량에 대한 그런 확신은 역량 자체 못지않게 소중한 것이다. COST의 이 교생은 그 학교에서 개연성의 개념을 학생들과 교사들에게까지 가르치면서 커리큘럼 만드는 자로서 강한 자신감을 얻었다. 이 COST 학생 교사가 해외에 있는 동안에 학생에서 교사로 되면서 자신감은 더해졌다. 그녀는 학생들과 함께 했던 노력들을 스스로 높이 평가했으며, 자신이 가지고 있는 지식을 동료 교사들과 함께 기꺼이 공유하고자 하는 자신의 태도를 소중하게 생각했다. 여기서 덧붙여 이야기하자면 그녀의 동료 교사들은 자신들이 할 수 있는 최상의 수업들을 그 COST 교사와 공유하고자 하는 경향을 가지고 있었다. 전문적인 협력과 나눔에 대한 생각이 얼마나 훌륭한가!

지구적 행동가로서 미래에 대한 희망적인 견해

교사들로서 우리들은 대부분 많은 여러 가지 이유들 때문에 이 직업에 깊이 참여해 왔다. 나는 모든 사람들을 위한 자유롭고 정의로운 세계를 유지하기 위해서 교육의 힘이 필요하다고 믿으며, 그리고 이런 신념을 가지려면 우리는 모두 인류 존재들로서 서로 연결되어 있다는 것을 어느 정도는 인정할 필요가 있다. 인간의 삶을 풍요롭게 하기 위한 교육은 ubunto의 표현이다. 데스몬드 투투 주교는 이렇게 서술하고 있다.

> 아프리카인들은 영어로는 표현하기가 어려운 어떤 것을 믿고 있다. 우리는 그것을 ubunto, botho라고 부른다. 그것은 인간 존재의 핵심을 의미한다. 당신은 그것이 있을 때와 그것이 없을 때 그것을 알 수 있다. 그것은 인정, 온화함, 다른 사람들에게 베푸는 호의, 취약한 상태에 있는 다른 사람들을 위해서 자신을 내주는 것 등과 관련된 것이다. 그것은 자비로움과 강인함을 포괄한다. 그것은 나의 인간성이 당신의 인간성과 묶여 있다는 것을 인정한다. 우리는 함께 있을 때에만 인간적으로 될 수 있기 때문이다.

이것은 지구적 연결을 말하며, 지구적 연결이란 모든 인간성, 정신들이 연결되어 있다는 것을 의미한다. 그러나 한 사람의 인간성, 즉 한 사람의 ubunto를 이해하려면 한정된 지역을 넘어선 이동, 즉 자신이 속한 지역사회의 편안한 공동체를 벗어나서 새로운 곳으로 들어갈 필요가 있다. 아마도 새로운 지역은 당신이 떠나온 곳만큼이나 지역적이겠지만, 새로운 방식들이라는 점에서 전혀 다른 뉘앙스와 짜임을 가지고 있을 것이다. COST 교생은 자신들이 안주하던 편안한 영역의 한계들을 벗어나고 있으며, 그래서 우리는 그들이 세계 속에서 자신들을 다른 존재들이 될 수 있도록 개방적인 자세를 가지고, 세계를 새롭게 보고, 이 세계 속에서의 자신들의 존재에 대한 시각과 그들이 하게 될 일에 대한 시각을 지속적으로 변화시켜 가게 되기를 희망한다.

때로는 프리다의 경우처럼, 발걸음을 절대로 내딛지 않고, 오히려 친숙한 것으로 후퇴하기를 선택하기도 한다. 그러나 대다수의 COST 학생들은 그런 혹독한 발걸음을 내딛고 새로운 방식으로 보고, 살아가고, 세계를 가르치는 일로 들어간다. 이것이 바로 COST 프로그램의 목표이다. 즉 교사 자신의 것이 아닌 한 나라, 한 문화, 한 학교, 한 교실 안에서 교사가 된다고 하는 것에 특수하게 해당되는 방식들 가운데서 더 큰 세계의 한 부분이 될 수 있는 기회를 제공하는 것이다.

재니스는 미국을 떠난 일이 없었고, 언제나 가족과 함께 여행을 해왔다. 그녀는 수학과목 교생으로 남아프리카공화국에 배치되었고, 거기를 떠날 때는 지구적 시민이 되어 있었다. 재니스는 '수학 올림피아드(Math Olympiad)' 에서 한 그룹의 학생들과 함께 일하고 있었고, 그들은 지역 경쟁에서 상을 받았고, 케이프타운에서 열린 전국대회에 출전하였다. 우리는 그 주간에 케이프타운으로부터 이런 보고일지를 받았다.

> 지난 며칠 동안에 또 하나의 아주 흥미로운 사건이 발생했다. 나는 R 여사(협동교사)에게서 그녀와 적어도 9명의 다른 학생들과 함께 국제 수학 올림피아드에 참석해 달라는 초대를 받았었다. 가장 흥미로운 일은 무엇이었는가? 장소가 인도였다! 그녀는 열흘 동안의 여행을 위해서 10,000루피를 준비했는데, 그 가운데 나흘은 두바이, 자이푸르, 델리를 여행할 계획이었고, 다른 나흘 동안 러크나우에서 경시대회에 참여할 예정이었다(다른 날들은 여행 계획에서 빠져 있었다).

재니스는 마음이 들떠서 학생들과 함께 인도를 여행하는 것을 기대하고 있었다. 위의 보고서에서 그녀는 러크나우로 열흘 동안 여행하는 것에 대해서 전혀 망설이는 기색이 없었다. 준비와 확인이 필요했기 때문에 결정은 신속하게 이루어져야만 했고, 재니스는 결코 뒤를 돌아보지 않았다.

> 우리는 학생들의 "감독들" 이 될 것이고, 거기서는 교사들을 위한 세미나도 있어 나도 거기에 참석하게 될 것이다. 학생들은 마지막 시험을 다 마치게 될 것이고, 나는 할 일이 그리 많지 않을 것이다(교사들은 단지 학생들을 위한 최종성적을 제출하는 일만 하면 될 것이라고 생각하고 있었다). 그 일은 잘 될 것이고, 나는 경시대회가 이루어지는 동안에도 계속해서 보고서를 작성할 수 있을 것이다. 이 일에 문제가 있다면 말해 달라. 하지만 기회가 갑자기 왔고, 그래서 나는 신속한 결정

> 을 할 수밖에 없었다. 나는 이 일로 너무나 가슴이 벅차고, 내가 이런 기회를 잡으리라는 것은 전혀 생각지도 않았던 일이다. 내가 다른 나라를 방문하고 있는 중에 또 다시 전혀 다른 나라를 가게 될 것이라는 사실이 믿어지지 않는다!

그러나 재니스의 모험은 이제 시작일 뿐이었다! 그녀는 학교에서 학과 이외의 활동에 상당히 깊이 참여하고 있었기 때문에 교사들 가운데 한 사람이 재니스를 자신과 남편과 아이들이 있는 모잠비크로 와서 휴일을 함께 지내자고 초대했고, 재니스는 초대를 받아들였다. 그녀는 이렇게 기록했다.

> 와아! 모잠비크라니, 얼마나 멋진 경험인가. 하고 싶은 이야기를 다하자면 어디서부터 시작을 해야 할지 모를 지경이다. 나는 마치 혼자서 많은 여행을 한 경험이 많은 여행자같이 느껴졌다. 나는 나 자신에 대해서 많은 것을 배웠고, 또 내가 늘 그렇듯이 멀리 떨어진 다른 문화적 환경들에서 의사소통을 하는 것에 관해서, 말하자면 언어의 장벽에 대해서 많은 것을 배웠다! 나는 모잠비크로 가는 이번의 짧은 여행에서 더 많은 "아프리카" 경험을 얻을 것이고, 지금까지 내가 경험한 모든 것들보다 제3세계의 전체적인 모습에 대해서 더 많이 알게 되리라고 진심으로 생각한다. 그 여행은 인도로 가는 일을 준비하는 데에도 좋은 일이었을 거라고 생각한다. 적어도 상인들과 거래를 하는 방법은 터득할 수 있을 것이다. 나는 서서히 흥정하는 기술이 늘고 있다.

지구적 시민이 되려면 다른 생활방식, 언어방식, 상호교제 방식에 대해서 개방적이어야 한다. 판단이나 비교를 하지 않고, 재니스는 자아의식과 세계에 대한 애착을 확장시켰다. Freire는 그런 단계가 자신의 불완전성을 이해하고 있는 사람, 즉 한 사람의 자아를 넘어서 있는 것을 인식하는 사람이자, 그 넘어선 것에 관하여 호기심을 갖고 그것을 알아보고자 앞으로 나아가는 사람을 나타내는 표시라고 주장한다. "사람들은 자신들이 미완성의 존재라는 것을 인식하는 정도까지만 교육을 받을 수 있는 역량을 가지고 있다. 교육은 우리가 교육을 받을 수 있도록 만들어 주지는 않는다. 우리를 교육받을 수 있도록 만들어 주는 것은 우리가 미완성적 존재라는 인식이다"(1998, 58).

여기서 교육받을 수 있는 사람이란 자아와 친숙한 곳의 편안한 영역을 넘어서 세계를 향하여 자신을 개방할 수 있고 또 그렇게 하는 사람을 의미한다. 그리고 이렇게 발걸음을 내딛는 것에는 두려움이 따르지만, 그렇게 할 용기가 있는 사람들은 변화되어 이런 용기를 자신의 미래의 학생들에게도 전파할 수 있다. 스탠이 그랬듯이,

> 나에게는 나 자신, 나 자신의 문화, 그리고 다른 사람들이 그것을 어떻게 볼 것인가에 관하여 배우는 것이 아주 흥미로운 일이었다. 왜냐하면 아직까지도 나는 이런 시각을 경험해 본 일이 없기 때문이다. 내가 그 도시에 혼자 있을 때, 그리고 주변을 둘러보고 다른 모든 사람들이 일본인들이라는 것을 보면서 내가 보고 행동하는 것이 얼마나 다른가를 인식할 수밖에 없었고, 그래서 이것 때문에 나는 세계 속에서의 나의 위치에 대해서 많은 것을 생각하게 되었다.

교육을 하는 우리들은 도덕적이고 겸손해야 하면서 동시에 인간적으로 된다고 하는 것이 무엇을 의미하는가를 창조적으로 표현하는 일에 참여하고 있다. 우리는 삶에 접촉하며, 다른 사람들에게 영향을 미칠 수 있고. 그들은 그 영향을 자신들의 삶 속으로 가지고 가며, 그들은 아마도 다시 그들의 학생들의 삶에 영향을 미칠 것이다. 학생으로 하여금 묻고, 찾고, 질문하고, 친숙한 것에서 벗어나서 친숙하지 않은 것을 포용하도록(친숙하지 않은 것이 친숙하게 되고 자신의 일부가 될 때까지) 촉진시키는 호기심의 불꽃이 살아있도록 유지한다는 것은 노력하고 참여할 만한 가치가 있는 일이다. Mark Twain은 우리를 이렇게 일깨우고 있다. "여행은 편견과 독선

과 편협한 마음에는 치명적인 것이며, 그래서 많은 사람들은 바로 그런 이유들 때문에라도 반드시 여행을 해야 한다. 사람들과 사물들에 대한 관대하고, 건전하고, 자애로운 견해는 지구의 한 모퉁이에서 평생을 식물처럼 사는 것으로는 얻을 수 없는 것이다." COST 프로그램은 의식적으로 새로운 교사들에게 해외에서 가르치고자 하는 호기심을 길러 주고 있다. 거기서 그들은 그곳이 아프리카든, 아시아든, 바로 여기 미국의 중등학교 수학 학생들이든 그들이 만나는 모든 사람들에게 관대하고, 건전하며, 자애로운 교사들이 될 수 있기 때문이다. 일단 그가 세계를 통해서 관점을 확장시키게 되면, 그는 세계의 시민이 된다. 교사들이기 때문에 그들은 그들의 학생들에 대하여 지구 공동체의 대사들이 된다. 나는 이것이 투투 주교가 ubunto라는 말을 옹호하여 역설한 바로 그것을 성취시키는 한 가지 방법이라고 생각한다.

참고문헌

Berlyne, D. C. 1960. *Conflict, arousal, and curiosity*. New York: McGraw-Hill.
France, Anatole. 1932. *The crime of Sylvestre Bonnard*. New York: Modern Library.

Freire, Paulo. 1990. *Pedagogy of freedom: Ethics, democracy, and civic courage*. Lanham, MD: Rowman & Littlefield.

——. 2004. *Pedagogy of indignation*. Boulder, CO: Paradigm.

Kincheloe, J., P. Slattery, and S. Steinberg. 2000. *Contextualizing teaching: Introduction to education and educational foundations*. New York: Longman.

Twain, M. (1966). The Innocents Abroad, Mark Twain. New York: Signet Classic, 1966.

John Greenleaf Whittier (1807-1892), U.S. poet. repr. In *The Poetical Works of John Greenleaf Whittier*, ed. W. Garrett border (1911). Maud Muller, 1. 105-6 (1856).

10

외국교육실습의 중요성과 가치에 대한 고찰

Rosalie Romano
Kenneth Cushner

Oliver Wendel Holmes는 이렇게 주장했다. "새로운 경험으로 확장된 정신은 다시는 이전의 차원으로 돌아갈 수 없다." 이 책에서 보고되고 있는 다양한 프로그램들은 확장된다는 것의 가치와, 가르친다는 것과 세계학급 교사가 된다는 것이 의미하는 새로운 차원들을 육성하고자 하는 목적을 토대로 하고 있다. 이문화 간의 교생 경험에 참여하고 다른 나라나 다른 문화에서 교사가 되는 일에 대해서 개방적인 태도를 가지고 있는 사람들은 커리큘럼적이고 교육적인 의미에서뿐만 아니라, 이에 못지않게 문화적인 의미에서도 세계를 보는 새로운 방식들을 경험한 사람들이다. 한 사람의 문화적 정체성에 영향을 주고자 하는 시도로서 대부분의 학생들이 해외로 나가기 전에 받게 되는 오리엔테이션은 모호함, 차이, 자기성찰에 대한 개방성을 유지해 나가도록 만들기 위한 목적을 가지고 있다. 이런 특성들은 교사라면 누구나 갖추어야 할 문화적 자산이지만, 새로운 교사를 위해서는 이런 특성들이 지극히 소중한 것이다. 이 장에서 중심이 되는 요소들은 Freire가 말하는 정체성의 개념과 문화적 활동가로서의 교사의 개념이다.

그 개념들은 우리가 해외 교생 경험의 중요성과 가치를 어떻게 이해할 것인가의 틀을 잡아 주는 것이다. 이문화 간의 교생이 가지고 있는 이런 측면들은 한 학생 안에서 배양될 수 있는 중요한 잠재력을 가지고 있다. 그런 잠재력이 경험으로 인해서 뿌리를 내리게 되면, 씨앗은 계속 자라서 이런 교사들과 학생들의 미래의 상호작용에서 온전하게 살아 있게 될 것이다. 정체성의 개발을 통해서, 그리고 문화적 활동가가 되어 가면서, 이런 교사들은 우리 모두가 이 땅에 사는 인간 존재들로서 가지고 있는 연관성을 알게 되리라는 희망을 가지고 미래의 세대들에게 감동을 끼칠 수 있을 것이다.

국제 교생수업 경험의 중요한 목적은 교사들 사이에 지구적인 차원에서 다른 문화 간의 이해를 증진시키는 것이다. 교사들은 결국 이런 방향성을 그들이 담당하고 있는 학생들에게 전수하게 될 것이다. 사람들이 효과적으로 살아가고 일하는 것을 여러 문화에 걸쳐서 배우는 방식을 이해하는 것, 그리고 그렇게 하여 이것을 성공적으로 가르치는 방법을 터득하는 일은 교사교육자들에게는 근본적으로 중요한 일이다. Stachowski, Richardson, Henderson(2003) 등은 문화 연구와 집중훈련이 문화적으로 반응하는 교사들의 발전에 미치는 영향의 가치에 대해서 보고하고 있다. 그들은 문화 연구가 교사가 되려고 준비하는 사람들에게 항상 그런 것은 아니지만 결정적으로 중요한 역할을 한다고 하는 Blair와 Jones의 관심사를 반영하고 있다. Blair와 Jones는 이렇게 기술했다.

> 교육 전공자들이 학교 공동체의 일상생활, 가치, 역사, 열망에 대하여 신선하고 세심한 성찰은 제쳐두고 학급 운영, 정보제공, 학교의 판에 박힌 일과 살아남는 일과 같은 문제들에 관심을 집중하는 것은 흔히 있는 일이다. 그럼에도 오늘의 교사들은 인간의 행위들, 사회적 사건들과 그것들이 가지고 있는 대의들, 그리고 자신들이 봉사하고 있는 시민들의 특성들에 대해서 공부하는 사람들이 되어야만 한다.(1998, 77)

그리고 지구적으로 연결된 세계 안에서 다양성과 평등을 지향하는 교육을 하도록 교사들을 준비시키는 프로그램들을 거듭 역설하고 있는 Merryfield(1997)는 학생들이 지구적이고 지역적인 공동체들 안에서 탐구하고, 분석하고, 참여하는 동안 얻은 경험에 대해서 성찰할 수 있도록 방법과 자료들을 가지고 학생들을 격려해야 한다고 주장한다.

바로 이것이 이 책에 보고된 경험들과 같이 국제적이고 국내적인 이문화 간의 교생 경험들이 역할을 하게 되는 지점이다. 다른 문화적 배경 속에서 가르치는 법을 학습하는 학생들은 관광객의 차원을 잘 넘어서고 있으며, 대부분의 경우 문화적으로 자신들과 비슷한 다른 사람들의 도움 없이 스스로 잘 살아가고 있다. 경험이 발생하는 수준과는 상관없이 해외 경험은 학생에게 전존재적으로 작용하여, 물리적으로만이 아니라 심리학적으로 전이를 일으켜서 인식, 정서, 행동 영역들에 영향을 미치고 있다. 그리고 이런 변화는 두 번 일어나게 된다. 한 번은 상대의 문화로 들어가면서 일어나고, 또 한 번은 고국 문화로 다시 들어갈 때 발생한다.

그러한 것이 바로 경험적 학습의 기본이다. 그것은 본질적으로 정서적이고 개인적인 경험과 관련되며, 비교문화적 학습에서 결정적으로 중요한 것이다. 우리는 많은 책들과, 영감을 주는 강연들과 통찰력 있는 영화들을 사용하는 인식론적 접근방식을 통해서 학습자들에게 문화적으로 고유한 정보를 상당히 많이 전달할 수 있기는 하지만, 애석하게도 이런 접근방식은 사람들의 정서와 그것에 따르는 행동에 거의 영향을 주지 못한다(Cushner and Brislin, 1996). 경험적 학습은 좌뇌와 우뇌에 통전적으로 관련되어 인식과 만나도록 연결되는 것이다. 따라서 직접 삶으로 체험하는 이문화적 교수 경험은 이런 노력의 성공에서 주된 역할을 하며, 이런 직접 경험을 대신할 수 있는 것은 아무것도 없다.

종종 경험적 비교문화 학습과 연관되어 있는 두 가지 다른 특성들을 이 시점에서 살펴보는 것이 중요하다. Angene Wilson(1987)이 기술한 바와 같이, 단순한 비교문화적 만남들이나 관광객의 모험들과는 달리 이문화 경험적 교수 경험들은 기획되고 성찰된다. 학습과정에서 결정적으로 중요한 것은 바로 이런 성찰이다. 교사들은 국내에서든 해외에서든 학생들이 국제적인 공동체로 다가갈 수 있도록 도와줄 교육적 경험들의 틀을 만드는 일과, 사람들의 차이점들뿐만 아니라 유사성들을 심도 있고 의미 있게 이해하는 것에 기초하여 관계를 맺도록 촉진한다는 목적을 연결시키는 일에서 결정적으로 중요한 연결고리가 될 수 있다. 그러나 만일 교사들이 결과적으로 이런 지식과 기술을 학생들에게 전수해 주려고 한다면, 교사들 스스로가 이런 경험을 해야만 할 것이다.

교사의 문화적 정체성

정체성이란 한 사람이 평생 동안 받아 온 문화적 양육, 그리고 다른 사람들과의 관계에서 나타난다. 교사에게 있어서 정체성은 가르치는 일의 사회적 역동성뿐만 아니라 가르치는 데 사용되는 교육학적 접근방법들에까지도 동기를 부여하고 색깔을 부여해 준다. 만일 교사가 자신의 정체성에 미치는 문화적 영향에 대해서 성찰하지 않는다면, 학생들에게 미치는 결과는 엄청나게 클 것이다. Freire(1998a)는 교사의 문화적 정체성이란 교실에서 일어나는 모든 일의 동인이 되는 엔진과도 같다고 주장한다. 만일 교사가 Freire가 말하는 의미에서 그렇게 결정적으로 중요한 존재라고 한다면, 바꿔 말해서 교사가 학생들과의 상호간의 관계에서만큼 자신에 대한 인식, 연결성과 정의에 대한 인식의 깊이를 가지고 있다면, 교사는 자신을 위해서가 아니라 자신의 학생들의 복지와 비판적인 의식을 지향하여 일하게 될 것이다. 그들이 교실에서 함께 하는 작업은 세계 속에서 자신들의 위치에 대한 의식, 자신들이 소극적인 수용자가 아니라 역할을 맡은 자들이요 작인이 되는 주체라는 의식을 높여 줄 수 있을 것이다. Freire가 말하는 비판적인 교육 실천이라는 인식을 가지고 가르치는 일은 현상을 있는 그대로 받아들이는 것이 아니라 질문하고, 도전하고, 삶에 있어서의 가능성들을 인식하게 되는 것이다. Freire는 이렇게 주장한다.

> 비판적인 교육 실천은 학습자들이 서로의 관계에서, 그리고 교사들과의 관계에서 자신들을 사회적이고 역사적인 사람들로 가정하고, 또 사고하고, 의사소통을 하고, 변혁적이고, 창조적인 사람들로 가정하는 경험에 참여하도록 하는 조건들을 가능하게 만들기 위한 것이다. 바꿔 말하면 (비판적인 교육 실천이란) 학생들이 생각하고, 소통하고, 변혁적이고, 창조적인 사람들을 꿈꾸는 자들로, 사랑할 수 있는 역량이 있기 때문에 분노도 할 수 있는 존재로서 가능한 유토피아들을 꿈꾸는 자들로 가정하고 참여할 수 있는 교육 조건을 조성해 주는 것이다. (1998a, 45)

Freire에 따르면, 교육 실천의 목적은 학생들을 교사의 활동의 대상으로 자리매김하는 것이 아니라, 학생들에게 유효성(efficacy)과 행동에 대한 인식을 육성해 주기 위한 것이다. 학생들이 학습의 중심이며, 학습은 그들의 자기이익을 위한 행동을 유도한다. 교사 중심의 학급이라는 전통적인 패러다임, 즉 교사가 뱅킹(banking; 주입식) 학습방법을 실행하고, 학생들은 교사가 가르치는 내용을 저장하기만 하고, 학생들은 다른 사람들의 물음에 대답해야 하는 학급과는 다른 것이다.

이런 패러다임을 변화시키고, 비판적인 교육 실천으로 들어가려면 교사는 기꺼이 학생들의 학습의 일부가 될 수 있어야 한다. 거기서 학습은 상호적이며, 양편 모두 능동적인 것이다. 이런 상황에서 교사는 권위를 지니고 있기는 하지만, 그 권위는 학습의 조건을 설정하는 데 사용된다. 학생들은 그 조건 속에 참여하여 자신들과 다른 사람들을 이해하고, 자신들의 삶에 영향을 주는 문제들의 정체를 밝혀내고, 인격체들로서, 그리고 꿈꾸는 자들로서 자신들의 교육적, 사회적, 창조적 성장을 억제하고 있는 것들을 규명해 내게 된다. 교사는 자신의 학생들을 공동작업자들로 대할 수 있는 성향을 가지고 있어야 할 뿐만 아니라, 학습에서 학생들이 자신들의 세계를 규명하는 일에 안내자가 되어야 한다.

이런 패러다임으로 들어가려면, 교사는 자신과 학생들이 연결되어 있다는 것뿐만 아니라 차이점들도 인식해야만 한다. 교사와 학생들은 모두 주체들이다. 학생들은 뱅킹 방법론에서처럼 대상들이 아니라 자신들의 세계에 대하여 행동하는 주체들이다. 사람들 사이의 인간적 상호작용인 주체성은 존중에 기반을 두어야 한다. 그것은 학생의 작인에 대한 존중, 그리고 교사의 비판적 실천자로서의 자기존중이다. 교사는 교사로서의 자신의 역할을 학생들에게 과제를 부여하고 통제하는 것으로 파악해서는 안 된다. 오히려 교사는 그들과 함께 작업을 해야 하며, 그들의 물음에 귀를 기울이고, 그런 물음들을 중심으로 학습 주제들을 만들어 내야 한다. 한 사람이 다른 사람에게 귀를 기울일 수 있는 것은 그 사람에 대한 존중에 기초할 때에만 가능하다. 존중은 모든 관계들을 변화시키며, Freire에 따르면 비판적인 실천자에게 있어서 근본적으로 중요한 기초가 된다.

존중을 통해서 학생들은 주체적 작인으로 성장하게 된다. 즉 그들 스스로 자신들이 주체라는 것, 그리고 그들도 자신들의 조건들에 영향을 미칠 수 있다는 것에 대한 자기전제를 갖게 될 수 있는 것이다. 해외 교생이 새로운 문화 환경에 있는 새로운 학교와 학급으로 들어갈 때, 비판적 실천자로서의 입지를 갖거나 고조시킬 수 있는 단 한 번의 기회가 주어진다. 때때로 예비교사들은 교육의 사회-정치적 정황을 무시하는 프로그램으로 준비되어 왔다. 그런 상황에서는 기술적인 접근방식이 무엇을 어떻게 가르쳐야 할 것인가를 알고 있는 교사의 권위에 관하여 의문을 제기할 수 없는 특권을 가지게 된다. 그런 검증되지 않은 전제들은 새로운 교사가 다른 민족, 언어, 문화적 배경을 가지고 있는 학생들이 있는 학급에 배치될 때 큰 혼란을 일으키도록 만들 수 있다. 만일 교사가 자아에 관하여 질문을 하는 성향이 없거나, 자신의 학생들을 객체들이라기보다는 주체들이라고 이해하지 않거나, 그들에게 과제를 부여하기보다는 그들과 함께 작업하려 하지 않는 성향을 가지고 있을 경우에는, 그 교실은 학습과 참여가 성장시켜 낼 수 있는 변혁적 공간이 될 수 없을 것이다. Freire는 우리에게 이렇게 경고한다. "암묵적으로 또는 공개적으로 표현된 엘리트주의적 권위주의를 가지고 있는 순전히 실용적인 훈련은 하나의 '주체' 가 되는 학습과 실천과는 비교할 수 없는 것이다" (1998a, 46)

국제적인 교생 경험은 새로운 교사들에게, 비판적으로 될 수 있는 기회, 새로운 문화들을 만나고 그 문화의 일부로서 길을 찾아가는 방법을 배우는 것을 통해서 교실 안에서 자신들의 주체성을 가질 수 있는 기회를 제공해 준다. 그러나 우리는 비판적인 실천과 의식이라는 것이 단순히 새로운 교사를 새로운 문화적 환경에 노출시킴으로써 발생하는 것이라고 생각하고 전제하는 것은 아니다. 오히려 새로운 아이디어들과 기술들로 일관성 있게 지도하고 접하도록 해주는 것이 새로운 교사로 하여금 저항이나 통제를 위한 투쟁이 없이 자신의 정체성에 관하여 질문을 하도록 만드는 조건들을 설정해 준다. 핵심적인 관건은 차이에 대한 인정을 육성하는 것이고, 새로운 교사로 하여금 자신을 하나의 주체로 자리매김하도록 도와주는 것이다. 물론 그 주체는 미완성의 변화하는 주체이며, 가르침뿐만 아니라 세계를 이해하는 새로운 방식들을 기꺼이 배우고자 하는 주체인 것이다. 해외로 파견되기에 앞서서 그리고 해외에서 교생을 경험하고 있는 동안에도 존중이라고 하는 것은 육성되어야 할 하나의 성향으로서 분명하고 구체적인 것이 되어야만 한다.

존중이란 교실에서 언어와 태도로 드러나게 되는 가치들 가운데 하나이다. 학생 교사가 학생들의 아이디어에 하던 일을 멈추고 귀를 기울일 때, 그리고 그런 아이디어들에 대해서 진지하게 응답할 때, 학생들은 교사가 자신들을 인간들로서 존중하고 있다는 것을 알 수 있다. 국제적인 교생으로서 학생들과 함께 방과 후 활동에 참여하고, 그들의 클럽이나 팀 모임들을 지도하거나 가르치는 교사는 교실 밖에서 학생들을 인정할 수 있는 위치에 놓이게 된다. 관계를 구축하는 일은 존중을 가능하게 하는 접착제와도 같으며, 따라서 교사들에게도 그런 관계구축은 접근 가능한 일이다.

그리고 이런 교사는 새로운 환경에서 사용 가능한 모든 문화적인 미묘한 차이들과 지식에 접할 수 있는 기회를 얻게 된다. 교사들이 해야 할 일은 그런 모임에 모습을 드러내는 것이고, 학생들이 해야 할 일은 주목하는 일이다.

해외 교생들은 얼마간 학교생활과 활동에 끌려들게 된다. 그 이유는 자신들의 생활이 (적어도 그들이 경험을 시작하는 단계에서는) 학교와 가르치는 일에 중심을 두고 있기 때문이다. 학과 이외의 활동에서 학생들을 만나는 일은 이런 교사들의 시각을 바꿔 놓아서, 학생들이 복잡한 관심들과 생활을 가지고 있는 사람들이라는 것을 파악하게 된다. 가족에 관한 이야기를 나누기도 하고, 스포츠 행사들에 관한 견해가 대화를 이어가기도 하며, 시합에 참석하는 가족들과 만나게 되면 교생의 경험이 증가하면서 교실에서 학생들을 이해하는 것보다 더 많은 것을 이해하게 된다. 예를 들어서 멕시코 과달라하라에서 한 교생은 뛰어난 체스 플레이어였다. 그는 학교 체스 클럽에 가입하였고, 곧 3학년 학생 한 사람과 학교 관리인 한 사람이 상당한 고급의 훌륭한 체스 플레이어라는 것을 알게 되었다. 이런 시합을 통해서 예상 밖의 재능이 드러나자, 다른 사람들은 그를 다른 눈으로 보게 되었다. "때로는 아주 단순하고, 사소한 교사의 행동이 학생의 삶에 심대한 발달 효과를 끼칠 수 있다"(Freire, 1988a, 46)

우리는 바로 이런 이유 때문에 국제 교생들에게 학교생활의 모든 영역들에 참여하도록 격려하고 있다. 그런 학생은 낯선 나라에서 이방인이다. 그의 학생들은 교사를 자신들의 문화 안으로 인도하고자 하는 열망만 가지고 있을 뿐이다. 이런 과외활동의 기회는 하나의 그물망을 만들어 주어서 교실과 가르치는 일로 연장될 수 있다. 교생이 새로운 환경에서 학생들을 만나기 시작하고, 스포츠나 게임이나 드라마에서 학생들이 훌륭한 솜씨를 드러낼 때 존중을 표현하는 것은 의미 있는 형태들로 나타나게 된다. 학생들의 재능을 인정해 주는 것, 또는 종종 단순히 그들이 노력하는 것을 인정해 주는 것은 학습 동기를 제공해 주며, 학과 교실에도 더욱 적극적으로 참여하도록 자극하게 된다. 대부분의 경험이 많은 교사들은 이런 것을 알고 학교 행사들에 참여하려고 노력하지만, 새로운 교사들은 흔히 이런 중요한 사회화 활동에 참여함으로써 얻게 되는 이해에 관해서 잘 인식하지 못한다. 참여하는 행위, 예를 들어서 축구나 체스를 하는 학생을 교실에서 인정하는 것은 교육이라는 것을 단순히 학과의 과제로 경험하기보다는 전인적 인간으로서의 경험으로 고양시켜 주며, 또 반드시 그렇게 되어야만 한다.

국제 교생들은 한 학교를 보면서 대부분의 학교들이 가지고 있는 공통적인 것들을 이야기하면서도, 한 학교에 관하여 "새로운" 또는 "다른" 모든 것들을 보게 된다. 교사들, 교실들, 클럽들, 학생들과 그들의 행동들 등등. 다른 문화와 나라에서는 친숙한 것들조차도 친숙하지 못한 것이 된다. 바로 이런 경험은 새로운 교사가 하나의 학교생활이 지니고 있는 물리적, 사회적, 학문적 표현들을 진실하게 이해하고, 의식적으로 인식할 수 있게 되는 기회를 제공해 준다. Freire는 우리가 관심을 기울여야 할 것은 학교생활의 숨어있는 커리큘럼이라고 주장하면서 다음과 같이 말한다. "가르침에서 중요한 것은 이런 저런 것들을 기계적으로 반복하는 것이 아니라, 정조와 정서와 욕망의 가치를 이해하는 것이다"(1988a, 47) 비판적 교육실천은 학생들을 흥미롭고, 완벽하며, 살아 움직이는 인간 존재들로, 그리고 기술과 지식과, 자신들과 세계에 관하여 이해를 가지고 있는 인간 존재들로 파악할 수 있는 교사의 역량과 연결되어 있다. 학생들이 가지고 있는 선지식(prior knowledge)과 기술을 활용할 수 있는 교사는 새로운 사고방식과 다른 존재방식들에 관한 그들의 호기심을 가르침을 통해서 길러 줄 수 있다. 학생들의 눈을 통해서 세계를 보게 된다는 것, 그리고 그들이 얼마나 많이 알고 있는가를 인식하고, 그들이 자신들의 세계와 나라와 문화에 관하여 교사를 가르칠 수 있다는 것을 인식한다는 것은 새로운 교사에게는 얼마나 강력한 교육학적 교훈이 되겠는가! 이런 인식은 무엇보다도 반드시 기억해 둘 만한 것이며, 통렬한 것이기도 하다. 왜냐하면 이 교생은 자신의 문화적 패러다임뿐만 아니라 교육적 패러다임까지도 유보할 수밖에 없는 새로운 문화에 있기 때문이다.

문화 활동가로서의 교사

Freire에 따르면 문화적 정체성이란 "우리가 물려받은 것과 우리가 획득한 것 사이의 역동적 관계" 이다(1998b, 69). 교생들은 해외를 여행할 때, 비행을 하거나 육상 교통수단을 사용하면서 전혀 다른 방식들과 상호작용을 하면서 그들의 학교 공동체로 이르는 길을 찾게 된다. 해외 감독관은 그 학생이 도착할 때 마중을 나가는 것이 통례지만, 이 학생은 새로운 나라에서 첫 호흡을 하면서 빛과 소리, 지형과 도로 시스템에 신속하게 적응해야만 한다. 악센트나 신호등, 건물 구조 등등으로 인해서 그 학생은 신경을 곤두세우게 된다. 실제로 이런 성향은 교실에서 교사에게 필요한 것이다. 젊은 사람들이 매일 교실 안으로 가지고 들어오는 변화와 차이의 미묘한 것들을 파악하고 감지하기 위해서 필요한 성향인 것이다. 만일 교사가 자신의 학생들에게 반응하고 그들을 존중하려면, 교사는 언제나 "폭넓게 깨어 있어야" 한다. 즉 학생들에게서 나타나는 분위기나 행동의 미묘한 변화에 민감해야 한다는 것이다.

때로는 우리가 사회-문화적인 양육으로부터 이념적으로 획득한 것이 해외를 여행하거나 다른 문화에서 생활할 때 학생에게(그리고 실제로 우리들 모두에게) 도전이 되기도 한다. 우리는 다른 사람과 관계를 맺을 때마다, 우리는 우리의 문화적 기초로부터 해석을 한다. 우리의 그런 문화적 기초는 때때로 긴장으로 가득 채워질 수도 있다. 정성을 다하는 주인 어머니(교생의 모국의 문화적 토대?)가 교생에게는 주저하게 만들고 지나치게 제약적이라고 "느껴질" 수도 있다. 이것은 그 학생이 어떻게든 처리해야 할 문제이다. 우리는 우리의 문화에 의해서 길들여질 수 있지만, 우리는 그것에 의해서 미리 결정되지 않고, 새로운 비교문화적 지식을 가지고 하나의 상황을 더 잘 이해할 수 있고, 대안적인 속성들을 만들어 내는 방법을 배울 수도 있다. 우리는 문화적 긴장을 통해서 우리의 길을 모색해 낼 수 있다. 우리는 우리 학생들에게 예를 들어서 자신들의 주인 어머니로 인해서 느끼게 되는 주제의 이야기를 끄집어 낼 방법에 관하여 생각해 보라고 촉구한다. 또는 그들이 그들의 협력교사의 편에서 특수한 태도라고 인식되는 것을 통해서 생각해 보도록 촉구하기도 한다. 이 과정에서 "폭넓은 깨어 있음(wide awakeness)"은 도움이 된다. 왜냐하면 문화적 균형감각은 학생교사 안에서 변화를 일으켜서 다른 관점을 고려하도록 개방적으로 만들어 주기 때문이다. 어떤 사람이 자신의 지배적 문화 안에 있을 때는 차이를 거부하거나 자신의 문화가 다른 사람의 문화보다 더 우월하다고 (잠재의식적으로) 생각하는 것이 세계를 바라보는 통상적인 방식이다. 해외에서의 생활은 이런 규범적인 견해를 흔들어 놓기 때문에, 그 학생은 세계를 보는 자신의 민족중심적 방식을 인식하게 된다. 놀랍고 아이러니하게도 국제 교생들은 다른 문화를 이해하고자 시도하게 되면서 흔히 자신들의 문화와 신념들에 대하여 새로운 인식이 싹트게 된다. 그리고 이런 새로운 인식으로부터 문화에 대한 인정과 이해의 시작이 발생되기도 한다. 이런 이해의 통로들은 교생을 새로운 개방성으로 안내하며, 그런 개방성은 매번의 경험과 더불어 증가하게 된다. 해외에서의 교생 몇 주 만에, 그 학생은 새로운 문화 안에서 편안하게 "느끼기" 시작하며, 따라서 그들이 기록하는 보고서의 성격이 이런 성향을 드러내게 된다. 교생은 하나의 문화적 활동가이다. 즉 다양한 문화들 속에서 살아갈 수 있고, 문화적 관점들이라는 새로운 통로들을 통해서 용인을 하면서 자신의 길을 열어 갈 수 있게 되는 것이다. 우리가 어떤 존재인가를 경험하게 되는 것은 차이를 경험하는 가운데서 이루어진다(Freire, 1998b). 우리의 인식 가운데 아는 것이 발생하고, 아는 것과 더불어서 성장이 있게 된다.

해외 교생을 하도록 선발된 많은 학생들은 미국으로 돌아올 때면 문화활동가인 교사들이 되어 있다. 그들은 다른 문화에서 다른 문화적 존재들로 살았고, 자신들의 문화를 인식하게 됨과 동시에 그들이 접한 새로운 문화의 일부가 되는 것을 배워 왔다. 그들은 고양되어 돌아온다. 어떤 사람들은 교육자들로서의 자신들에 대한 전망이 변화되기도 했다. 미국에서 자신들의 학급들에 들어오면서 그들은 학생들을 이해하고 그들에게 반응하도록 만들어 준 "폭넓은 깨어 있음"을 가지고 들어온다. 그들은 자신들의 해외 경험을 학생들과 나누게 되면서, 이런 교사들은 또한 자신들을 다른 초년 교사들과 차별화시켜 주는 자신들에 관한 확신을 갖게 된다. 이런 확신은 다른 문화적 존재들과 더불어서 그들 사이에서 생활함으로써, 그리고 처음에는 다를 수밖에 없다고 간주했던 자들과의 관계 속에서 자신들을 이해하기 위해서 했던 활동으로 인해서 얻게 된 것이다.

한 전직 교생은 매년 자신이 학생들을 발견해야 할 새로운 문화, 그리고 가르치는 것만큼이나 많은 것을 배워야 할 새로운 문화로 이해하게 된 것을 공유하기 위해서 기록을 남겼다. 그는 어떤 것도 당연한 것으로 받아들이지 않았다고 하며, 그것이 그의 동료 교사들을 성가시게 만들기도 했으나 학생들과의 관계 속에서, 그리고 그의 지도 아래서 이루어진 학생들의 학문적 발전 속에서 말할 수 없이 소중한 수확을 얻었다고 한다. 그는 학생들과 공유하기 위해서 이야기들과 공예품들을 가져오면서, 또한 그들에게 우리가 우리 미국 사회에서 살아가는 방식에 관하여 가르치고 있다. 그는 자신의 이야기들에 의지해서 그의 학생들이 "폭넓게 자각할" 수 있도록 도울 뿐만 아니라 그들의 사회적 의식, 특히 인종과 계급을 둘러싼 문제들에 대한 의식에 도움이 되도록 돕는다. 이 교사는 자신이 가지고 있는 다른 사람들에 대한 확장된 전망과 이해가 해외에서 교생으로서 가졌던 경험에서 직접 기인하는 것으로 생각하고 있다. 그런 교사들은 가장 좋은 상태의 문화적 활동가들로서, 해를 거듭할수록 세계 학급의 교사가 된다는 것, 지구 시민이 된다는 것이 의미하는 바를 그들의 학생들에게 모범으로 보여주고 있다.

결론

Merryfield(2000)는 대부분의 교사들은 자신들의 삶에서는 두말할 필요도 없고 그들의 학생들의 삶과 공동체들에서도 지구화 또는 국내의 다양성의 영향을 이해할 준비가 되어 있지 않았다고 지적하고 있다. 다문화 교육과 지구 교육에서 교사들을 양성하는 일에서 성공을 거두었다고 동료들에게 인정받고 있는 80명의 교사교육자들에 대한 한 연구에서, Merryfield는 학생들의 이문화적 발달에 관심을 가지고 있는 교사들에게서 결정적으로 중요한 어떤 것을 발견하였다. 그녀는 거기서 유색인종의 경험과 유럽계 미국인의 경험에는 중대한 차이가 있다는 것을 발견하였다. 이 발견은 통찰력 있는 경험적 학습의 중요성을 반영해 주고 있다. 대부분의 유색인 미국인 교사는 이중적 의식을 가지고 있다(Du Bois, 1989). 그들은 자신들의 기초적인 문화를 의식하면서 성장했을 뿐만 아니라, 백인 특권과 인종주의로 특징지어지는 인종차별과 외부자로서의 위상을 경험하면서 성장했다. 다양성을 가르치는 일에 유능한 중산층 백인 교사 교육자들은 다른 문화적 정황 안에서 외부자가 된 것으로 인한 가장 심대한 차별과 배척을 경험했고, 그래서 그 경험을 자신들의 가르침으로 끌어들일 방법들을 발견해 냈다.

긴 시간 동안 고국 사회의 안락함을 떠나본 자들은 주류 사회 밖에서 살아간다는 것, 그리고 "타자(the Other)"로 인식된다는 것이 어떤 일인가를 이해한다. 많은 유럽계 미국인 주류 교사들이 다른 사람들을 이해하는 일에 더욱 민족 연관적으로 되도록 만들어 주고, 문화들을 비교하는 일에 더욱 능숙하게 만들어 주며, 그들의 활동을 통해서 변화를 만들어 내려고 노력하도록 촉진시켜 주는 것은 바로 이런 이문화 경험의 효과이며, 이런 효과는 바로 해외 교생 경험이 제공해 주는 효과와도 같은 것이다. 이렇게 의미 있는 국제 경험은 주변화된다는 것이 무엇을 의미하는가, 고정관념과 편견의 희생자가 된다는 것이 무엇을 의미하는가, 그리고 이것이 사람들에게 어떻게 영향을 미치는가에 대해서 새롭게 직접 이해하도록 인도해 준다. 따라서 국제적인 삶의 경험은 다양한 현실에 대한 의식을 발전시키기 위한 무대를 마련해 주며, 새로운 학습을 유발시키는 자극으로 기여한다.

생활로 얻는 이문화 경험은 이렇게 다른 문화들에 대한 의미 있는 이해뿐만 아니라, 상호연관성이 있는 세계에서 한 사람이 자신의 위치를 의미 있게 이해하는 일에서 결정적으로 중요한 요소가 되며, 특히 비교문화적 문제들에 경험이 없는 자들에게는 그러한 것이다. 이문화적 교육 실천은 교사들에게 다른 사람들로부터 배우는 길에 들어서도록 만들어 주는 촉매가 될 뿐만 아니라, 다른 사람들의 유사점들과 차이점들을 심도 있고 의미 있게 이해하는 일에 기초한 관계들을 촉진시키는 일에서도 촉매가 된다. 교육을 담당한 학교들은 지금의 학생들이 21세기 교실들로 들어가게 될 때 그들에게 필요할 것이라고 우리가 알고 있는 기술들을 증가시키는 하나의 방법으로 이런 기회를 점점 더 많은 학생들에게 제공할 수 있도록 노력해야 할 것이다.

참고문헌

Blair, T. R., and D. L. Jones. 1998. *Preparing for student teaching in a pluralistic classroom*. Boston: Allyn & Bacon.

Cushner, K., and R. Brislin. 1996. *Intercultural interactions: A practical guide*. 2nd ed. Thousand Oaks, CA: Sage.

DuBois, W. E. B. 1989. *The souls of black folks*. New York: Bantam Books.

Freire, P. 1998a. *Pedagogy of freedom: Ethics, democracy, and civic courage*. Lanham, MD: Rowman & Littlefield.

——. 1998b. *Teachers as cultural tvorkers: Letters to those who dare to teach*. Boulder, CO: Westview Press.

Merryfield, M. 1997. A framework for teacher education in global perspective. In M. M. Meriyfield, E. Jarchow, and S. Pickett (Eds.), *Preparing teachers to teach global perspectives: A handbook for teacher educators*, edited by M. Merryfield, E. Jarchow, and S. Pickert, 1-24. Thousand Oaks, CA:

Corwin Press.

Merryfield. M. M. 2000. Why aren' t teachers being prepared to teach for diversity, equity and global interconnectedness? A study of lived experiences in the making of multicultural and global educators. *Teaching and Teacher Education* 16:429-43.

Stachowski, L., J. Richardson, and M. Henderson. 2003. Student teachers report on the influence of cultural values on classroom practice and community involvement: Perspectives from the Navajo reservation and from abroad. *Teacher Educator* 39, no. 1:52-63.

Wilson, A. 1987. Cross-cultural experiential learning for teacher. *Theory into Practice* 26:519-27.

찾아보기

역자 소개

설양환 | 미국 Brigham Young University, Ph. D. (교육공학 전공)
현재 공주교육대학교 교수

권오성 | 중앙대학교 컴퓨터공학 박사
현재 공주교육대학교 교수

김윤옥 | 미국 West Virginia University, 교육학 박사(학습장애전공)
현재 공주교육대학교 교수

김한제 | 미국 North Carolina State University, 이학 박사
현재 공주교육대학교 교수

우상도 | 충남대학교, 문학박사
현재 공주교육대학교 교수

정용재 | 서울대학교, 과학교육(물리전공) 교육학 박사
현재 공주교육대학교 교수

조영미 | 서울대학교, 교육학 박사
현재 공주교육대학교 교수

황윤한 | 미국 University of Alabama, Ph. D.
현재 광주교육대학교 교수

외국교육실습

발행일 | 2013년 3월 28일 초판 발행
저 자 | Kenneth Cushner, Sharon Brennan
역 자 | 설양환, 권오성, 김윤옥, 김한제
우상도, 정용재, 조영미, 황윤한
발행인 | 홍진기
발행처 | 아카데미프레스
주 소 | 413-756 경기도 파주시 문발동 출판정보산업단지 507-9
전 화 | 031-947-7389
팩 스 | 031-947-7698
웹사이트 | www.academypress.co.kr
이메일 | info@academypress.co.kr
등록일 | 2003. 6. 18. 제406-2011-000131호
ISBN | 978-89-97544-29-5 93370

값 15,000원